KARL-HEINZ FEZER

Der Benutzungszwang im Markenrecht

Schriften zum Wirtschaftsrecht

Band 15

Der Benutzungszwang im Markenrecht

Von

Dr. Karl-Heinz Fezer

DUNCKER & HUMBLOT / BERLIN

Gedruckt 1974 bei Berliner Buchdruckerei Union GmbH., Berlin 61
Printed in Germany

ISBN 3 428 03067 2

Vorwort

Die Einführung des Benutzungszwangs in das deutsche Warenzeichenrecht durch das Vorabgesetz vom 4. September 1967 (BGBl. I, 953) stellt eine Anpassung an die internationale Rechtsentwicklung dar. Der Benutzungszwang kann — trotz der im internationalen Vergleich unterschiedlichen rechtlichen Ausgestaltung im einzelnen — als ein warenzeichenrechtliches Grundprinzip im Markenrecht der bedeutsamen Industrienationen bezeichnet werden. Für das deutsche Warenzeichengesetz bedeutet er eine der wesentlichen Rechtsänderungen.

Mit dem erstmaligen Ablauf der Benutzungsfrist am 1. Januar 1973 erlangte der Benutzungszwang praktische Wirksamkeit. Zentrale Bedeutung in der künftigen Rechtspraxis kommt dem Begriff der Benutzung im Sinne des Benutzungszwangs zu. In der vorliegenden Arbeit wird der Versuch unternommen, den Benutzungsbegriff funktionsgerecht zu erfassen und seine systematische Stellung im Warenzeichenrecht aufzuzeigen. Daneben wurden die verfahrensrechtlichen Probleme untersucht und für aktuelle Einzelfragen Lösungsmöglichkeiten aufgezeigt. Literatur und Rechtsprechung wurden bis Mai 1973 berücksichtigt.

Mein herzlicher Dank gilt Prof. Dr. Wolfgang Hefermehl, dessen Anregungen dem Verfasser eine wertvolle Unterstützung waren.

Heidelberg, im Juni 1973

Karl-Heinz Fezer

Inhaltsverzeichnis

1. Kapitel

Die Systematik der gesetzlichen Regelung

3. Kapitel

Ausgewählte Einzelprobleme

Abkürzungsverzeichnis

a. A.	anderer Auffassung
a.a.O.	am angegebenen Ort
Abs.	Absatz
AcP	Archiv für civilistische Praxis
a. E.	am Ende
allg.	allgemein
Alt.	Alternative
Amtl. Begr.	Amtliche Begründung
Anh.	Anhang
Anm.	Anmerkung
Art.	Artikel
Aufl.	Auflage
BB	Der Betriebs-Berater
Bd.	Band
bez.	bezüglich
BGB	Bürgerliches Gesetzbuch
BGBl.	Bundesgesetzblatt
BGE	Entscheidungen des schweizerischen Bundesgerichts (amtliche Sammlung)
BGH	Bundesgerichtshof
Bl.	Blatt für Patent-, Muster- und Zeichenwesen
BPatG	Bundespatentgericht
BT-Drucks.	Bundestags-Drucksachen
DB	Der Betrieb
ders.	derselbe
Diss.	Dissertation
DPA	Deutsches Patentamt
Einf.	Einführung
Einl.	Einleitung
Erg.	Ergänzungen
FAZ	Frankfurter Allgemeine Zeitung
ff.	folgende
Fußn.	Fußnote
gl. A.	gleicher Ansicht
GRUR	Gewerblicher Rechtsschutz und Urheberrecht
GRUR Ausl.	Gewerblicher Rechtsschutz und Urheberrecht Auslands- und Internationaler Teil
h. M.	herrschende Meinung
insb.	insbesondere
i. V. m.	in Verbindung mit
JZ	Juristenzeitung
JW	Juristische Wochenschrift

Kap.	Kapitel
LG	Landgericht
Liss	Lissaboner Fassung
MA	Der Markenartikel
m. E.	meines Erachtens
Mitt.	Mitteilungen der deutschen Patentanwälte
MMA	Madrider Markenabkommen
MSchG	Markenschutzgesetz
MuW	Markenschutz und Wettbewerb
Nr.	Nummer
NJW	Neue Juristische Wochenschrift
OLG	Oberlandesgericht
PA	Patentamt
PatG	Patentgesetz
PVÜ	Pariser Verbandsübereinkunft
Rdz.	Randziffer
RG	Reichsgericht
RGBl.	Reichsgesetzblatt
RPA	Reichspatentamt
S.	Satz, Seite
Schw. Mitt.	Schweizerische Mitteilungen über gewerblichen Rechtsschutz und Urheberrecht
Sec.	Section
st. Rspr.	ständige Rechtsprechung
u. a.	unter anderem
Unl. Wettbew.	Unlauterer Wettbewerb
UWG	Gesetz gegen den unlauteren Wettbewerb
v.	von
vgl.	vergleiche
VO	Verordnung
VOIntReg	Verordnung über die internationale Registrierung von Fabrik- oder Handelsmarken vom 5. Sept. 1968
VorabG	Vorabgesetz
WRP	Wettbewerb in Recht und Praxis
WuW	Wirtschaft und Wettbewerb
WZÄndG	Warenzeichenänderungsgesetz
WZG	Warenzeichengesetz
WZR	Warenzeichenrecht
ZHR	Zeitschrift für das gesamte Handelsrecht und Wirtschaftsrecht
ZPO	Zivilprozeßordnung
ZSR	Zeitschrift für Schweizerisches Recht
zust.	zustimmend
zutr.	zutreffend

§ 1 Einleitung

A. Die aktuelle Zielsetzung bei Einführung des Benutzungszwangs

Trotz der allgemein anerkannten Notwendigkeit einer umfassenden Reform des Warenzeichenrechts innerhalb einer Gesamtrevision des gewerblichen Rechtsschutzes rechtfertigt sich die Vorwegnahme eines Teils der reformbedürftigen Materie, wenn die aktuelle Situation auf diesem Rechtsgebiet den Aufschub bestimmter Neuerungen nicht bis zu dem Zeitpunkt duldet, zu welchem eine ausgeglichene Gesamtreform möglich erscheint. Unter diesem Aspekt ist auch die bedeutsamste Änderung des deutschen Warenzeichengesetzes, die Einführung des Benutzungszwangs für Warenzeichen, zu sehen, die durch das Gesetz zur Änderung des Patentgesetzes, des Warenzeichengesetzes und weiterer Gesetze vom 4. September 1967[1], kurz Vorabgesetz genannt, erfolgte. Sie ist in erster Linie eine gezielte, gesetzgeberische Maßnahme zur Behebung schon seit langem bekannter Mißstände auf dem Gebiet des Zeichenwesens, die, im Wege der Rechtsfortbildung zu verhindern, sich die Rechtsprechung nicht in der Lage sah.

Die Bestrebungen zur Rechtsvereinheitlichung auf dem Gebiet des gewerblichen Rechtsschutzes in Europa befinden sich noch im Stadium der Entwicklung. Wohl liegt der Entwurf für ein europäisches Markenrecht vor, der Tendenzen und Richtung der Rechtsentwicklung aufweisen mag. Doch sah sich die Bundesregierung zu Recht gehindert, den Entwurf für eine Gesamtreform des gewerblichen Rechtsschutzes vorzulegen, bevor nicht in allen Grundsatzfragen ein europäischer Konsens gefunden ist[2]. Letztlich erscheint auch wesentlich für die erfolgten Vorabregelungen die Tatsache, daß die nationalen Arbeiten an einer umfassenden Reform bis zur endgültigen Vorlage eines Gesamtentwurfs eine weit längere Zeitspanne in Anspruch genommen hätten, als es dem Dringlichkeitsbedürfnis der im Vorabgesetz getroffenen Entscheidungen angemessen gewesen wäre[3].

---

[1] BGBl. I 1967, 953. Das Gesetz trat am 1. 1. 1968 in Kraft; die Neufassung des Warenzeichengesetzes wurde am 2. 1. 1968 bekanntgemacht (BGBl. I 1968, 29).

[2] Amtl. Begr. BT-Drucks. 1966 V/714, S. 11.

[3] Diesen Gesichtspunkt betont auch *Miosga*, GRUR 1967, 9/10, der im übrigen auf das neue französische Markengesetz, das am 1. 8. 1965 in Kraft trat, verweist, das in seiner Konzeption einem künftigen europäischen

Vordringliches Ziel der Einführung des Benutzungszwangs ist die Entlastung des Deutschen Patentamts und des Bundespatentgerichts. Der stetigen Zunahme von Anmeldungen inländischer und vor allem ausländischer Warenzeichen sowie der steigenden Zahl von Widersprüchen[4] — Tatsachen, die die ständig wachsende Bedeutung des Warenzeichens im Wirtschaftsablauf symbolisieren[5] — soll mit dem Benutzungszwang begegnet werden. Die Schutzwürdigkeit soll letztlich nur benutzten Warenzeichen zukommen, der Zeichenschutz auf die Verteidigung nur dieser Zeichen beschränkt werden. Die Anmeldung von Defensivzeichen soll verhindert, die von Vorratszeichen zurückgedrängt werden. Alte unbenutzte Zeichen sollen aus der Zeichenrolle gelöscht werden, neue nur für die Waren eingetragen sein, für die sie in Benutzung genommen werden.

Ob diese Ziele erreicht werden, hängt vornehmlich von der Handhabung des Benutzungszwangs in der Rechtspraxis ab, nicht zuletzt aber auch davon, ob Zeichenanmelder und Zeicheninhaber und somit die betreffenden Wirtschaftskreise selbst ihr Verhalten an dem Geist der Neuerung und der hiermit getroffenen Wertungen orientieren. Letzteres sollte der Wirtschaft um so leichter fallen, als die weiteren Wirkungen eines funktionierenden Benutzungszwangs in ihrem eigenen Interesse liegen. Die Dauer der Eintragungsverfahren zu verkürzen, die im Verhältnis zum tatsächlichen Bedarf überfüllte Zeichenrolle für den leichteren Erwerb neuer Zeichen freizumachen, bei einem überschaubaren Zeichenbestand die eigene Position in bezug auf Zeichenanmeldung, Zeichenbenutzung und Zeichenverteidigung mit geringerem Aufwand zu erkennen, sind sämtlich Vorteile, die jedem einzelnen am Wirtschaftsverkehr Beteiligten zugute kommen.

Die konkrete Anwendung des Benutzungszwangs wird sich einerseits an diesen gesamtwirtschaftlichen Interessen zu orientieren haben, kann andererseits hierbei aber nicht die im Einzelfall berechtigten Interessen der Inhaber unbenutzter Zeichen außer acht lassen[6]. Im Rahmen der mit dem Benutzungszwang verbundenen rechtspolitischen Zwecksetzung sind die Individualinteressen auch der Inhaber unbenutzter Zeichen zu berücksichtigen, soweit sie als schutzwürdig anzusehen sind. Nur der gerechte Interessenausgleich an Hand einer umfassenden Interessenanalyse und -abwägung im konkreten Einzelfall ist zur

---

Markenrecht genügend Rechnung trage. Doch scheint für das deutsche Warenzeichenrecht der eingeschlagene Weg, nur die dringlichsten Probleme unter Berücksichtigung der internationalen Entwicklung zu regeln, angemessener.

[4] Vgl. hierzu die Amtl. Begr., a.a.O., S. 17/18; ferner *Miosga*, a.a.O., S. 13.

[5] Vgl. hierzu etwa die Ausführungen von *Kraft*, JZ 1969, 408/409.

[6] *Nastelski*, MA 1968, 319.

zweckentsprechenden Realisierung der mit der Einführung des Benutzungszwangs erstrebten Ziele geeignet[7].

Haben auch die aufgezeigten Unzulänglichkeiten im deutschen Markenwesen die gesetzliche Verankerung des Benutzungszwangs beschleunigt[8], und ist dessen Einführung vornehmlich aus der aktuellen Situation zu erklären[9], so wird man dieser Neuerung jedoch nicht unter dem Aspekt einer nur zeitbedingten Behelfsmaßnahme gerecht[10]. Die überwiegende Mehrzahl der für das Markenwesen bedeutsamen Industrienationen kennen heute in ihren Zeichenrechten den Benutzungszwang[11]. Nur noch wenige Länder, wie etwa Dänemark, Norwegen und Österreich konnten bisher auf dessen Einführung in ihren Zeichenrechten verzichten. Die Einführung des Benutzungszwangs in der Bundesrepublik erweist sich somit als eine Anpassung an die internationale Rechtsentwicklung[12]. Auch innerhalb der großen Reform des Zeichenrechts wird er integrierter Bestandteil sein.

B. Der Benutzungszwang als warenzeichenrechtliches Grundprinzip

Im internationalen Vergleich stellt sich der Benutzungszwang als eine in der überwiegenden Zahl der Zeichenrechte vorfindbare rechtliche Regelung dar, eine Entwicklung, die Art. 5 C Abs. 1, 2 PVÜ begünstigt, der den Benutzungszwang grundsätzlich für zulässig erklärt und seine rechtliche Ausgestaltung beeinflußt.

Die Formen des Benutzungszwangs in den einzelnen Ländern differieren erheblich. Die Skala der verschiedenen Systeme war schon

---

7 Die Bedeutung des Interessenausgleichs nicht allein für den Benutzungsbegriff betont auch *Bökel*, Diss., S. 49 ff. (50). Vgl. allgemein zur Interessenabwägung etwa *Hubmann*, AcP 155, 85; *Kraft*, Interessenabwägung, insbes. S. 209 ff.; speziell zur Berücksichtigung der Interessen im Markenrecht durch die Rechtsprechung *Kraft*, JZ 1969, 408 ff.

8 Vgl. zur nach dem Zweiten Weltkrieg in Deutschland einsetzenden Diskussion über die Einführung eines Benutzungszwangs etwa: *Spiess*, DB 1949, 417; *Thiele*, GRUR 1949, 268; *Breme*, GRUR 1950, 171; *v. Kreisler-Ruprecht*, GRUR 1954, 434; *Callmann*, GRUR Ausl. 1958, 560; 1959, 161; *Hegel*, Mitt. 1965, 201, 203 ff.; *Lemmer-Kockläuner*, Mitt. 1965, 86; *Röttger*, Mitt. 1965, 41; *Mediger*, Mitt. 1965, 181; *Frank*, MA 1966, 756; *Miosga*, MA 1967, 433; *Wipprecht*, WRP 1967, 291; die Dissertationen von *Bärend* und *Kreye;* ferner die Denkschrift des Markenverbandes, Ist eine gesetzliche Beschränkung des Schutzes unbenutzter Warenzeichen geboten, Oktober 1954; sowie die Diskussion im Rahmen der Deutschen Vereinigung für gewerblichen Rechtsschutz und Urheberrecht, GRUR 1955, 81.

9 *Miosga*, GRUR 1967, 9/17.

10 *Schricker*, GRUR Ausl. 1969, 14.

11 Vgl. die Aufzählung der einzelnen Staaten bei *Schricker*, a.a.O., S. 14, Fußn. 6.

12 Auch im Entwurf eines Gesetzes für die Entwicklungsländer ist der Benutzungszwang von Warenzeichen vorgesehen.

mehrfach Gegenstand rechtsvergleichender Untersuchungen, so daß sich eine weitere Gegenüberstellung der einzelnen Rechte im Rahmen dieser Arbeit erübrigt[13].

Es sei nur an die Verschiedenheit der Warenzeichensysteme in bezug auf den Erwerb des Zeichenrechts erinnert. Geht ein Warenzeichengesetz vom Konstitutivprinzip (Eintragungsgrundsatz) aus, entsteht das ausschließliche Recht am Warenzeichen also allein durch die Eintragung in die Zeichenrolle, dann stellt sich das Problem des Benutzungszwangs allein im Hinblick auf die Aufrechterhaltung des Zeichenschutzes. Eine umfassendere Bedeutung kommt der Benutzung dagegen zu, wenn schon der Erwerb des Zeichenschutzes von der Priorität der Benutzung abhängt, und der Zeichenverlust bei Nichtbenutzung eintritt, wie bei dem absoluten Benutzungszwang in den USA. Auch eine Kombination des Erstbenutzungsprinzips mit der Möglichkeit der konstitutiven Wirkung der Eintragung, sofern das Zeichen innerhalb einer bestimmten Frist nach der Eintragung benutzt wird, ist denkbar und findet sich im schweizerischen Markenrecht.

Variieren auch die Regelungen in den verschiedenen Ländern, so handelt es sich bei dem Benutzungszwang in jeder Abwandlung um das Bestreben, den Schutz unbenutzter Warenzeichen zu beschränken. Das sich entsprechende Verhältnis individuellen Zeichenbestands und Zeichenbedarfs soll einen allgemeinen Zeichenbestand in der Zeichenrolle gewährleisten, der allein aus Warenzeichen besteht, die ihrer Funktion gerecht werden. Der Benutzungszwang, gleich in welcher Form, ist ein grundlegendes Prinzip eines funktionstüchtigen Zeichenwesens in hochindustrialisierten Ländern.

Callmann[14] ordnet den Benutzungszwang den Normen „rein formativer Zweckmäßigkeitsbedeutung" zu, deren Existenz sich unabhängig vom Wesen des Warenzeichens allein aus historischen Gründen der Rechtsentwicklung oder aus dem Gesichtspunkt praktischer Handhabung erklärt. Hiergegen sollen sich Normen begriffswesentlicher, funktioneller Bedeutung zwangsläufig aus dem Wesen des Warenzeichens ergeben.

Diese Unterscheidung und die hieraus gezogenen Folgerungen wecken deshalb Bedenken, weil auch Funktionsnormen den an der Zweckmäßigkeit orientierten Erwägungen des Gesetzgebers unterliegen können. Ein ganz anderes Problem ist die Frage nach dem Wesen der Marke als Erscheinungsbild im Wirtschaftsverkehr. Wesensmäßig ist die Marke ein Erfahrungswert einzelner Rechtssubjekte in bezug auf

---

13 Vgl. etwa *Callmann*, GRUR Ausl. 1958, 560 ff.; 1959, 161 ff.; *Bärend*, Diss., S. 76 ff.; *Kreye*, Diss., S. 53 ff.; *Bökel*, Diss., S. 17 ff; *Uekermann*, Diss.

14 *Callmann*, GRUR Ausl. 1958, 560/561.

eine Ware oder, wie Troller[15] es ausdrückt, das Zeichen in Verbindung mit bestimmten Waren als Erscheinung im menschlichen Bewußtsein. Die Marke ist insofern ein dem Gesetzgeber vorgegebenes, seinem Einfluß entzogenes Erscheinungsbild im menschlichen Erfahrungsbereich.

Mit diesem hier skizzierten Wesensverständnis der Marke hat freilich der Benutzungszwang nichts gemein. Wohl ist die Marke „stets und unvermeidlich der Gefährte der Ware“[16], d. h. einer Ware geistig zugeordnet, und kann dementsprechend ihr Wesen nur entfalten, wenn sie in den Erfahrungsbereich des einzelnen tritt, also auf dem Markt erscheint. Doch gibt sich hieraus nicht die Notwendigkeit für den Gesetzgeber, den Schutz des Rechts an dem Warenzeichen von dessen Erscheinenlassen im Verkehr abhängig zu machen und somit die Wesensentfaltung zu verlangen.

Aus den einzelnen wirtschaftlichen Funktionen[17] ergeben dagegen diejenigen, denen der Gesetzgeber rechtliche Relevanz verleiht[18], das Warenzeichen im Rechtssinne[19]. Die einzelnen Normen eines Zeichensystems dienen der Realisierung dieser rechtlich geschützten Zeichenfunktion(en). Funktionale Normen sind daher solche, die unerläßliche Voraussetzung zur Gewährleistung der Funktionstüchtigkeit des Systems sind. Hierzu wird man in hochindustrialisierten Staaten die den Benutzungszwang betreffenden Normen zu rechnen haben und diesen als ein gemeinsames Grundprinzip der Markensysteme dieser Staaten ansehen dürfen[20].

C. Ziele der Arbeit

Der Darstellung des Systems des Benutzungszwangs im deutschen Warenzeichenrecht soll eine Analyse des Benutzungsbegriffs folgen. Jede Untersuchung dieser Materie wird sich an zentraler Stelle mit diesem Rechtsbegriff auseinanderzusetzen haben, wobei der maßgebliche Zweck dieses Rechtsinstituts sowie dessen Verständnis als Grundprinzip eines funktionstüchtigen Markensystems gebührende Be-

---

15 *Troller*, Festschrift für Möhring, 1965, S. 291, 306/307.

16 *Troller*, a.a.O., S. 308.

17 Vgl. zu den einzelnen Funktionstheorien *Baumbach - Hefermehl*, WZG, Einl., Anm. 7 ff.; *Bungeroth*, Diss., S. 19 ff.; ferner unten § 6 B II.

18 Vgl. zu dieser Differenzierung *Vanzetti*, GRUR Ausl. 1965, 128 ff., 185 ff.

19 *Baumbach - Hefermehl*, WZG, Einl., Anm. 5, der zu Recht auf die Fragwürdigkeit hinweist, von diesen Funktionen aus das Wesen des Warenzeichens zu beurteilen.

20 Ebenso *Schricker*, GRUR Ausl. 1969, 14/15 und dessen Bedenken an der Unterscheidung *Callmanns* in Fußn. 21. *Miosga*, Benutzungszwang für Warenzeichen, S. 2, 12, der von einer durch die Einführung des Benutzungszwangs erfolgten Systemänderung spricht, a.a.O., S. 9; ders., GRUR 1967, 9/20; *Heil*, MA 1973, 97; *Uekermann*, Diss., S. 2.

rücksichtigung werden finden müssen. Es wird das grundlegende Problem zu untersuchen sein, ob der Benutzungszwang den Zeichengebrauch auf Grund eines bestimmt gearteten, wirtschaftlich relevanten Tatbestands erfordert, anders ausgedrückt, inwieweit der wirtschaftliche Mißerfolg des Zeichengebrauchs die Benutzungsfrage berührt. Hieran wird sich die Abhandlung aktueller Einzelfragen zum Benutzungszwang von Warenzeichen anschließen.

1. Kapitel

Die Systematik der gesetzlichen Regelung

§ 2 Konstitutivprinzip und Parteiinitiative

Der Benutzungszwang ist beim Eintragungsverfahren, und zwar im Widerspruchsverfahren, sowie beim Löschungsverfahren gesetzlich verankert worden. Stützt der Zeicheninhaber seinen Widerspruch auf ein im Zeitpunkt der Bekanntmachung des neu angemeldeten Zeichens mindestens fünf Jahre in der Warenzeichenrolle eingetragenes Zeichen, so kann er im Widerspruchsverfahren die Eintragung des angemeldeten Zeichens dann nicht verhindern, wenn der Anmelder die Nichtbenutzung des eingetragenen Zeichens einwendet und der Zeicheninhaber nicht glaubhaft machen kann, daß er das Zeichen innerhalb der letzten fünf Jahre vor der Bekanntmachung des angemeldeten Zeichens benutzt hat, § 5 Abs. 7 S. 1 WZG. Das mindestens fünf Jahre in der Warenzeichenrolle eingetragene Zeichen wird gelöscht, wenn ein Dritter im Wege der Klage die Löschung beantragt, sofern der Zeicheninhaber das Zeichen innerhalb der letzten fünf Jahre vor dem Löschungsantrag nicht benutzt hat und der Zeicheninhaber nicht geltend machen kann, daß ihm die Benutzung nicht zumutbar war, § 11 Abs. 1 Nr. 4 WZG.

Ferner erlangt die Nichtbenutzung des Gegenzeichens bei der Eintragungsbewilligungsklage (§ 6 Abs. 2 WZG) insofern Bedeutung, als nunmehr auch die Löschungsreife wegen Nichtbenutzung (§ 11 Abs. 1 Nr. 4 WZG) zeichenrechtlicher Klagegrund ist. Ferner muß sich die Nichtbenutzung auch im Hinblick auf eine Verletzungs- und Löschungsklage auswirken, die auf ein löschungsreifes Zeichen gestützt werden.

Bevor die gesetzliche Regelung im einzelnen untersucht werden soll, ist zuvor noch auf zwei allgemeine Gesichtspunkte hinzuweisen, die schon dieser Überblick erkennen läßt. Das System des Benutzungszwangs hat an dem das deutsche Warenzeichenrecht beherrschenden Konstitutivprinzip nichts geändert; das Recht am Warenzeichen entsteht auch fernerhin allein durch die Eintragung in die Warenzeichenrolle (§ 15 WZG). Der Benutzungszwang im deutschen Warenzeichenrecht ist lediglich eine Regelung zur Beschränkung des Rechtsbestands, anders ausgedrückt, zur Begrenzung der Möglichkeit, das unabhängig von der Benutzung entstandene und auch fortbestehende Recht zu verteidigen.

Ein zweites allgemeines Merkmal und charakteristisch für die Neuregelung ist die Tatsache, daß ein Tätigwerden von Amts wegen gegen löschungsreife Zeichen unterbleibt, die Beachtlichkeit der Nichtbenutzung von der Parteiinitiative abhängig ist. Der Verzicht auf ein Amtsverfahren, etwa in der Form, daß zur Abwendung der Amtslöschung nach Ablauf der Benutzungsfrist eine Benutzungserklärung notwendig ist, wird zum Teil als der Effektivität des Benutzungszwangs abträglich angesehen[1]. In der Tat gewährleistet das Abstellen auf die Parteiinitiative nicht zwangsläufig eine von sämtlichen unbenutzten Zeichen befreite Warenzeichenrolle. Mag auch den Neuanmeldern im Augenblick, der noch durch die überfüllte Zeichenrolle gekennzeichnet ist, mit der Durchforstung der Zeichenrolle keine leichte Aufgabe überbürdet worden sein, so kann doch nicht übersehen werden, daß mit der Lichtung der Zeichenrolle auch diese Nachforschungen erleichtert werden. Gerade in den kritischen Bereichen dürfte sich in absehbarer Zeit eine Bereinigung der Zeichenrolle vollziehen. Dann aber scheint es nicht unbedingt erforderlich, das Patentamt mit einem erheblichen Arbeitsaufwand zu belasten, der mit einem Amtsverfahren verbunden wäre. Die Wahrnehmung privater Interessen dem einzelnen anheimzustellen, wie Kraft[2] zu Recht betont, scheint auch dem Gedanken am weitesten gerecht zu werden, Behinderungen des Wirtschaftsverkehrs nach dem wirtschaftlichen Bedürfnis auszuschalten. Letztlich kann sich erst nach geraumer Zeit entscheiden, inwieweit die einzelnen am Wirtschaftsverkehr Beteiligten den mit der Einführung des Benutzungszwangs verfolgten Zielen in ihrem Verhalten entgegenkommen[3], oder ob sie dem Zweck der Neuregelung, wie etwa durch vermehrte Abgrenzungsvereinbarungen, entgegenzuwirken versuchen.

Schon diese Ausführungen zeigen, daß es sich um keinen Benutzungszwang dem eigentlichen Wortsinne nach handelt, vielmehr um die dem einzelnen in verschiedenen Verfahrensstadien gegebene Möglichkeit, Rechtsfolgen aus der Nichtbenutzung von Drittzeichen abzuleiten. Für den Zeicheninhaber handelt es sich nicht um einen Zwang im Sinne

---

[1] *Schricker*, a.a.O., S. 17, spricht sogar schon allein auf Grund dieser Tatsache von einem schwachen Benutzungszwang. Vgl. hierzu auch *v. Kreisler - Ruprecht*, GRUR 1954, 434/439; *Hegel*, Mitt. 1965, 201/203; *Frank*, MA 1966, 756; *Kreye*, Diss., S. 94 ff.

[2] *Kraft*, GRUR 1968, 123; hiergegen *Schricker*, a.a.O., Fußn. 30.

[3] Der erhebliche Anstieg der Löschungen, insbesondere der Teillöschungen, wie das Nachlassen der Widersprüche, zeigen, wie sich die Zeicheninhaber auf den Benutzungszwang einstellen; vgl. das Zahlenmaterial bei *Heil*, MA 1973, 59; ferner zur Dauer der einzelnen Verfahren beim Deutschen Patentamt *Heil*, MA 1973, 97 ff.

einer Rechtspflicht, sondern lediglich um eine Obliegenheit mit der für den Zeicheninhaber möglichen Folge, Rechtsnachteile zu erleiden, wenn er der Obliegenheit nicht nachkommt[4]. Die verschiedenen Wortprägungen für diese Form des Benutzungszwangs, wie aufgeschobener, relativer, mittelbarer, indirekter, beschränkter oder nur modifizierter Benutzungszwang, sollen hier nicht bereichert werden. Der verständlichen Bezeichnung dieses Rechtsinstituts scheint mit der eingebürgerten Kennzeichnung als „Benutzungszwang" Genüge getan.

---

[4] *Hefermehl*, Festschrift für Ulmer, GRUR Ausl. 1973, 425 Fußn. 6; *Uekermann*, Diss., S. 2.

§ 3 Das Widerspruchsverfahren

A. Das Bestreiten der Benutzung

Die Frage nach der Benutzung des Widerspruchszeichens stellt sich nur, wenn der Anmelder des neuen Zeichens die Benutzung bestreitet. Es ist dem Patentamt nicht möglich, von sich aus dieses Problem aufzuwerfen, etwa eine Erklärung über die Benutzung zu verlangen. So wird dem Anmelder an der Glaubhaftmachung der Benutzung nicht gelegen sein, wenn ihm die Benutzung des Zeichens bekannt ist, es ihm allein auf eine Entscheidung über die Zeichenübereinstimmung oder Warengleichartigkeit ankommt[1]. Es obliegt allein dem Anmelder, die Frage nach der Benutzung in das Verfahren hineinzutragen. Der Zeicheninhaber ist daher nicht schon zur schlüssigen Begründung seines Widerspruchs gehalten, die Benutzung des Widerspruchszeichens zu behaupten[2]. Solange der Anmelder die Benutzung nicht bestreitet, kann der Erfolg des Widerspruchs nicht an der Nichtbenutzung scheitern.

Bestreitet der Anmelder die Benutzung, so bedeutet dies nichts anderes, als daß er die Glaubhaftmachung der Benutzung verlangt. Hierbei handelt es sich nicht unbedingt um ein Behaupten der Nichtbenutzung durch den Anmelder[3], vielmehr kann und wird dieser, auch ohne daß ihm die tatsächlichen Verhältnisse hinreichend bekannt sind oder deren rechtliche Beurteilung zweifelhaft erscheint, auf die Glaubhaftmachung der Benutzung dringen, sofern ihm eine Nichtbenutzung nahezuliegen scheint.

Der Wortlaut des Gesetzes („bestreitet") stellt nur klar, daß dem Zeicheninhaber der Nachweis der Benutzung — in Form der Glaubhaftmachung — obliegt[2], nachdem der Anmelder diese Frage in das Verfahren eingebracht hat und somit auch eine Entscheidung über die Benutzung als eine Voraussetzung der Begründetheit des Widerspruchs verlangt.

Da dem Zeicheninhaber die Darlegungs- und Beweislast bezüglich der Benutzung obliegt, ist der Anmelder auch nicht gehalten, weitere Ausführungen zur Frage der Benutzung zu machen, als allein die Glaubhaft-

---

[1] Vgl. Amtl. Begr. BT-Drucks. 1966 V/714, S. 40.

[2] *Nastelski,* MA 1968, 319/320; *Heiseke,* DB 1968, 1655/1656; ders., WRP 1973, 254; *Uekermann,* Diss., S. 307.

[3] So *Kraft,* GRUR 1968, 123/124; *Bökel,* Diss., S. 8.

machung zu verlangen. Nach Miosga[4] soll in Fällen, in denen die Benutzung bereits zu anderer Zeit und in anderem Zusammenhang glaubhaft gemacht worden ist, ein substantiiertes Bestreiten erforderlich sein. Die Befugnis des Anmelders, eine Entscheidung über die Frage der Benutzung zu verlangen, ist aber an keinerlei Voraussetzungen gebunden. Es wäre auch seltsam, ein substantiiertes Bestreiten von Tatsachen zu fordern, die in dieses konkrete Widerspruchsverfahren noch nicht eingebracht worden sind. Erweist sich das Bestreiten nach erfolgter Glaubhaftmachung als offensichtlich ungerechtfertigt, so ist mit einer sachgerechten Kostenentscheidung nach § 5 Abs. 6 WZG zum Nachteil des Anmelders diesen Fällen gedient.

B. Die Glaubhaftmachung der Benutzung

Bestreitet der Anmelder die Benutzung des Widerspruchszeichens, dann obliegt es dem Zeicheninhaber, die Benutzung glaubhaft zu machen. Die Glaubhaftmachung ist im Gegensatz zum Beweis im engeren Sinn, der zur vollen Überzeugung über die zu beweisenden Tatsachen führen muß, eine erleichterte Form der Beweisführung, der ein nur geringer, wenn auch überwiegender Grad der Wahrscheinlichkeit genügt[5].

Den vollen Nachweis der Benutzung zu fordern, hätte wegen der notwendigen Beweisaufnahmen zu einer erheblichen Belastung und Verzögerung des Widerspruchsverfahrens geführt, dem entgegenzuwirken gerade einer der Zwecke der Einfürung des Benutzungszwangs ist. Doch wird man auch in Anbetracht eines zügigen Widerspruchsverfahrens nicht zu geringe Anforderungen an die Beweisführung stellen dürfen. Die Bedeutung des Widerspruchs- und Beschwerdeverfahrens würde erheblich gemindert, wenn die Benutzungsfrage häufiger Anlaß eines anschließenden Klageverfahrens werden würde[6]. Der im Widerspruchsverfahren unterlegene Anmelder sollte sich nur bei im Tatsächlichen schwierigen und umfangreichen Fällen zur Erhebung der Eintragungsbewilligungsklage veranlaßt sehen, um vor den ordentlichen Gerichten den vollen Beweis über die Benutzungsfrage herbeizuführen.

Auch der Widerlegung der Glaubhaftmachung durch den Anmelder genügt zum Nachweis der Nichtbenutzung die Glaubhaftmachung. Beiden Beteiligten stehen somit sämtliche Beweismittel uneingeschränkt zur Verfügung. Auch eidesstattliche Versicherungen, wie auch einfache schriftliche Aussagen, können grundsätzlich der Glaubhaft-

---

[4] MA 1970, 56; ders., Benutzungszwang für Warenzeichen, S. 67.

[5] *Rosenberg - Schwab*, Zivilprozeßrecht, § 113 II 2; *Stein - Jonas*, ZPO, § 294, Anm. I; *Baumbach - Lauterbach*, ZPO, § 294, Anm. 1 A.

[6] *Mitscherlich*, Festschrift für Wendel, S. 77.

machung genügen. Doch wird der Beweiswert dieser Beweismittel, über den das Patentamt nach freiem Ermessen entscheidet, insbesondere unter Berücksichtigung des Vorbringens des Gegners umso geringer zu erachten sein, je mehr es diesen Erklärungen an tatsächlichen Angaben mangelt, auf Grund deren auf die dem Benutzungszwang genügende Benutzung geschlossen werden kann[7]. Die Vorlage von Werbematerial und Bestätigungen über dessen Einsatz, von Bestellungen, Rechnungen, die Herstellung und den Vertrieb betreffenden Geschäftsunterlagen, Korrespondenzen, Produktionszahlen können etwa in Verbindung mit eidesstattlichen Versicherungen die Benutzung glaubhaft machen. Auch Umfrageergebnisse, ermittelt von Meinungsforschungsinstituten, können wertvollen Aufschluß ergeben[8].

Sollte das Patentamt mündliche Verhandlung anberaumt haben (§ 12 WZG, 33 PatG)[9], was in Ausnahmefällen zur Sachverhaltsaufklärung sachdienlich sein wird, gilt die Beschränkung des § 294 Abs. 2 ZPO, wonach Beweismittel, die nicht in einer sofortigen Beweisaufnahme ohne Vertagung verwertbar sind, unstatthaft sind. Im übrigen trifft Anmelder und Widerspruchsführer die Wahrheitspflicht, die auch die Abgabe vollständiger Erklärungen der Beteiligten umfaßt[10].

Gelingt dem Zeicheninhaber die Glaubhaftmachung der Benutzung für die eingetragenen Waren, auf die der Widerspruch gestützt wird, dann ist die Eintragung des angemeldeten Zeichens zu versagen, sofern die übrigen Voraussetzungen (Zeichenübereinstimmung und Warengleichartigkeit) vorliegen[11]. Der unterlegene Anmelder kann jedoch

---

[7] *Heiseke*, a.a.O., S. 1656; ders., WRP 1973, 254/255; *Schwanhäusser*, Mitt. 1969, 1/5; *Kraft*, a.a.O., S. 126; *Baumbach - Hefermehl*, WZG, § 5, Anm. 26; *Hartgen*, WZG, § 5, Anm. 34; *v. Gamm*, WZÄnndG, Erg. zu § 5, Rdz. 20; *Uekermann*, Diss., S. 309; zu eng *Mitscherlich*, a.a.O., S. 77.

[8] Nach *Mitscherlich*, a.a.O., S. 82, soll ausnahmsweise dem Widersprechenden auch der Verweis auf ein abgeschlossenes Glaubhaftmachungsverfahren möglich sein.

[9] § 12 WZG versteht unter dem Verfahren zur Anmeldung von Warenzeichen auch das Widerspruchsverfahren, vgl. *Busse*, WZG, § 12, Anm. 1; *Baumbach - Hefermehl*, WZG, § 12, Anm. 3; ob das Gericht mündliche Verhandlung anberaumt, ist Ermessensfrage, PA Mitt. 1928, 142; 1935, 202.

[10] *v. Gamm*, WZG, § 12, Anm. 3; *Bökel*, Diss., S. 10.

[11] Das Patentamt kann die Benutzungsfrage dahingestellt sein lassen, wenn der Widerspruch schon aus anderen Gründen zurückzuweisen ist. *Mitscherlich*, a.a.O., S. 74 empfiehlt auch für diese Fälle, die Benutzung glaubhaft zu machen und die Stellungnahme des Anmelders hierzu einzuholen, damit in einem etwaigen Beschwerdeverfahren diese Unterlagen schon vorliegen und berücksichtigt werden können, wenn das Bundespatentgericht bezüglich des Grundes, der zur Zurückweisung des Widerspruchs führte, zu einer abweichenden Entscheidung gelangt. Dies scheint zumindest in zweifelhaften Fällen zweckmäßig, da ansonsten nicht ohne weiteres anzunehmen ist, daß der Beschwerdesenat entsprechend seiner früheren Übung (RPA Bl. 1905, 131; DPA Bl. 1957, 126) aus Zeit- und Kostenersparnis entsprechend § 540 ZPO selbst entscheidet, sondern von der Möglichkeit entsprechend § 36 Abs. 3 Nr. 3 PatG Gebrauch macht.

im Wege der Eintragungsbewilligungsklage (§ 6 Abs. 2 S. 2 WZG) noch seine Eintragung erreichen, da vor den ordentlichen Gerichten der volle Nachweis der Benutzung erforderlich ist, auf Grund dessen sich in der Benutzungsfrage eine gegenüber der Glaubhaftmachung abweichende Entscheidung ergeben kann. Doch kann dann auch der Zeicheninhaber die Nichtbenutzung rechtfertigen, wenn ihm die Benutzung während der Benutzungsfrist unzumutbar war[12]. Auch wenn der unterlegene Anmelder die Löschungsklage nach § 11 Abs. 1 Nr. 4 WZG erhebt, kann er die umfassende Beweisaufnahme über die Frage der Benutzung herbeiführen.

War es dem Zeicheninhaber nicht möglich oder hat er nicht versucht, die Benutzung glaubhaft zu machen, dann wird das angemeldete Zeichen eingetragen. Das Zeichen des Zeicheninhabers verbleibt ebenfalls in der Zeichenrolle, kann aber im Wege der Löschungsklage nach § 11 Abs. 1 Nr. 4 WZG zur Löschung kommen, sofern nicht das gerichtliche Verfahren den Nachweis der Benutzung ergibt, oder im Falle der Nichtbenutzung der Zeicheninhaber die Unzumutbarkeit der Benutzung nachweisen kann. Letztere Möglichkeit ist ihm im Widerspruchsverfahren aus Gründen der beschleunigten Erledigung dieses Verwaltungsverfahrens verwehrt.

Der im Widerspruchsverfahren unterlegene Zeicheninhaber kann seinerseits nach § 11 Abs. 1 Nr. 1 WZG mit Erfolg auf Löschung des neu eingetragenen Zeichens klagen, wenn sein Zeichen vor Bekanntmachung des neu eingetragenen Zeichens nicht löschungsreif war, d. h. entweder entgegen der Entscheidung des Patentamts benutzt worden ist, oder die Benutzung unzumutbar war. Mangels Löschungsreife des Widerspruchszeichens steht dieser Klage § 11 Abs. 6 WZG nicht entgegen[13].

C. Die fünfjährige Benutzungsfrist

Der Widerspruch ist nur dann zurückzuweisen, wenn das Widerspruchszeichen innerhalb eines Zeitraums von mindestens fünf Jahren vor der Bekanntmachung des angemeldeten Zeichens nicht benutzt worden ist. Dies bedeutet, daß ein Warenzeichen während der ersten fünf Jahre nach seiner Eintragung trotz Nichtbenutzung uneingeschränkten zeichenrechtlichen Schutz genießt[14]. Wird der Widerspruch auf ein für eine bestimmte Zeit benutztes Zeichen gestützt, dessen Benutzung wieder aufgegeben worden ist, dann ist für die Berechnung der fünfjährigen Benutzungsfrist allein der Zeitraum zwischen dem Tag der

---

[12] Vgl. zum Eintragungsbewilligungsverfahren unten § 4.
[13] *Kraft*, a.a.O., S. 126; *Heydt*, GRUR 1972, 290/293.
[14] Zu den Besonderheiten bei Vorrats- und Defensivzeichen vgl. unten § 12.

Aufgabe der Benutzung und der Bekanntmachung des angemeldeten Zeichens maßgebend; die Zeit der Nichtbenutzung zwischen Eintragung und Aufnahme der Benutzung ist nicht mehr zu berücksichtigen[15].

Entscheidender Zeitpunkt für die Fristberechnung im Widerspruchsverfahren ist die Bekanntmachung des jüngeren Zeichens. Nimmt der Zeicheninhaber sein wegen fünfjähriger Nichtbenutzung löschungsreif gewordenes Zeichen (§ 11 Abs. 1 Nr. 4 WZG) im Zeitraum zwischen Anmeldung und Bekanntmachung des jüngeren Zeichens in Benutzung, dann findet sein Widerspruch Beachtung[16]. Der Anmelder kann jedoch im Wege der Eintragungsbewilligungsklage die Eintragung seines Zeichens weiterverfolgen, da ihm die im Zeitpunkt der Anmeldung entstandene Löschungseinrede erhalten bleibt[17].

Tritt die Löschungsreife des Widerspruchszeichens erst nach der Bekanntmachung der Anmeldung ein, sei es daß das Widerspruchszeichen während der Widerspruchsfrist löschungsreif wird, sei es daß erst im Verlauf des weiteren Widerspruchsverfahrens die Benutzungsfrist abläuft, dann hat der Widerspruch des Zeicheninhabers Erfolg, ohne daß die Benutzung des Zeichens glaubhaft gemacht werden müßte[18]. Der Einwand der Nichtbenutzung muß sich auf die Nichtbenutzung in einem Zeitraum von fünf Jahren vor der Bekanntmachung des angemeldeten Zeichens beziehen. Die insoweit eindeutige gesetzliche Regelung läßt keine andere Auslegung zu.

In gleicher Weise bleibt der Einwand der Nichtbenutzung in solchen Widerspruchsverfahren unbeachtlich, bei denen es sich um Anmeldungen handelt, deren Bekanntmachungsdatum vor dem 1. 1. 1973 liegt[19]. Denn die Benutzungsfrist begann erstmals am 1. 1. 1968 für vor diesem Datum eingetragene Warenzeichen, Art. 7 § 2 VorabG. Eine Rückrech-

---

15 Die Benutzungsfrist begann erstmals am 1. 1. 1968 für vor diesem Datum eingetragene Warenzeichen (Art. 7 § 2 VorabG).

16 Gl. A. *Heydt*, GRUR 1972, 290/293.

17 Hierzu ausführlich § 5 B.

18 *Mitscherlich*, Mitt. 1973, 62/63; *Heydt*, Festschrift für Hefermehl, S. 65; ders., GRUR 1972, 290/293.

19 *Mitscherlich*, Mitt. 1973, 62; *Heydt*, GRUR 1972, 290/293; ders., GRUR 1973, 179/180; *Heil*, GRUR 1973, 170/173 = MA 1973, 59/62; a. A. *Bauer*, Mitt. 1973, 61, der die Auffassung vertritt, bei am 1. Januar 1973 anhängigen Widerspruchsverfahren trete dieses Datum an die Stelle des Bekanntmachungstags, so daß der Einwand der Nichtbenutzung nunmehr erhoben werden könne. Diese Auffassung verbietet sich wegen der klaren gesetzlichen Regelung. Auch eine entsprechende Anwendung des § 5 Abs. 7 S. 1 WZG, die *Schwanhäusser*, GRUR 1973, 185 vorschlägt, ist nicht möglich. Der Gesetzgeber hat durch die klare Normierung der Fristen eindeutig den Personenkreis der Zeicheninhaber abgegrenzt, die mit dem Einwand der Nichtbenutzung im Widerspruchsverfahren rechnen müssen. Auch eine entsprechende Anwendung des § 11 Abs. 5 Nr. 2 WZG ist gleichermaßen nicht angebracht, zumal vor Inbenutzungnahme des älteren Zeichens die Möglichkeit bestand, nach § 11 Abs. 5 Nr. 1 WZG den Löschungsantrag anzudrohen.

nung der Fünfjahresfrist vom Bekanntmachungsdatum des angemeldeten Zeichens aus darf nicht vor den 1. 1. 1968 fallen. Der Anmelder ist auf den Weg der Löschungsandrohung gemäß § 11 Abs. 5 Nr. 1 WZG, bzw. der Stellung des Löschungsantrags beim Patentamt gemäß § 11 Abs. 1 Nr. 4, Abs. 4 WZG verwiesen und, sofern der Zeicheninhaber seinen Widerspruch nicht zurücknimmt und die Neuanmeldung, sollte das Verfahren nicht ausgesetzt werden, zurückgewiesen wird, wird der Anmelder seine Eintragung im Wege der Eintragungsbewilligungsklage weiterverfolgen müssen.

Bei Warenzeichen, die nach § 6 a WZG beschleunigt eingetragen worden sind und gegen die nach der Eintragung Widerspruch erhoben worden ist, ist dem Zeicheninhaber vor Abschluß des Widerspruchsverfahrens die Benutzung des Zeichens nicht zumutbar[20]. Die fünfjährige Schutzfrist beginnt daher erst mit dem Abschluß des Widerspruchsverfahrens, § 5 Abs. 7 S. 4 WZG[21]. Wird kein Widerspruch erhoben, so kann auch nicht der Abschluß eines Widerspruchsverfahrens als maßgebender Zeitpunkt für den Beginn der Schutzfrist entscheidend sein. Man könnte daher in den Fällen, in denen ein Widerspruch nicht erhoben worden ist, nach der allgemeinen Regel auf den Zeitpunkt der Eintragung abstellen[22]. Hierfür scheint zu sprechen, daß das Gesetz die Sonderregelung der Fristberechnung nur für den Fall eines durchgeführten Widerspruchsverfahrens getroffen hat.

Diese Auffassung wird aber der ratio dieser Bestimmung nicht gerecht. Ist dem Zeicheninhaber bei den nach § 6 a WZG eingetragenen Warenzeichen während eines Widerspruchsverfahrens die Benutzung nicht zumutbar, da die Eintragung nur vorläufig ist, so trifft dieser Gesichtspunkt auch für den Zeitraum der laufenden Widerspruchsfrist zu. Solange der Zeicheninhaber mit einem Widerspruch rechnen muß, ist seine Eintragung ebenfalls noch eine vorläufige. Endgültig ist die Eintragung erst nach Ablauf der Widerspruchsfrist. Nach dem Zweck der Vorschrift ist daher § 5 Abs. 7 S. 4 WZG wohl dahin auszulegen, daß die Benutzungsfrist erst mit dem Ablauf der Widerspruchsfrist beginnt, wenn kein Widerspruch eingelegt worden ist. Dieser Auffassung steht nicht entgegen, daß sich hierdurch der Zeitraum innerhalb dessen das Warenzeichen in Benutzung genommen werden muß, für beschleunigt eingetragene Warenzeichen insgesamt verlängert, da

---

20 Vgl. Amtl. Begr. BT-Drucks. 1966 V/714, S. 39/40.

21 Hierunter ist etwa die rechtskräftige Zurückweisung des letzten Widerspruchs, die Rücknahme des Widerspruchs oder die sonstige Erledigung des Widerspruchsverfahrens zu verstehen.

22 So *Miosga*, Mitt. 1970, 6/7; ders., Benutzungszwang für Warenzeichen, S. 18; *Zeller*, Mitt. 1967, 141/145; *Tergau*, Mitt. 1972, 50; *Baumbach - Hefermehl*, WZG, § 5, Anm. 14.

erst nach Ablauf der Widerspruchsfrist die beschleunigte Eintragung einer normalen Eintragung entspricht[23].

Für die Berechnung der Benutzungsfrist deutscher Zeichenrechte aus der internationalen Registrierung ausländischer Marken enthält die Verordnung über die internationale Registrierung von Fabrik- oder Handelsmarken[24] eine Sonderregelung. Wird auf Grund einer international registrierten ausländischen Marke Widerspruch erhoben, dann tritt nach § 2 Abs. 3 VOIntReg an die Stelle der für den Fristbeginn maßgeblichen Eintragung des Warenzeichens nicht die internationale Registrierung, sondern der Ablauf der Frist des Art. 5 Abs. 2 MMA, die mangels einer kürzeren nationalen Frist ein Jahr beträgt. Die Benutzungsfrist beginnt demnach bei IR-Marken frühestens ein Jahr nach der internationalen Registrierung[25]. Ist das Prüfungsverfahren bei Ablauf der Jahresfrist nach Art. 5 Abs. 2 MMA noch nicht beendet, dann beginnt die Benutzungsfrist nach § 2 Abs. 3 VOIntReg spätestens mit der Zustellung der Mitteilung über die Schutzbewilligung. Nach § 2 Abs. 4 VOIntReg ist auf die Berechnung der Frist in § 11 Abs. 1 Nr. 4 S. 1 WZG und § 11 Abs. 5 WZG entsprechend § 2 Abs. 3 VOIntReg anzuwenden[26].

D. Die warenmäßige Erstreckung der Benutzung

I. Der Grundsatz des Benutzungsnachweises für die konkrete Ware

Der Benutzungszwang bezieht sich auf jede einzelne im Warenverzeichnis eingetragene Ware. Für jede konkrete Ware muß ein Benutzungstatbestand geschaffen werden, um die Rechtsfolgen der Nichtbenutzung für diese Ware abzuwenden. Nach § 5 Abs. 7 S. 3 WZG berücksichtigt das Patentamt bei der Frage der Zeichenübereinstimmung nur die Waren, für die der Widersprechende die Benutzung glaubhaft gemacht hat. Der Widerspruch muß sich demnach auf eine für das Widerspruchszeichen eingetragene benutzte Ware stützen. Der Nachweis der Benutzung für eine bestimmte Ware kommt nicht den übrigen eingetragenen Waren zugute, auch nicht den Waren im Gleichartigkeitsbereich der benutzten Ware[27]. Das Warenzeichen unterliegt in bezug auf die nicht benutzten Waren der Teillöschung[28].

---

[23] Gl. A. *Eyer*, WZR, S. 165 f., 302.

[24] VO vom 5. September 1968 (BGBl. I, 1001).

[25] Vgl. hierzu auch *Miosga*, Mitt. 1970, 6/8; ders., Benutzungszwang für Warenzeichen, S. 20 f.; *Heydt*, GRUR 1972, 290/291.

[26] Zur Ermittlung des Zeitpunkts des Beginns der Benutzungsfrist in der Praxis vgl. *Tergau*, Mitt. 1972, 50 f.

[27] *Baumbach - Hefermehl*, WZG, § 5, Anm. 19; *v. Gamm*, WZÄndG, Erg. zu § 1, Rdz. 45; *Hartgen*, WZG, § 5, Anm. 34; *Busse*, WZG, § 5, Anm. 24; *Schricker*, a.a.O., S. 22; *Kraft*, a.a.O., S. 125; *Miosga*, MA 1970, 9/12; ders., Benutzungszwang für Warenzeichen, S. 26; *Munzinger*, Mitt. 1972, 181/187; *Heiseke*, WRP 1973, 185/189.

[28] Vgl. dazu unten bei der Löschungsklage § 5 A.

Eine hiervon zu trennende Frage ist die des Schutzumfangs des Warenzeichens. Dieser umfaßt nach allgemeinen Grundsätzen alle Waren im Gleichartigkeitsbereich der benutzten Ware. Diese beiden Probleme des Schutzumfangs des Warenzeichens einerseits und der warenmäßigen Erstreckung der Benutzung andererseits hält Wipprecht nicht genügend auseinander, wenn seinen Ausführungen nach die Benutzung eines Zeichens für gleichartige Waren den Benutzungsnachweis für alle anderen eingetragenen gleichartigen Waren erbringen soll[29]. Diese Auffassung führt zu einer mit den Zielen des Benutzungszwangs nicht zu vereinbarenden Ausdehnung des Schutzumfangs, denn der Gleichartigkeitsbereich einer mit der Ware, für die der Benutzungsnachweis erbracht worden ist, gleichartigen Ware kann über den Gleichartigkeitsbereich der Ware hinausgehen, für die das Zeichen tatsächlich benutzt worden ist[30]. Der Schutzumfang eines Warenzeichens ist nach Ablauf der Benutzungsfrist begrenzt durch den Warengleichartigkeitsbereich der Waren, für die das Zeichen benutzt worden ist[31].

Daher begründet auch die abwechselnde Benutzung für verschiedene gleichartige Waren keinen einheitlichen Benutzungstatbestand[32], sondern jeweils nur die Benutzung für die konkrete Ware. Auch muß eine jeweils relevante Benutzung für die einzelne Ware vorliegen; es erfolgt keine „Addition" der Benutzungshandlungen für verschiedene Waren im Gleichartigkeitsbereich. Wird die Benutzung für eine dieser Waren aufgegeben, dann beginnt für die Ware die Benutzungsfrist zu laufen, ungeachtet der Inbenutzungnahme des Zeichens für eine andere gleichartige Ware.

II. Die Zuordnung eines der Einzelware entsprechenden Oberbegriffs

Ausgangspunkt des Gesetzes in § 5 Abs. 7 S. 3 WZG ist der Grundsatz, daß ein Benutzungstatbestand für diejenige Ware glaubhaft gemacht werden muß, auf die der Zeicheninhaber seinen Widerspruch

---

[29] *Wipprecht*, WRP 1967, 291 ff., V 2, 6.

[30] Vgl. das Beispiel bei *Schricker*, a.a.O., S. 22. Ist ein Warenzeichen für die Waren A, B und C eingetragen, von denen A mit B und B mit C, aber nicht A mit C gleichartig sind, dann kann, sofern das Zeichen nur für die Ware A benutzt worden ist, der Widerspruch nur auf A gestützt werden und hierdurch auch die Eintragung des verwechslungsfähigen Zeichens für die im Gleichartigkeitsbereich von A liegende Ware B verhindert werden. Gegen die Eintragung für die Ware C wäre der Widerspruch erfolglos. Würde man den Benutzungsnachweis für alle gleichartigen Waren gelten lassen, so wäre er auch für die Ware B, die mit A gleichartig ist, erbracht, und der auf die Ware B gestützte Widerspruch könnte die Eintragung für die Ware C verhindern.

[31] Nur insoweit nützt daher dem Zeicheninhaber auch der Zeichengebrauch für Nebenprodukte im Gleichartigkeitsbereich, *Miosga*, MA 1970, 9/12; ders., Benutzungszwang für Warenzeichen, S. 55.

[32] So aber anscheinend *Wipprecht*, a.a.O., V 2.

stützt. Der Warenbegriff der konkret benutzten Einzelware ist jedoch regelmäßig nur ein Unterfall der entsprechend der Warenklasseneinteilung eingetragenen Warengattung. Die Berücksichtigung allein der konkret benutzten Ware in Form des speziellen engsten Warenbegriffs hätte nun aber zur Konsequenz, daß das Warenverzeichnis auf diese Spezialware beschränkt werden müßte. Die Reduzierung des Warenverzeichnisses allein auf die speziell benutzte Ware könnte im Wege der Teillöschung durchgesetzt werden.

Es kann nicht verkannt werden, daß die Effektivität des Benutzungszwangs in der Praxis weitgehend davon abhängen wird, inwieweit durch eine strikte Anwendung des § 5 Abs. 7 S. 3 WZG umfangreiche Warenverzeichnisse auf den Warenbestand solcher Waren reduziert werden, für die das Warenzeichen tatsächlich benutzt worden ist. Zum anderen kann aber nicht übersehen werden, daß die hiermit verbundene Konsequenz, das Warenverzeichnis in sämtliche denkbaren Spezialwaren aufzugliedern und diejenigen, für die das Warenzeichen künftig benötigt werden könnte, in das Warenverzeichnis aufzunehmen, den berechtigten Bedürfnissen der Praxis und den tatsächlichen Verhältnissen nicht gerecht wird, vielmehr zu einer Überspannung der mit dem Benutzungszwang verfolgten Ziele führt[33]. Die gefestigte Rechtsprechung zur Warengleichartigkeit würde mit der Folge erheblicher Rechtsunsicherheit erschüttert, hätte sich die Beurteilung der Warengleichartigkeit an einer unübersehbaren Zahl spezieller Warenbegriffe zu orientieren.

Die berechtigten Interessen der Zeicheninhaber an der Aufrechterhaltung des Zeichenschutzes für eine der konkret benutzten Einzelware entsprechende Warengattung sind gegenüber dem Zweck des Benutzungszwangs, die Warenverzeichnisse auf den Bestand der benutzten Waren zu beschränken, abzuwägen. In der „Slip"-Entscheidung[34] vertrat der BGH die Auffassung, daß für den Fall, daß für ein Warenzeichen eine Warengruppe unter einem umfassenden Oberbegriff eingetragen ist, im Betrieb des Zeicheninhabers aber nur einige dieser Produkte tatsächlich geführt werden, alle übrigen unter den Oberbegriff fallenden Waren als unzulässige Vorratswaren zu werten sein können. Wohl handelt es sich bei dem dieser Entscheidung zugrunde liegenden Oberbegriff um den geradezu typischen Fall eines zu weiten, umfassenden Sammelbegriffs, nämlich der „chemisch-technischen Produkte". Es wäre jedoch verfehlt, allein den Warenoberbegriff der „chemisch-technischen Produkte" als den einzigen Sonderfall zu betrach-

---

[33] Vgl. zu diesem Problem die ausführliche Darstellung von *Munzinger*, Mitt. 1972, 181 ff.
[34] BGH GRUR 1969, 604/606.

ten[35], bei dem die Benutzung des Zeichens für eine Einzelware nicht den eingetragenen Oberbegriff deckt, ansonsten auf Grund der Benutzung des Zeichens für eine Einzelware den Schutzumfang des Warenzeichens im Gleichartigkeitsbereich jeder entsprechend der Warenklasseneinteilung eingetragenen Warengattung aufrechtzuerhalten[36]. Andererseits kann aus der „Slip“-Entscheidung nicht gefolgert werden, daß die konkrete Einzelware, für die das Warenzeichen benutzt worden ist, nicht einem in naher Beziehung zu ihr stehendem Warenoberbegriff zugeordnet werden könnte[37].

Das Zuordnungsproblem, d. h. die Frage, welcher Warenoberbegriff der Einzelware als ihr noch entsprechend zuzuordnen und somit durch den Zeichengebrauch für die Einzelware gedeckt ist, läßt sich nur dahin lösen, daß unter Abwägung der praktischen Notwendigkeiten einerseits und der Effektivität des Benutzungszwangs andererseits weite Oberbegriffe aufgespalten[38] und enge Warenbegriffe, die mehreren Einzelwaren entsprechen, gebildet werden. Miosga[39] will darauf abstellen, ob die Einzelware „so charakteristisch und maßgebend für den Oberbegriff ist, daß die Benutzung für den Oberbegriff gelten kann“. Die Einzelware muß ein typischer Unterfall der Warengattung sein, den Oberbegriff repräsentieren, d. h. für diesen als stellvertretend angesehen werden können. Konkrete Grundsätze lassen sich noch nicht aufstellen. Es wird jedoch auch die Zulässigkeit weiter, bzw. das Erfordernis möglichst eng umgrenzter Oberbegriffe je nach der tatsächlichen Situation auf dem einzelnen Warensektor und dem Spektrum der vorhandenen Warengattungen entsprechend den Bedürfnissen der Zeicheninhaber zu differieren haben. Es gilt einerseits zu verhindern, daß Zeicheninhaber auf unbestimmte Sammelbezeichnungen und zu weite Oberbegriffe ausweichen können, andererseits, daß das Warenverzeichnis in eine Unzahl von Spezialwaren aufgespalten werden muß. Erst im Laufe der Entwicklung können sich auf Grund der Rechtsprechung die den einzelnen Waren entsprechenden Warengattungen herauskristallisieren.

Die speziellen Probleme, die sich im Zusammenhang mit der warenmäßigen Erstreckung der Benutzung in Verbindung mit der berühmten

---

[35] So *Heil*, GRUR 1973, 170/174; ders., MA 1973, 59/65.

[36] So *Heiseke*, WRP 1973, 185/189 f.; *Heil*, a.a.O.; *Munzinger*, a.a.O., S. 187.

[37] a. A. *Uekermann*, Diss., S. 206; wie hier *Miosga*, Benutzungszwang für Warenzeichen, S. 65 f.

[38] Vgl. hierzu *Munzinger*, a.a.O., S. 187 f., der jedoch dem Grundsatz des § 5 Abs. 7 S. 3 WZG nicht weitgehend genug Rechnung trägt.

[39] *Miosga*, GRUR 1970, 439/440; ders., Benutzungszwang für Warenzeichen, S. 66.

Marke, sowie, insbesondere unter Berücksichtigung der „Dolan"-Entscheidung[40], mit der begleitenden Marke ergeben, sollen gesondert behandelt werden[41].

E. Die Zurechnung der Benutzung durch Dritte

I. Die begrenzte Funktion der Zurechnungsnorm

1. Die allgemeine Bedeutung des § 5 Abs. 7 S. 2 WZG

Im allgemeinen benutzt der Zeicheninhaber sein Warenzeichen selbst. Zeicheninhaber und Zeichenbenutzer fallen dann in einer Person zusammen. Den wirtschaftlichen Bedürfnissen entsprechend regelt § 5 Abs. 7 S. 2 WZG einen Sachverhalt mangelnder Identität von Zeicheninhaber und Zeichenbenutzer. Hiernach steht der Zeichenbenutzung durch den Zeicheninhaber die eines Dritten gleich, sofern sie mit Zustimmung des Zeicheninhabers erfolgt. Dem Zeicheninhaber kann bei mangelnder eigener Benutzung die Drittbenutzung als dem Benutzungszwang genügende Benutzung zugerechnet werden. Diese Zurechnungsnorm überbrückt somit die mangelnde Identität zwischen Zeicheninhaber und Zeichenbenutzer im Rahmen des Benutzungszwangs. Allein in dieser Bedeutung muß diese mögliche Zurechnung gesehen werden: Auf das Bestreiten des Anmelders hin genügt der Widersprechende seinem Benutzungsnachweis durch Glaubhaftmachung der Drittbenutzung.

2. Keine Zurechnung des Geschäftsbetriebs

Es stellt sich aber die Frage, ob sich die Zurechnungsnorm in dieser Funktion, zum Gelingen des Benutzungsnachweises die eigene durch die fremde Benutzung zu ersetzen, erschöpft, oder ob ihr eine weitere Bedeutung zukommt.

Hierbei ist in erster Linie zu untersuchen, ob § 5 Abs. 7 S. 2 WZG die Rechtsprechung zur Zurechnung des Geschäftsbetriebs eines Dritten, etwa des Lizenznehmers, beeinflußt. Die bisherige Rechtsprechung versagte dem Zeicheninhaber bei mangelndem eigenen Geschäftsbetrieb die Berufung auf den Geschäftsbetrieb des Lizenznehmers. Das Reichsgericht führte in seiner „Axa"-Entscheidung[42] im Zusammenhang mit der Löschungsklage aus: „Unerheblich ist auch, ob die geschützten Waren von Lizenznehmern geführt werden. Denn nur auf die Herstellung oder den Vertrieb der geschützten Waren im Geschäftsbetrieb

---

[40] BGH GRUR 1970, 80.

[41] Vgl. zur begleitenden Marke unten § 14, zur berühmten Marke unten § 15.

[42] RG 114, 276/278 f. (Axa).

des Zeicheninhabers kommt es an; der Betrieb des Lizenznehmers könnte den mangelnden eigenen Betrieb des Zeicheninhabers zeichenrechtlich nicht ersetzen, stützen oder ergänzen." Diese Rechtsprechung wurde im Rahmen der Löschungsklage in der „Fratelli"-Entscheidung[43] des Reichsgerichts bestätigt, ebenso in der „Schwarz-Weiß"-Entscheidung[44], in der selbst der Geschäftsbetrieb einer GmbH nicht deren einzigem Gesellschafter als dem Zeicheninhaber zugerechnet wurde.

Der Bundesgerichtshof setzte diese Rechtsprechung konsequent fort und rechnete im Zusammenhang mit der Frage, ob dem Lizenzgeber ein Ausstattungsrecht nach § 25 WZG zukomme, die auf Grund einer Lizenz erfolgte Herstellung dem Lizenzgeber nicht als eigenen Geschäftsbetrieb zu[45]. Nochmals stellte der BGH in einem Zeichenverletzungsstreit im Rahmen der Warengleichartigkeit fest[46]: „Der in der Zeichenrolle eingetragene Geschäftsbetrieb muß daher dem eingetragenen Zeicheninhaber gehören und von ihm selbst auf seinen eigenen Namen geführt werden. Hieraus folgt, daß die Ware auch durch diesen Betrieb entweder hergestellt oder vertrieben werden muß[47]." Nach diesen Grundsätzen wurde der Geschäftsbetrieb einer rechtlich selbständigen Tochtergesellschaft nicht der beherrschenden Gesellschaft zugerechnet.

Schon vor Einführung des Benutzungszwangs war die Frage des fehlenden konkreten, zeichenrechtlich relevanten Geschäftsbetriebs von dem Problemkreis der mangelnden Zeichenbenutzung zu unterscheiden. Bei vorhandenem Geschäftsbetrieb wurde die mangelnde Zeichenbenutzung in Anbetracht eines fehlenden Benutzungszwangs vor allem im Rahmen der Schutzwürdigkeit von Vorratszeichen relevant. Hierüber hatten die ordentlichen Gerichte zu entscheiden; die fehlende Schutzwürdigkeit war keine im Widerspruchsverfahren beachtliche Einwendung[48]. Handelte es sich bei den Waren, für die das Zeichen wohl eingetragen, aber nicht benutzt worden war, zudem um Vorratswaren, also solche Waren, die im Betrieb des Zeicheninhabers überhaupt nicht geführt wurden, dann ergab sich ebenfalls für das Widerspruchsverfahren keine andere Beurteilung. Dagegen war die Teillöschung des Zeichens für diese Vorratswaren nach § 11 Abs. 1 Nr. 2 WZG möglich. In diesem Zusammenhang tauchte dann das Problem der Zurechnung des Ge-

---

[43] RG 146, 325/331 (Fratelli).

[44] RG 169, 240/247 (Schwarz-Weiß).

[45] BGH 18, 175/179 (Matern).

[46] BGH GRUR 1965, 86/88 (Schwarzer Kater); vgl. ferner BGH GRUR 1957, 126 (Troika); BGH GRUR 1962, 195 (Palettenbildzeichen).

[47] Entscheidend sind selbstverständlich nicht die Eigentumsverhältnisse am Geschäftsvermögen, sondern allein die Frage, unter wessen Namen der Betrieb geführt wird, BGH GRUR 1963, 474/476 (Filmfabrik Köpenick); *Baumbach - Hefermehl*, WZG, § 1, Anm. 7.

[48] BGH 44, 60 (Agyn); 45, 173 (Epigran); GRUR 1968, 148/149 (Zwillingsfrischbeutel).

schäftsbetriebs eines Dritten auf, das die Rechtsprechung nach den oben dargestellten Grundsätzen löste.

Diese Rechtsprechung soll nun nach Schulze zur Wiesche durch die Zurechnungsnorm des § 5 Abs. 7 S. 2 WZG überholt sein[49]. Hierbei wird verkannt, daß diese Rechtsprechung sich allein auf die Frage der Zurechnung des Geschäftsbetriebs bezieht, nicht auf die Frage der Zurechnung der Benutzung des Warenzeichens. Wohl konnte notwendigerweise bei fehlendem Geschäftsbetrieb auch keine Zeichenbenutzung für die konkreten Waren vorliegen, doch kam es auf die Zeichenbenutzung in den Entscheidungen nicht an. An dem Erfordernis des eigenen Geschäftsbetriebs hat nun der eingeführte Benutzungszwang offensichtlich nichts geändert. Allein in Anbetracht der wegen des Benutzungszwangs im Widerspruchsverfahren beachtlichen Benutzung des Warenzeichens war, entsprechend den wirtschaftlichen Bedürfnissen, eine Regelung über die Zurechnung der Drittbenutzung erforderlich. Das Erfordernis des eigenen Geschäftsbetriebs bleibt hiervon unberührt. Nach § 5 Abs. 7 S. 2 WZG kann hiernach allein die mangelnde eigene Benutzung, nicht aber der fehlende Geschäftsbetrieb zugerechnet werden[50].

Die verfahrensrechtlichen Konsequenzen der Tatsache, daß einerseits mit der Einführung des Benutzungszwangs die Zurechnung der Drittbenutzung im Widerspruchsverfahren notwendig und möglich wurde, andererseits hiermit eine Zurechnung des Geschäftsbetriebs nicht verbunden sein kann, bedürfen unter Berücksichtigung der bisherigen Rechtsprechung der Erläuterung. Man könnte nämlich der Auffassung sein, daß die Zurechnung der Drittbenutzung nach § 5 Abs. 7 S. 2 WZG voraussetzt, daß der Zeicheninhaber auch bezüglich der Waren, für welche ihm die Benutzung durch den Dritten zugute kommt, einen eigenen Geschäftsbetrieb hat, d. h. diese Waren, wenn auch nicht unter dem Widerspruchszeichen, selbst führt. Man könnte hierbei etwa daran denken, von dem Zeicheninhaber auch die Glaubhaftmachung des eigenen Geschäftsbetriebs bezüglich der konkreten Waren zu verlangen, oder aber den Anmelder mit der Einwendung zu hören, die Zurechnung versage mangels eines konkreten eigenen Geschäftsbetriebs des Zeicheninhabers.

Dieser Auffassung steht aber entgegen, daß hierdurch das patentamtliche Widerspruchsverfahren mit einer Prüfung belastet würde, die einer beschleunigten Erledigung entgegensteht. Vor allem aber würde

---

49 NJW 1968, 1809/1811 f.

50 *Baumbach - Hefermehl*, WZG, § 1, Anm. 7, 8, 11; Anh. § 8, Anm. 14; *v. Gamm*, WZÄndG, Einf., Anm. 6; *Kraft*, a.a.O., S. 124; *Bökel*, Diss., S. 73; ders., BB 1971, 1033; *Schulze zur Wiesche*, NJW 1968, 1809, 1812; *Bußmann*, GRUR 1968, 498/503; *Kraft*, GRUR 1970, 218/228; *Frank*, BB 1969, 459; *Miosga*, MA 1973, 166/168.

ein Problemkreis in das Widerspruchsverfahren hineingetragen, dessen Beachtlichkeit außerhalb dieser konkreten Fallgestaltung des § 5 Abs. 7 S. 2 WZG nicht in die Kompetenz des Patentgerichts, sondern in die der ordentlichen Gerichte fällt. Dies ist auch deshalb gerechtfertigt, weil der Löschungsgrund des fehlenden Geschäftsbetriebs eine im Einzelfall umfangreiche Beweisaufnahme erfordern kann. Man denke etwa an den Fall, daß die Drittbenutzung schon über einen die Benutzungsfrist weit übersteigenden Zeitraum erfolgt, die Aufgabe des konkreten Geschäftsbetriebs aber erst wenige Jahre zurückliegt.

Im Ergebnis kann daher der Zeicheninhaber erfolgreich Widerspruch einlegen, wenn ein Dritter mit seiner Zustimmung das Widerspruchzeichen benutzte, selbst wenn dem Zeicheninhaber ein zeichenrechtlich relevanter Geschäftsbetrieb fehlt. Der unterlegene Anmelder kann aber im Wege der Eintragungsbewilligungsklage seine Eintragung weiterverfolgen und sich auf die (Teil-)Löschbarkeit des Zeichens nach § 11 Abs. 1 Nr. 2 berufen. Ferner kann Löschungsklage erhoben werden. Für diese Klagen ist die oben zitierte Rechtsprechung weiterhin voll aufrechtzuerhalten: Der Geschäftsbetrieb des Dritten — etwa des Lizenznehmers — wird dem Zeicheninhaber nicht zugerechnet[51].

Auch hier zeigt sich ein weiterer Fall, in dem die Entscheidung des Patentamts über den eingelegten Widerspruch mangels Prüfungskompetenz bezüglich einer bestimmten Rechtsfrage von einer möglichen späteren gerichtlichen Entscheidung abweichen kann[52].

3. Keine fingierte Zurechnung im Rahmen der Kennzeichnungskraft

Die Funktion des § 5 Abs. 7 S. 2 WZG bedarf einer weiteren Klarstellung. Die Kennzeichnungskraft eines Warenzeichens, die dessen maßgeblichen Schutzumfang zur Beurteilung der Verwechslungsgefahr bestimmt, wird von der Benutzung des Zeichens beeinflußt. Je

---

[51] Eine andere Frage ist, ob nicht, wie *v. Gamm*, WZÄndG, Einf., Anm. 6 meint, die Tatsache, daß die Zurechnung der Drittbenutzung möglich ist, die bereits bestehende Tendenz zu einer Auflockerung der strengen Bindung des Warenzeichens an den dazugehörigen Geschäftsbetrieb und zu einer freien Übertragbarkeit der Marke fördert. Nach der augenblicklichen Rechtslage erscheint es aber ausgeschlossen, über die Möglichkeit hinauszugehen, den Lizenzgeber unter ganz bestimmten besonderen Voraussetzungen mittelbar als Mitinhaber des Betriebs des Lizenznehmers anzusehen. Das bloße Lizenzverhältnis ist hierfür aber nicht ausreichend, *Baumbach - Hefermehl*, WZG, § 1, Anm. 11; weitergehend *Uekermann*, Diss., S. 129; vgl. auch unten § 14.

[52] Vgl. die oben B dargestellten Fallgestaltungen einer möglicherweise nur vorläufigen Widerspruchsentscheidung des Patentamtes, das sich einerseits mit der Glaubhaftmachung der Benutzung begnügen muß, und dem andererseits die Kompetenz zur Prüfung der Unzumutbarkeit der Benutzung fehlt.

stärker die Verkehrsgeltung eines Zeichens durch intensive Benutzung im geschäftlichen Verkehr ist, desto größer kann seine Kennzeichnungskraft veranschlagt werden. Für Lizenzverhältnisse ist daher von entscheidender Bedeutung, in welcher Weise sich die Benutzung des Zeichens durch den Lizenznehmer auf die Kennzeichnungskraft des Zeichens auswirkt. Der Lizenzgeber muß eine Schwächung der Kennzeichnungskraft seines Zeichens befürchten, sofern er gleichzeitig mit dem Lizenznehmer sein Warenzeichen benutzt und im Wettbewerb beide Unternehmen sich als Konkurrenten gegenüberstehen[53]. Benutzt allein der Lizenznehmer das Warenzeichen, so kann bei ungenügender Offenlegung des Lizenzverhältnisses zugunsten des Lizenznehmers ein Ausstattungsrecht entstehen[54].

Dieses Problem, inwieweit die Kennzeichnungskraft eines Warenzeichens durch alleinige oder gemeinsame Benutzung innerhalb eines Lizenzverhältnisses geschwächt oder gestärkt wird, oder inwieweit zugunsten des Lizenznehmers ein Ausstattungsrecht entstehen kann, entscheidet sich allein an der tatsächlichen Erscheinungsweise des Zeichens im Verkehr, sowie an der Ausgestaltung des Lizenzverhältnisses. Die hierzu entwickelten, oben teilweise skizzierten Grundsätze, die hier nicht weiter auszuführen sind, sowie die mit der Abstandslehre verbundenen Regeln[55], werden von der Zurechnungsnorm des § 5 Abs. 7 S. 2 WZG nicht berührt. Dessen Bedeutung erschöpft sich in der Zurechnung der Drittbenutzung im Rahmen des Benutzungszwangs zur Führung des Benutzungsnachweises. In bezug auf die Kennzeichnungskraft eines Warenzeichens kann die Drittbenutzung nicht als Eigenbenutzung fingiert werden, da es sich insoweit um einen an den tatsächlichen Gegebenheiten im Verkehr zu messenden Rechtsbegriff handelt.

II. Anwendungsbereich der Zurechnungsnorm

1. Warenzeichenlizenz und Verpachtung des Geschäftsbetriebs

Als Hauptanwendungsfall der mit Zustimmung des Zeicheninhabers erfolgten Drittbenutzung ist die Warenzeichenlizenz anzusehen. Die Zurechnung der Zeichenbenutzung durch den Lizenznehmer schien dem Gesetzgeber insbesondere im Hinblick auf ausländische Unternehmen erforderlich, die im Inland das Warenzeichen nicht selbst gebrauchen, sondern mit deutschen Unternehmen Lizenzverträge zur Herstellung

---

[53] BGH 34, 299/309 (Almglocke).
[54] Vgl. *Baumbach - Hefermehl,* WZG, Anh. § 8, Anm. 24.
[55] Vgl. zur Abstandslehre BGH GRUR 1952, 419/420 (Gumax/Gumasol); GRUR 1955, 415/417 (Arctuvan/Artesan); *Baumbach - Hefermehl,* WZG, § 31, Anm. 120.

oder Vertrieb der unter dem Warenzeichen zu führenden Waren vereinbaren[56]. Ohne eine Zurechnung der Zeichenbenutzung durch den Lizenznehmer wäre der ausländische Zeicheninhaber gezwungen, selbst auf dem Inlandsmarkt tätig zu werden. Eine derartige Beeinflussung des Wirtschaftsablaufs liegt offensichtlich außerhalb der mit einem Benutzungszwang für Warenzeichen verfolgten Ziele. Da die Zurechnungsnorm in gleicher Weise für Lizenzverträge zwischen inländischen Unternehmen zur Anwendung kommt, hat hierdurch die Warenzeichenlizenz in den von der Rechtsprechung anerkannten Grenzen mittelbar gesetzliche Anerkennung gefunden.

Auch die im Wege der Unterlizenzierung erfolgte Drittbenutzung des Unterlizenznehmers wird dem Zeicheninhaber zugerechnet[57].

Ferner war § 5 Abs. 7 S. 2 WZG erforderlich, um im Falle der Verpachtung des Geschäftsbetriebs die Zeichenbenutzung des Pächters dem Verpächter zurechnen zu können[58].

2. *Zeichenführung innerhalb eines Konzerns*

Auch für die Zeichenführung innerhalb eines Konzerns erlangt die Zurechnungsnorm Bedeutung[59]. Ist das Warenzeichen allein für das herrschende Konzernunternehmen, die Konzernspitze, eingetragen, so kann man in Anbetracht der engen wirtschaftlichen Verflochtenheit der Unternehmen grundsätzlich davon ausgehen, daß der Zeichengebrauch durch eine Konzerntochter mit Zustimmung der Konzernspitze erfolgt und daher dieser zugerechnet werden kann.

Ist das Warenzeichen dagegen für mehrere Konzernunternehmen eingetragen, so wird man nicht ohne weiteres annehmen können, daß der Zeichengebrauch eines Konzernunternehmens, auf das keine Eintragung des Zeichens erfolgt ist, allen Zeicheninhabern unter den Konzernunternehmen zugute kommen soll. Hierbei ist entscheidend auf die konkreten Vereinbarungen innerhalb des Konzerns abzustellen. Gerade im Hinblick auf eine mögliche spätere Auflösung des Konzerns kann ein Bedürfnis bestehen, einzelnen Konzerntöchtern nur auf Grund eigener Benutzung den Zeichenschutz zu erhalten. Regelungen, die auf eine umfassende Zurechnung des Zeichengebrauchs hinzielen und somit den Erhalt des Zeichenschutzes für alle Zeicheninhaber gewährleisten sollen, sind aber über § 5 Abs. 7 S. 2 WZG möglich. Ist für die Konzerntochter, die das Warenzeichen benutzt, dieses selbst eingetragen,

---

56 Amtl. Begr. BT-Drucks. 1966 V/714, S. 42.
57 BGE 72 II 423/426; *Bökel*, Diss., S. 76.
58 Amtl. Begr., a.a.O.; *Schricker*, a.a.O., S. 23; *Schulze zur Wiesche*, a.a.O., S. 1811.
59 *Bökel*, Diss., S. 73; *Schricker*, a.a.O., S. 23.

dann kann nicht ohne sorgfältige Berücksichtigung der Vereinbarungen über die Zeichenführung innerhalb des Konzerns und eine dementsprechende Regelung davon ausgegangen werden, daß dieser Zeichengebrauch mit Wirkung für alle Konzernunternehmen erfolgt, für die das Zeichen ebenfalls eingetragen ist. Auch innerhalb eines Konzerns erfolgt der Gebrauch eines eigenen Zeichens primär zur Aufrechterhaltung des eigenen Rechts.

Über die Zurechnungsnorm findet daher auch zwischen Konzernunternehmen keine automatische gegenseitige Zurechnung statt; vielmehr ist die konkrete Interessenverteilung in bezug auf das Zeichenrecht, möglicherweise an Hand von Vereinbarungen über die Zeichenführung, entscheidend. Hierbei wird auch die Intensität der wirtschaftlichen Verbundenheit der einzelnen Konzernunternehmen eine Rolle spielen, da nicht jede Konzernverbindung eine derart enge Verflochtenheit aufweisen muß, daß von einer wirtschaftlichen Einheit gesprochen werden kann[60].

Da, wie schon oben ausgeführt wurde, über § 5 Abs. 7 S. 2 WZG keine Zurechnung des Geschäftsbetriebs erfolgt, erfährt durch diese Vorschrift das allgemeine Problem der Konzern- und Holdingzeichen keine grundsätzliche Änderung. Die merkliche Tendenz einer Auflockerung der strengen Bindung des Warenzeichens an den Geschäftsbetrieb könnte jedoch durch die bestehende Zurechnungsmöglichkeit des Zeichengebrauchs Anlaß zu einer Modifikation der Rechtsprechung bezüglich der Zurechnung des Geschäftsbetriebs werden[61].

3. Gebrauchshandlungen der nächsten Wirtschaftsstufe

Selbstverständlich dürfte es sein, daß Gebrauchshandlungen der nächsten Wirtschaftsstufe, etwa die Verteilertätigkeit des Handels dem Hersteller zugerechnet werden. Dies hat auch dann zu gelten, wenn sich die Händlertätigkeit nicht in der Warenverteilung erschöpft, sondern, etwa nach Stückelung oder Abfüllung der Ware, der Handel auch die

---

[60] Diesen Gesichtspunkt hebt auch *Troller*, Schw. Mitt. 1956, 48 ff. hervor. Für das Schweizer Recht wird wohl überwiegend im Anschluß an die „Suchard"-Entscheidung (BGE 75 I 352 = GRUR Ausl. 1950, 285) die Auffassung vertreten, daß der Zeichengebrauch eines Konzernunternehmens jedem anderen zugerechnet werden muß, *Matter*, MSchG, S. 123; *David*, MSchG, S. 149; *Breitenmoser*, GRUR Ausl. 595/596. Gegen eine automatische Zurechnung ohne zusätzliche Vereinbarungen wendet sich *Troller*, a.a.O.; ders., Immaterialgüterrecht, Bd. I, S. 287 ff.

[61] Vgl. etwa die Stellungnahme Hefermehls in *Baumbach - Hefermehl*, WZG, § 1, Anm. 73, der eine begrenzte Zurechnung des Geschäftsbetriebs befürwortet und insoweit für eine Anerkennung der Konzernmarke plädiert; vgl. auch § 3, Fußn. 51. Weitergehend *Koppensteiner*, GRUR 1972, 394, insbesondere im Hinblick auf § 5 Abs. 7 S. 2 WZG auf S. 397/398.

Endverpackung vornimmt und erst dann die Ware mit dem Herstellerzeichen versieht. Sofern diese Benutzungshandlungen vom Hersteller veranlaßt sind, kann die Zurechnung nicht an einer verhältnismäßig selbständigen Stellung des Händlers scheitern[62], dem etwa zudem noch die Werbung mit der Herstellermarke obliegt.

4. *Abgrenzungsvereinbarungen*

Abgrenzungsvereinbarungen haben das Ziel, die Schutzbereiche ähnlicher Warenzeichen verschiedener Zeicheninhaber vertraglich gegeneinander abzugrenzen. Der Gebrauch des eigenen Zeichens wird unter Berücksichtigung des fremden Zeichens geregelt. Es handelt sich daher nicht um die Überlassung eines fremden Zeichens zum eigenen Gebrauch. Schon deshalb scheidet eine Anwendung des § 5 Abs. 7 S. 2 WZG aus[63]. Beurteilt der Verkehr die Warenzeichen aber als gleich, dann wird die Grenze zwischen Lizenzvertrag und Abgrenzungsvereinbarung flüssig. Die Abgrenzungsvereinbarung kann sich sachlich als Lizenzvertrag darstellen[64]. In diesen Fällen muß sich die Frage der Zurechnung der Benutzung nach dem Willen der Beteiligten richten: Eine Zurechnung scheidet dann aus, wenn der Gebrauch des eigenen Zeichens gewollt ist, und die Zeichenbenutzung nicht dem Erhalt des fremden Zeichens dienen soll. Diese Auslegungsfrage läßt sich an dem Verhältnis der Beteiligten zueinander und an dem Zweck der Regelung, wie der Interessenlage entscheiden[65].

---

[62] In dieser Hinsicht finden sich Bedenken bei *Schricker*, a.a.O., Fußn. 77 im Anschluß an Erörterungen zum Schweizer Recht; vgl. *Troller*, Immaterialgüterrecht, Bd. I, S. 288/289; *Matter*, MSchG, S. 49. Die Frage der Zurechnung der Benutzung im Rahmen des Benutzungszwangs ist aber zu trennen von dem Problem des Einflusses der Drittbenutzung auf die Kennzeichnungskraft des Warenzeichens, bzw. auf die Entstehung eigener Rechte des Dritten. Vgl. ferner *Breitenmoser*, GRUR Ausl. 1965, 595/596; *David*, MSchG, S. 61; BGE 43 II 252. Nach *Troller*, a.a.O., S. 287, Fußn. 129 entspricht in diesen Fällen die Konstruktion eines Lizenzvertrages nicht dem Willen der Parteien; vgl. aber *Baumbach - Hefermehl*, WZG, Anh. § 8, Anm. 5. Die Frage kann hier dahingestellt bleiben, da es für § 5 Abs. 7 Satz 2 WZG nicht darauf ankommt, ob die Vereinbarung der Beteiligten als Lizenzvertrag aufzufassen ist. Hierher gehört auch der von *Schricker* angeführte Fall aus den Niederlanden, bei welchem eine im Vertrieb der Ware durch den Handel liegende Benutzung dem Hersteller selbst noch zu einem Zeitpunkt zugerechnet wurde, als dessen Produktion und Vertrieb eingestellt waren.

[63] *Bökel*, Diss., S. 80, Fußn. 2; ders., BB 1971, 1033/1035.

[64] *Baumbach - Hefermehl*, WZG, Anh. § 8, Anm. 6.

[65] Der Wille der Parteien ist daher nur insoweit entscheidend, als nach allgemeinen Auslegungsgrundsätzen zu ermitteln ist, ob die Parteien eine Abgrenzungsvereinbarung gewollt haben. Ist dies der Fall, kommt eine Zurechnung der Benutzung deshalb nicht in Betracht, da jeder sein eigenes Zeichen benutzen soll. Eine restriktive Auslegung des § 5 Abs. 7 Satz 2 WZG, um Abgrenzungsvereinbarungen nicht in den Anwendungsbereich der Zurechnungsnorm fallen zu lassen, scheint nicht notwendig, so aber *Schricker*,

5. Drittbenutzung mit Willen des Zeicheninhabers

Die Zurechnungsnorm stellt maßgeblich darauf ab, daß die Zeichenbenutzung mit Zustimmung des Zeicheninhabers erfolgt, somit auf dessen Willen zurückzuführen ist. Gebraucht ein Dritter das Warenzeichen ohne oder gegen den Willen des Zeicheninhabers, dann kann § 5 Abs. 7 S. 2 WZG nicht eingreifen. Daher scheidet eine Zurechnung auch dann aus, wenn der Zeicheninhaber den Zeichengebrauch wegen Erschöpfung des Zeichenrechts zeichenrechtlich nicht verbieten kann. Der Inhaber eines inländischen Zeichenrechts, der im Ausland unter diesem Zeichen Waren in Verkehr gebracht hat, kann nach den Grundsätzen der „Maja"-Entscheidung[66] die Einfuhr dieser unveränderten Originalware durch Dritte zeichenrechtlich nicht untersagen. Dennoch verbietet sich eine Zurechnung dieser inländischen Zeichenbenutzung, solange diese nicht vom Willen des Zeicheninhabers getragen ist[67]. Dem Zweck der Zurechnungsnorm entspricht nur die Zurechnung des vom Zeicheninhaber veranlaßten und nicht ohne sein Zutun erfolgten Zeichengebrauchs.

---

a.a.O., S. 24; hiergegen zu Recht *Bökel*, Diss., S. 80, Fußn. 2; *Uekermann*, Diss., S. 115, Fußn. 2. Dagegen wird *Schricker* insoweit zuzustimmen sein, als § 5 Abs. 7 Satz 2 WZG nicht nur die Zustimmung des Zeicheninhabers zur Drittbenutzung voraussetzt, sondern ganz allgemein auch den tatsächlichen Willen des Dritten, für den Zeicheninhaber zu benutzen. Ist der Dritte, nach außen erkennbar, nicht mehr bereit, das Zeichen mit Wirkung für den Zeicheninhaber zu benutzen, dann kann der Zeicheninhaber eine Zurechnung auch nicht über eine Zustimmung erreichen. Gleichgültig ist hierbei, ob der Dritte sich hierdurch rechtswidrig verhält, ob der Zeicheninhaber die Zeichenbenutzung zeichenrechtlich oder aus anderen Rechtsgründen verbieten kann. (Vgl. die ähnliche Problematik im Verhältnis zwischen unmittelbarem und mittelbarem Besitzer, wenn der unmittelbare Besitzer nach außen deutlich erkennbar, nicht mehr als Besitzmittler fungieren will, sondern als Eigenbesitzer auftritt.) Dagegen muß nicht für den Verkehr erkennbar sein, daß der Dritte das Zeichen mit Wirkung für den Zeicheninhaber benutzt. Dies würde häufig den Interessen etwa der an einem Lizenzverhältnis Beteiligten entgegenlaufen. Ausschlaggebend sind insoweit die im Innenverhältnis getroffenen Vereinbarungen. Vgl. auch BGE 72 II 428.

Zur Beurteilung der Abgrenzungsvereinbarung nach Ablauf der Benutzungsfrist vgl. *Bökel*, GRUR 1972, 28 ff.

[66] BGH 41, 84/88.

[67] Ebenso *Schulze zur Wiesche*, NJW 1968, 1809/1812. Anders die Schweizer Rechtsprechung, BGE 83 II 467, die auch in diesen Fällen „stellvertretenden Gebrauch" annimmt. Bedenken gegen diese Auffassung bei *Troller*, Immaterialgüterrecht, Bd. I, S. 289, Fußn. 132. Auch wenn der Importeur ausländischer Lizenznehmer des inländischen Zeicheninhabers ist, scheidet, sofern der Lizenzvertrag den Import verbietet, eine Zurechnung aus, obgleich der Zeicheninhaber den Import zeichenrechtlich nicht untersagen kann. Das gleiche hat zu gelten, wenn es sich bei Importeur und inländischem Zeicheninhaber um Unternehmen desselben Konzerns handelt. Sofern der Import gegen den Willen des Zeicheninhabers erfolgt, etwa gegen konzerninterne Absprachen verstößt, ist eine Zurechnung ausgeschlossen. Auch diese Fallgestaltung zeigt, daß innerhalb eines Konzerns, wie schon ausgeführt, keine automatische Zurechnung erfolgen kann.

Daß eine Zurechnung erst vom Zeitpunkt der Zustimmung an erfolgen, ein Zurechnungstatbestand nicht durch nachträgliche Zustimmung zu einer schon erfolgten Benutzung geschaffen werden kann, der Zustimmung daher keine Wirkung ex tunc zukommt[68], ergibt sich schon aus dem Zweck der Zurechnungsnorm. Die Folgen der Nichtbenutzung abzuwenden, bedarf einer eigenen Tätigkeit des Zeicheninhabers, die zumindest in der Veranlassung der Drittbenutzung bestehen muß. Die Zurechnung vergangener Benutzungshandlungen auf Grund nachträglicher Zustimmung würde nicht nur die Umgehung des Benutzungszwangs erleichtern, sondern auch die Rechtssicherheit erheblich beeinträchtigen, da die Rechtssituation des Zeichens bis zur erfolgten Zustimmung in der Schwebe bliebe. Die Interessen der übrigen Zeicheninteressenten an dem Erwerb neuer Zeichen verlangen jedoch eindeutige Rechtsverhältnisse, ohne die eine vorausschauende Zeichenpolitik nicht möglich ist. Mangels eigener Aktivität des Zeicheninhabers besteht auch kein eigenes schutzwürdiges Interesse an der Zurechnung der ohne vorherige Zustimmung erfolgten Drittbenutzung.

III. Die rechtliche Zulässigkeit der Gebrauchsüberlassung

In der Amtlichen Begründung zum Entwurf des Vorabgesetzes wird ausgeführt, daß die Drittbenutzung als eigene Benutzung des Zeicheninhabers anzusehen sei, „soweit die Rechtsprechung sie als zulässig erachtet"[69]. Aus dieser Formulierung hat sich eine Streitfrage über die rechtlichen Erfordernisse der Zurechnung entwickelt. Busse hält entsprechend dem Wortlaut der Begründung nur eine von der Rechtsprechung als zulässig erachtete Benutzung für zurechenbar[70]. Nach Hefermehl kann die Benutzung nur zugerechnet werden, sofern die Zustimmung des Zeicheninhabers wirksam erteilt wurde[71]. An anderer Stelle führt er hierzu aus, daß ein wettbewerbswidriger, gegen §§ 3, 1 UWG verstoßender Zeichengebrauch keine beachtliche Benutzung darstelle[72]. Zugerechnet werden kann hiernach nur die zulässige Benutzung. Daher sei auch die Zurechnung des wettbewerbswidrigen Gebrauchs

---

[68] *Baumbach - Hefermehl,* WZG, § 5, Anm. 20; *Schricker,* a.a.O., S. 24; *Bökel,* Diss., S. 79; *Miosga,* Benutzungszwang für Warenzeichen, S. 35 f.; ders., MA 1973, 166/168; a. A. *Heiseke,* WRP 1973, 185/188 mit dem formalen Argument, der Begriff der Zustimmung enthalte nach dem BGB sowohl die vorherige Zustimmung (Einwilligung) als auch die nachträgliche Zustimmung (Genehmigung); hiergegen *Uekermann,* Diss., S. 114.

[69] Amtl. Begr., a.a.O., S. 42.

[70] *Busse,* WZG, § 5, Anm. 23; *Hartgen,* WZG, § 5, Anm. 38 behandelt dieses Problem nicht ausdrücklich.

[71] *Baumbach - Hefermehl,* WZG, § 5, Anm. 20.

[72] *Baumbach - Hefermehl,* WZG, § 5, Anm. 22; zust. *Miosga,* Benutzungszwang für Warenzeichen, S. 34/35.

des Zeichens durch einen Lizenznehmer nicht möglich[72]. Auch Nastelski verlangt für den Fall der Warenzeichenlizenz deren Zulässigkeit[73].

Hiergegen soll nach Heiseke der Begründung nicht entnommen werden können, daß der etwa zugrundeliegende Lizenzvertrag als rechtswirksam zu beurteilen sei[74]. Schricker, der den gleichen Standpunkt vertritt, führt hierzu aus, dem Benutzungszwang sei mit dem tatsächlichen Erscheinen des Warenzeichens im Verkehr Genüge getan[75]. Verstöße gegen das Wettbewerbs- oder Kartellrecht lösten nur dessen Sanktionen aus. Ferner sei bei einer eigenen Benutzung des Zeicheninhabers für die Erfüllung des Benutzungszwangs nicht entscheidend, ob die Benutzung gegen irgendwelche Rechtsvorschriften verstoße. Kraft will im Rahmen von Lizenzverhältnissen die Zurechnung erst nach rechtskräftiger Feststellung der Unzulässigkeit der Lizenz ausschließen, da in Anbetracht der schwierigen Rechtsfragen im Zusammenhang mit der Wirksamkeit eines Lizenzvertrages der Zeicheninhaber nicht das Risiko der Gefährdung des Bestands seines Zeichens tragen könne[76].

Die angeführten Zitate zeigen, welche Verwirrung vor allem die unglückliche Formulierung in der Amtlichen Begründung verursacht hat. Nicht zuletzt hierauf ist zurückzuführen, daß der Bezugspunkt, an dem die Frage nach den rechtlichen Erfordernissen anzusetzen hat, im Unklaren gelassen wurde.

Auszugehen ist von dem Verständnis der Zurechnungsnorm als einer Kombination von Benutzungstatbestand einerseits, nämlich des Zeichengebrauchs durch den Dritten, und von Veranlassungstatbestand andererseits, nämlich der Zustimmung des Zeicheninhabers. An den Benutzungstatbestand können grundsätzlich keine strengeren Anforderungen gestellt werden als in dem Falle, daß dessen Vorliegen beim Zeicheninhaber selbst zu prüfen ist. So kann die Wettbewerbswidrigkeit des Zeichengebrauchs durch den Zeicheninhaber nicht die Relevanz der Benutzungshandlung zur Erfüllung des Benutzungszwangs beeinträchtigen. Insoweit ist es richtig, darauf hinzuweisen, daß die mit dem Benutzungszwang verfolgten Zwecke erreicht sind, sofern das Warenzeichen tatsächlich im Verkehr seiner Funktion entsprechend erscheint. Hierbei ist es unerheblich, ob der konkreten Form der Zeichenverwen-

---

[73] MA 1968, 319.

[74] DB 1968, 1655/1660; ders., WRP 1973, 185/188.

[75] *Schricker,* a.a.O., S. 24; ders., GRUR Ausl. 1973, 46/47. Diesen Gesichtspunkt hebt auch *Kraft,* a.a.O., S. 125 hervor. Nach *Uekermann,* Diss., S. 127 soll wohl auch eine rechtlich unzulässige Gebrauchsübertragung genügen, jedoch neben der faktischen Willensübereinstimmung zwischen Markeninhaber und Zeichenbenutzer eine nach außen sichtbare Beziehung notwendig sein.

[76] *Kraft,* a.a.O.; vgl. auch *Bökel,* Diss., S. 77 ff.; ders., BB 1971, 1033/1034; hiergegen *Baumbach - Hefermehl,* WZG, § 5, Anm. 20, da der Umgehung sonst Tür und Tor geöffnet sei.

dung durch den Zeicheninhaber etwa mit dem wettbewerbsrechtlichen Unterlassungsanspruch begegnet werden könnte[77]. Die Zurechnung der Drittbenutzung kann daher auch nicht deshalb scheitern, weil der Zeichengebrauch etwa wettbewerbsrechtlich zu beanstanden ist.

Anknüpfungspunkt für die hier zu entscheidende Frage bildet vielmehr der „Veranlassungstatbestand", d. h. die Zustimmung des Zeicheninhabers. Den tatsächlichen wirtschaftlichen Gegebenheiten und den rechtlichen Möglichkeiten entsprechend, sah sich der Gesetzgeber veranlaßt, eine Regelung für die Zurechnung der Drittbenutzung zu normieren. Insoweit es dem Zeicheninhaber rechtlich nicht möglich ist, den Gebrauch des Zeichens einem Dritten zu überlassen, wäre es schlechterdings unverständlich, auch für solche Fälle der vom Gesetz untersagten Gebrauchsüberlassung eine Zurechnungsnorm vorzusehen. Der Anwendungsbereich der Zurechnungsnorm ist durch die sie veranlassende Erforderlichkeit zweckentsprechend begrenzt. Die Zurechnung einer auf Grund rechtlich unzulässiger Gebrauchsüberlassung erfolgten Drittbenutzung liegt außerhalb des Gesetzeszwecks. § 5 Abs. 7 S. 2 WZG setzt daher eine rechtlich zulässige Zustimmung voraus. Bei einer rechtlich unzulässigen Gebrauchsüberlassung kann der Dritte das Zeichen nicht mit Wirkung für den Zeicheninhaber benutzen.

An die rechtliche Zulässigkeitsprüfung der Zustimmung anzuknüpfen, wurde durch den Blick auf den Hauptanwendungsfall der Zurechnungsnorm, die Warenzeichenlizenz, versperrt, der rechtliche Anerkennung versagt wird, wenn der Zeichengebrauch des Lizenznehmers eine Täuschung der Allgemeinheit bezüglich der mit dem Zeichen verbundenen Gütevorstellung hervorruft[78]. Ausschlaggebend für das Zurechnungsproblem ist aber nicht die Tatsache der gegen die §§ 1, 3 UWG verstoßenden Zeichenbenutzung, sondern die einen derartigen Zeichengebrauch nicht ausschließenden Vertragsbeziehungen. Die hieraus resultierende Nichtigkeit des Lizenzvertrages nach §§ 134, 138 BGB i. V. m. §§ 3, 1 UWG schließt die Zurechnung der Drittbenutzung aus[79].

---

[77] Das Zeichen wird etwa innerhalb eines wettbewerbsrechtlich unzulässigen Werbespruchs verwendet.

[78] H. M., vgl. *Baumbach - Hefermehl*, WZG, Anh. § 8, Anm. 18; *Busse*, WZG, § 8, Anm. 3, 3; *Reimer*, S. 578; BGH 1, 241/246 (Piek Fein); 16, 86/93 (Wickelsterne); 44, 372/377 (Meßmer Tee II); GRUR 1965, 676/677 (Nevada-Skibindung).

[79] Auch die Schweizer Rechtsprechung rechnet bei unzulässiger Markenlizenz den Zeichengebrauch des Lizenznehmers nicht dem Zeicheninhaber zu, BGE 61 II 59/61; 72 II 423/426; *Breitenmoser*, GRUR Ausl. 1965, 595/596; *Wunderlich*, in: Die Warenzeichenlizenz, S. 259. Der gleiche Standpunkt wird in den USA vertreten, vgl. *Bohlig*, in: Die Warenzeichenlizenz, S. 392 f. Der gegenteilige Standpunkt wird in der „Canne"-Entscheidung der Corte di Cassazione GRUR Ausl. 1973, 44 vertreten, daß nämlich auch bei „Nichtigkeit des die Erlaubnis enthaltenden Rechtsgeschäfts" „die zwischenzeitliche Benutzung der Marke durch den Lizenznehmer immer einem Handeln des Markeninhabers zuzurechnen ist".

Das Argument, der Zeicheninhaber könne das Risiko der mit einer unzulässigen Warenzeichenlizenz verbundenen Folgen für den Bestand seines Zeichenrechts nicht tragen, scheint mir die gegenteilige Auffassung nicht zu rechtfertigen und die Interessen des Zeicheninhabers überzubewerten. Dieser hat es selbst in der Hand, durch eine sorgfältige Gestaltung der Lizenzvereinbarungen den an ihn gestellten Anforderungen gerecht zu werden.

Vor allem wird aber übersehen, daß dem Zeicheninhaber auch bei Nichtzurechnung der Drittbenutzung selbst nach Ablauf der Benutzungsfrist nicht notwendigerweise der Verlust seines Zeichenrechts droht. Es obliegt dem Zeicheninhaber, im Rahmen der Löschungsklage[80] die Unzumutbarkeit der eigenen Benutzung geltend zu machen. Man wird die Nichtbenutzung dann als gerechtfertigt ansehen können, wenn die Gründe, die zur Unzulässigkeit der Warenzeichenlizenz führen, auf Tatsachen beruhen, die der Zeicheninhaber nicht kannte und die er auch bei Anwendung der erforderlichen Sorgfalt nicht kennen konnte. Dann nämlich war dem Zeicheninhaber eine in Anbetracht der tatsächlichen Verhältnisse den rechtlichen Erfordernissen genügende Gestaltung des Lizenzverhältnisses nicht möglich[81]. Da er auf die Zurechnung der Drittbenutzung vertraute und vertrauen durfte, war ihm ein eigener Zeichengebrauch nicht zumutbar[82].

Auch ein im Zeitpunkt seines Zustandekommens gültiger Lizenzvertrag kann nachträglich unwirksam werden[83]. Erfordert etwa ein Lizenzvertrag Vereinbarungen über Qualitätskontrollen, so kann sich im Laufe der Zeit infolge der Veränderung der tatsächlichen Verhältnisse die Notwendigkeit ergeben, die Kontrollabsprachen zu modifizieren, etwa zu verschärfen[84]. Da der Lizenzvertrag erst in dem Augenblick un-

---

80 Dies gilt sowohl für die gegen das Zeichen des Zeicheninhabers gerichtete (§ 11 Abs. 1 Nr. 4 WZG), als auch für die von ihm gegen ein gleiches oder verwechslungsfähiges, eingetragenes Zeichen erhobene (§ 11 Abs. 1 Nr. 1 WZG) Löschungsklage, vgl. oben § 3 B a. E.

81 Vgl. *Held*, Diss., S. 51; a. A. *Troller*, Schw. Mitt. 1956, 46/61.

82 Dies dürfte allerdings nur dann praktisch werden, wenn der Lizenzvertrag in einem Zeitpunkt abgeschlossen wurde, zu welchem das Warenzeichen schon eine erhebliche Zeit unbenutzt eingetragen war, die fünfjährige Benutzungsfrist schon nach kurzer Zeit des Bestehens des Lizenzvertrages abläuft. Denn eine auf den tatsächlichen Verhältnissen beruhende, entschuldbare Unkenntnis der Unzulässigkeit des Lizenzvertrages dürfte nach Ablauf einer längeren Zeitspanne selten sein. Ferner erhält dieses Problem Bedeutung, wenn nach Ablauf der Benutzungsfrist mangels Zurechnung der Drittbenutzung keine Heilung der Nichtbenutzung eingetreten ist.

83 Vgl. *Baumbach - Hefermehl*, WZG, Anh. § 8, Anm. 19; *Reimer - Trüstedt*, S. 578; *Sieche*, Diss., S. 143; RG GRUR 1935, 962/966 (Lignose); 1936, 659 (Iduna).

84 Man denke etwa an eine erhebliche Produktionserhöhung infolge von Automatisierung.

wirksam wird, in dem der Grund für seine Unzulässigkeit gegeben ist, und somit mit Wirkung ex nunc, ist die bis dahin erfolgte Benutzung dem Zeicheninhaber zuzurechnen; ab diesem Zeitpunkt beginnt die (neue) Benutzungsfrist zu laufen[85, 86].

Nach dem Zweck des § 5 Abs. 7 S. 2 WZG scheint es angebracht, nicht jeder auf einer rechtsunwirksamen Zustimmung beruhenden Drittbenutzung die Zurechnung zu versagen. Allein wenn die Zustimmung, d. h. die Art und Weise der Gebrauchsüberlassung gegen ein gesetzliches Verbot verstößt, bzw. sittenwidrig ist und somit gegen die Interessen der Allgemeinheit verstößt, ist der Ausschluß der Zurechnung gerechtfertigt. Die Anwendung der Zurechnungsnorm sollte dagegen nicht dann scheitern, wenn die Unwirksamkeit, etwa eines Lizenzvertrages, allein auf vertraglichen Mängeln beruht, in dieser Form aber hätte jederzeit wirksam abgeschlossen werden können[87]. Der Anwendungsbereich der Zurechnungsnorm ist nur insofern begrenzt, als die Ermächtigung eines Dritten zum Gebrauch eines fremden Zeichens auch bei Beachtung der rechtsgeschäftlichen Erfordernisse im Allgemeininteresse rechtlich unzulässig ist. Gegenüber anderweitiger Rechtsunwirksamkeit ist die Tatsache, daß das Warenzeichen mit dem tatsächlichen Willen des Zeicheninhabers im Verkehr erschienen ist, höher zu bewerten[88].

IV. Die Zurechnung der Außenseiterbenutzung bei Verbandszeichen

Im Rahmen des Benutzungszwangs gilt als Benutzung des Verbandszeichens nur die Benutzung durch mindestens zwei Mitglieder des Verbandes, § 21 Abs. 3 WZG. Zweck dieser Regelung ist allein, solchen Verbandszeichen den Schutz zu versagen, die sich, da nur von einem

---

[85] In Anbetracht der erheblichen Zeitspanne dürfte nach Ablauf dieser Benutzungsfrist die Berufung auf eine entschuldbare Unkenntnis der Unzulässigkeit im Rahmen der Unzumutbarkeit der Benutzung kaum praktisch werden.

[86] Für das Schweizer Recht will Wunderlich, a.a.O., S. 260 für diesen Fall die Rechtfertigung der Nichtbenutzung zulassen, dagegen nicht bei anfänglicher Unzulässigkeit des Lizenzvertrages. Diese Unterscheidung erscheint deshalb nicht gerechtfertigt, weil zu jedem Zeitpunkt dem Zeicheninhaber die Unzulässigkeit des Lizenzvertrages nur angelastet werden kann, sofern er die Tatsachen und Gründe hätte kennen müssen, die zur rechtlichen Unzulässigkeit des Lizenzverhältnisses führen.

[87] Es könnte etwa der Fall eintreten, daß der Vertragsschließende auf Seiten des Lizenznehmers ungenügend bevollmächtigt war, und die Genehmigung des Vertrages versagt wird, oder daß der Vertrag angefochten wird, oder am Vertragsschluß ein Geschäftsunfähiger beteiligt war, etc.

[88] Eine andere Entscheidung könnte in wohl seltenen Fallgestaltungen zum Schutz etwa Minderjähriger notwendig sein. Regelmäßig wird aber gerade die Zurechnung dem in diesen Fällen gebotenen Schutzgedanken gerecht werden.

Verbandsmitglied benutzt, als verdeckte Individualzeichen erweisen[89]. Der Gesetzeszweck schließt daher nicht aus, den Zeichengebrauch von Nichtmitgliedern des Verbandes nach § 5 Abs. 7 S. 2 WZG dem Verband zuzurechnen. Dem Benutzungszwang ist durch den Zeichengebrauch in zwei verschiedenen Geschäftsbetrieben, sei es von Verbandsmitgliedern, sei es von Außenseitern, Genüge getan[90]. Auch hier hat zu gelten, daß eine wegen Irreführung des Verkehrs rechtlich unzulässige Überlassung des Zeichens an Nichtmitglieder[91] die Zurechnung ausschließt. Trotz des dann schon nach § 21 Abs. 1 Nr. 2 WZG gegebenen Löschungsgrundes hat dies für die Frage der Benutzung im Rahmen des Widerspruchsverfahrens Bedeutung.

F. Die Prüfung der Benutzungslage

Die Kennzeichnungskraft eines Warenzeichens ist als eine nicht konstante Größe abhängig von der Benutzungslage. Infolge intensiver Benutzung im Verkehr kann die Kennzeichnungskraft gestärkt, durch ähnliche benutzte Drittzeichen auf gleichem oder benachbartem Warengebiet geschwächt werden.

Nach den Grundsätzen der „Vitapur"-Entscheidung[92] ist im patentamtlichen Widerspruchsverfahren die Benutzungslage dann nicht zu berücksichtigen, wenn diese Frage ohne eingehende Ermittlung nicht entschieden werden kann. Die Benutzungslage ist nur dann zu berücksichtigen, wenn sie in ihrer ganzen Reichweite unstreitig oder amtsbekannt ist oder aber eine strittige Benutzung unterstellt werden kann, ohne daß das Ergebnis dadurch beeinflußt wird, somit nur bei liquiden Beweismitteln. Eine umfassende Würdigung der Benutzungslage würde ansonsten eine umfangreiche und zeitraubende Beweiserhebung erfordern, die eine erhebliche Verzögerung des auf schnelle Erledigung gerichteten, registerrechtlichen Verwaltungsverfahrens bedeuten würde. Die Tatsache, daß hierdurch patentamtliche Entscheidungen gefällt werden, die einer Nachprüfung vor den ordentlichen Gerichten nicht standhalten, war schon vor Einführung des Benutzungszwangs eine

---

89 Amtl. Begr., a.a.O., S. 48.

90 So zu Recht *Bökel*, Diss., S. 76; ders., BB 1971, 1033/1034; gl. A. *Kraft*, GRUR 1970, 218/233; *Uekermann*, Diss., S. 132 f.; *v. Gamm*, WZÄndG, Einf. Anm. 7 hält eine Außenseiterbenutzung für den Benutzungszwang nicht für ausreichend. § 21 Abs. 3 WZG habe § 5 Abs. 7 S. 2 WZG insofern abgeändert. Sofern aber die Drittbenutzung beim Individualzeichen der Benutzung des Zeicheninhabers als gleichwertig angesehen wird, ergibt sich aus der Natur des Verbandszeichen kein Anlaß, die Gleichwertigkeit der Außenseiterbenutzung mit der Benutzung durch Verbandsmitglieder zu verneinen.

91 *Baumbach - Hefermehl*, WZG, § 20, Anm. 2.

92 BGH 46, 152/159, bestätigt in BGH GRUR 1968, 148/149 (Zwillingsfrischbeutel); vgl. hierzu *Trüstedt*, MA 1967, 69 ff.; *Schlüter*, BB 1967, 314 ff.

häufige Erscheinung, deren Zahl durch die rechtliche Gestaltung des Benutzungszwangs, wie schon ausgeführt, noch um einige Fälle vermehrt wurde.

Die Bemerkung des BGH in der „Vitapur"-Entscheidung, die Benutzungslage könne möglicherweise in einem weiteren Umfange berücksichtigt werden, wenn im deutschen Warenzeichenrecht eine Benutzungspflicht eingeführt würde und wenn dann auf Grund der Eintragung eines Zeichens in der Rolle regelmäßig auch seine Benutzung im Verkehr vermutet werden könnte, hat verschiedentlich zu der Frage Anlaß gegeben, ob die Grundsätze der „Vitapur"-Entscheidung nach Einführung des Benutzungszwangs einer Überprüfung bedürften. Insbesondere Miosga[93] hat die Auffassung vertreten, das Widerspruchsverfahren erfahre dadurch eine Aufwertung, daß nunmehr auch die im Rahmen der Glaubhaftmachung der Benutzung ergangenen Erhebungen zu einer weitergehenden Berücksichtigung der Benutzungslage führten. Schricker[94] hat zudem erwogen, ob nicht die Benutzung von Drittzeichen durch Glaubhaftmachung in das Widerspruchsverfahren eingeführt werden könnte.

Gegen eine Erweiterung der „Vitapur"-Grundsätze allein aus Anlaß des eingeführten Benutzungszwangs[95] bestehen aber Bedenken. Zum einen zeigen die Ausführungen des BGH selbst, daß nur eine solche Ausgestaltung des Benutzungszwangs eine Änderung seiner Auffassung erforderlich machen könne, die an die Eintragung des Warenzeichens die Vermutung von dessen Benutzung knüpfe. Das eingeführte System des Benutzungszwangs führt aber nicht dazu, daß für ein über die Benutzungsfrist hinaus eingetragenes Warenzeichen eine Vermutung dafür spricht, daß das Zeichen im Verkehr in Gebrauch ist. Unerheblich ist hierfür, daß sich infolge des Benutzungszwangs der Bestand unbenutzter Warenzeichen erheblich verringern dürfte[96]. Doch wäre auch trotz einer solchen Vermutung eine umfassende Würdigung der Benutzungslage ohne weitere Beweiserhebungen noch nicht möglich.

Eine weitergehende Berücksichtigung der Benutzungslage dürfte sich vor allem aus folgenden Erwägungen verbieten: Die recht umfassende Frage der Beeinflussung der Kennzeichnungskraft eines Warenzeichens durch die eigene Benutzung sowie durch benutzte Drittzeichen dürfte

---

93 GRUR 1968, 237/243.

94 a.a.O., S. 18, Fußn. 41.

95 Ob nicht im Wege der großen Warenzeichenreform durch eine Erweiterung der Prüfungskompetenz des Patentamtes ein Abbau der latenten Inkongruenz der patentamtlichen Entscheidung mit derjenigen der ordentlichen Gerichte anzustreben ist, ist eine andere Frage.

96 Es ist aber auch denkbar, daß sich allein die Zahl der Widersprüche aus unbenutzten Zeichen erheblich verringert, dagegen der Bestand unbenutzter Warenzeichen in der Zeichenrolle nicht in gleichem Maße.

sich nur mit geringer Sicherheit im Wege der Glaubhaftmachung prüfen und entscheiden lassen. Gerade in dieser Hinsicht dürfte eine patentamtliche Entscheidung gegenüber einer Entscheidung eines ordentlichen Gerichts eine vorläufige bleiben. Es ist daher unzweckmäßig, das Patentamt mit einer Frage zu belasten, die in noch weit größerem Maße als die der relevanten Benutzung im Sinne des Benutzungszwangs im Wege der Glaubhaftmachung nur selten wird entschieden werden können. Es scheint daher nicht sinnvoll, die Glaubhaftmachung der Benutzung von Drittzeichen im Widerspruchsverfahren einzuführen.

Doch auch eine Berücksichtigung der Benutzungslage in bezug auf die Kennzeichnungskraft insoweit, als für die Frage der Erfüllung des Benutzungszwangs die Zeichenbenutzung glaubhaft gemacht wurde, sollte unterbleiben. Dies nicht allein wegen der Unsicherheit der Beweisform, sondern vor allem wegen des Umfangs des zu erhebenden Beweises. Für den Nachweis der relevanten Benutzung im Sinne des Benutzungszwangs ist möglicherweise der Nachweis eines Teils der tatsächlichen Benutzung ausreichend, die aber umfassend bezüglich der Kennzeichnungskraft berücksichtigt werden müßte und somit in das Widerspruchsverfahren hineingetragen würde. Der Benutzungszwang führt daher zu keiner abweichenden Beurteilung gegenüber den Grundsätzen der „Vitapur"-Entscheidung zur Frage der Berücksichtigung der Benutzungslage im Widerspruchsverfahren[97].

[97] *Baumbach - Hefermehl*, WZG, § 5, Anm. 40 ff., 45 a. E.; *Busse*, WZG, § 5, Anm. 7 Cb; *v. Gamm*, WZÄndG, Erg. zu § 5, Rdz. 24; *Nastelski*, MA 1968, 319/328. Vgl. *Mitscherlich*, Festschrift für Wendel, S. 82, der den Vorschlag macht, Benutzungsunterlagen nicht nur zu den Akten des neu angemeldeten Zeichens zu geben, sondern auch nach rechtskräftigem Abschluß des Verfahrens zu den Akten des Widerspruchsverfahrens. Hierdurch könne dann die Benutzung von Drittzeichen im Rahmen der „Vitapur"-Entscheidung leichter ersichtlich und daher berücksichtigt werden. Hierbei wird übersehen, daß es sich insofern nur um eine glaubhaft gemachte Benutzung handelt, zudem nur in dem zur Erfüllung des Benutzungszwangs erforderlichen Ausmaß.

§ 4 Das Eintragungsbewilligungsverfahren

Im Wege der Eintragungsbewilligungsklage nach § 6 Abs. 2 S. 2 WZG kann der im Widerspruchsverfahren unterlegene Anmelder die Eintragung des angemeldeten Zeichens weiter verfolgen. Die innerhalb Jahresfrist nach Rechtskraft des die Zeichenübereinstimmung feststellenden Beschlusses zu erhebende Klage (§ 6 Abs. 2 S. 3 WZG) kann insbesondere auf die Löschungsgründe nach § 11 WZG gestützt werden, ohne daß zugleich Löschungsklage erhoben werden müßte[1]. Der Kläger kann daher geltend machen, das Widerspruchszeichen sei wegen fünfjähriger Nichtbenutzung löschungsreif nach § 11 Abs. 1 Nr. 4 WZG[2]. Ist das Zeichen wegen zwischenzeitlich nach der Anmeldung erfolgter Benutzung nicht mehr löschungsreif, dann kann sich der Zeicheninhaber jedoch gegenüber dem Neuanmelder auf diese Heilung der Löschungsreife nicht berufen[3]. Dies gilt auch im Verfahren der Eintragungsbewilligungsklage[4].

Genügte im Widerspruchsverfahren die Glaubhaftmachung der Benutzung, so ist in diesem Verfahren vor den ordentlichen Gerichten in vollem Umfange nachzuprüfen, ob ein dem Benutzungszwang genügender Zeichengebrauch vorliegt[5]. Gelang dem Zeicheninhaber im Widerspruchsverfahren die Glaubhaftmachung der Benutzung, so kann doch die umfassende Beweiserhebung im Klageverfahren den Nachweis der Nichtbenutzung ergeben.

Für die Behauptung der Nichtbenutzung des Widerspruchszeichens als einer klagebegründenden Tatsache trägt der Kläger die Beweislast. An die Tatsache der Nichtbenutzung innerhalb der Benutzungsfrist knüpft das Gesetz die Rechtswirkung, daß das unbenutzte Warenzeichen löschungsreif ist. Begehrt der Anmelder als Kläger die Eintragung seines Zeichens unter Berufung auf die Löschungsreife des Widerspruchszeichens, dann ist er beweispflichtig bezüglich der die

---

1 *Baumbach - Hefermehl*, WZG, § 6, Anm. 11; *v. Gamm*, WZG, § 6, Anm. 5.

2 Amtl. Begr., a.a.O., S. 40; *Baumbach - Hefermehl*, WZG, § 6, Anm. 11; *Busse*, WZG, § 6, Anm. 6; *Kraft*, GRUR 1968, 123/126; *Miosga*, GRUR 1967; 9/15.

3 Vgl. unten § 5 B.

4 Ausführlich *Heydt*, GRUR 1972, 290/298 f.

5 Eine derart umfassende Würdigung der Benutzungslage könnte auch nicht in einem eventuellen Beschwerdeverfahren vor dem Bundespatentgericht erfolgen, da die Nachprüfung des Ergebnisses des patentamtlichen Verwaltungsverfahrens durch den Rahmen der Prüfungskompetenz des Patentamtes begrenzt ist, vgl. BGH 46, 152/158 (Vitapur).

Löschungsreife verursachenden Umstände und somit auch der Nichtbenutzung. Die schon oft angeführten und im Einzelfall auch tatsächlich teilweise erheblichen Schwierigkeiten, die immer im Zusammenhang mit dem Beweis von Negativen, d. h. der Behauptung eines Nichtgeschehens, auftreten können, führen aber nicht zu einer Abänderung der Beweislastgrundsätze[6]. Auch kommt der Beweislastverteilung im Widerspruchsverfahren keine Wirkung im Klageverfahren zu, für das der Gesetzgeber keine besonderen Beweisregeln vorgesehen und es bei den allgemeinen Grundsätzen der Beweislastverteilung belassen hat.

Der zu führende Negativbeweis wird insofern erleichtert, als der Kläger bei seinem Gegenbeweis regelmäßig an die Tatsachen anknüpfen wird, die im Widerspruchsverfahren vom Zeicheninhaber zur Glaubhaftmachung der Benutzung vorgetragen wurden. Sind die Schwierigkeiten der Beweisführung dagegen für den Kläger unüberwindlich, dann treffen den Zeicheninhaber im Einzelfall nach dem Gedanken von Treu und Glauben, der auch das Prozeßrecht beherrscht, Darlegungs- und Beweispflichten[7]. Im Rahmen des dem Zeicheninhaber Zumutbaren lassen sich auf diesem Weg Beweisschwierigkeiten des Klägers überwinden, die bei uneingeschränkter Anwendung der Beweislastgrundsätze zu einem unbefriedigenden Ergebnis führten.

Da auch nach Einführung des Benutzungszwangs die patentamtliche und patentgerichtliche Zuständigkeit sich allein auf die Prüfung einer im Sinne des Benutzungszwangs relevanten Benutzung erstreckt, sich dagegen nicht auf die Benutzungslage als ein die Kennzeichnungskraft des Zeichens beeinflussendes Kriterium bezieht[8], besteht insoweit auch fernerhin keine Bindung des Gerichts im Rahmen der Eintragungsbewilligungsklage an die Entscheidung des Patentamts, bzw. Bundespatentgerichts. Insoweit kann sich vor dem ordentlichen Gericht auch über die Zeichenübereinstimmung eine abweichende Entscheidung ergeben[9].

Stützt sich die Klage auf die Löschungsreife des Widerspruchszeichens, dann kann dessen Inhaber auch einwenden, die Benutzung sei ihm

---

[6] *Rosenberg,* Beweislast, S. 320 ff., 332.

[7] BGH GRUR 1961, 356/359 (Pressedienst); 1963, 270/271 (Bärenfang) mit Anm. *Hefermehl;* vgl. auch die Auffassung des Berufungsgerichts im „Pfiffikus-Dose"-Fall BGH GRUR 1961, 85/90 mit Anm. Heydt. Zur Beweislast bezüglich des Nachweises der Unrichtigkeit einer Alleinstellungsbehauptung vgl. *Baumbach - Hefermehl,* UWG, § 3, Anm. 78. Wie hier *Ulmer - Reimer,* Unl. Wettbew., S. 88; in bezug auf die Löschungsklage *Baumbach - Hefermehl,* WZG, § 11, Anm. 47; *Schricker,* a.a.O., S. 17, Fußn. 38; *Uekermann,* Diss., S. 305; enger *Heiseke,* DB 1968, 1655/1657; ders., WRP 1973, 254/256.

[8] Vgl. oben § 3 F.

[9] Auch insoweit sind die Grundsätze der „Vitapur"-Entscheidung weiterhin anzuwenden, BGH 46, 152/160; *Baumbach - Hefermehl,* WZG, § 6, Anm. 5. Den Bedenken von *Kraft,* GRUR 1968, 123/126, Fußn. 25 dürfte somit abgeholfen sein. Unklar *Heiseke,* WRP 1973, 254/255.

unzumutbar gewesen. Diese Verteidigungsmöglichkeit war dem Zeicheninhaber im Widerspruchsverfahren noch versagt. Die Zumutbarkeit der Benutzung als Komponente des Tatbestands der Löschungsreife muß dagegen im Klageverfahren Beachtung finden, da ansonsten nach einer erfolgreichen Eintragungsbewilligungsklage erst im Wege einer Löschungsklage des Zeicheninhabers über die Löschungsreife umfassend entschieden werden könnte[10].

---

10 *Miosga*, MA 1970, 56/57; *Kraft*, a.a.O., S. 126.

§ 5 Das Löschungsverfahren

A. Die Löschungsklage und die Einrede der Löschungsreife

Nach Ablauf der fünfjährigen Benutzungsfrist unterliegt das unbenutzte Warenzeichen auf Antrag eines Dritten der Löschung, § 11 Abs. 1 Nr. 4 WZG. Nach § 11 Abs. 2 WZG ist der Antrag auf Löschung durch Klage geltend zu machen. Der Löschungsantrag kann nach § 11 Abs. 4 WZG auch zunächst beim Patentamt angebracht werden. Widerspricht der Zeicheninhaber der Löschung, dann wird dem Antragsteller anheimgegeben, den Anspruch auf Löschung durch Klage zu verfolgen. Ein erfolglos durchgeführtes patentamtliches Antragsverfahren nach § 11 Abs. 4 WZG ist jedoch nicht Voraussetzung für die Erhebung der Löschungsklage, für die ein Rechtsschutzbedürfnis ohne weiteres und unabhängig von dem möglichen Antragsverfahren besteht[1]. Eine Teillöschung des Zeichens ist möglich, sofern der Zeicheninhaber sein Warenzeichen nur für einen Teil der eingetragenen Waren benutzt hat; die Waren, für die das Zeichen nicht benutzt worden ist, können aus dem Warenverzeichnis gestrichen werden. Mangels eines Interesses der Allgemeinheit an der Aufrechterhaltung dieses formalen Zeichenrechts handelt es sich bei der Löschungsklage wegen Nichtbenutzung ebenso wie bei den Klagen wegen fehlenden Geschäftsbetriebs und wegen Täuschungsgefahr (§ 11 Abs. 1 Nr. 2 und 3 WZG) um eine Popularklage, die kein spezielles Rechtsschutzinteresse des Klägers voraussetzt und daher vom „quivis ex populo“ erhoben werden kann[2].

Der Eintritt der Löschungsreife berührt nicht den Rechtsbestand des Warenzeichens und führt daher nicht automatisch zum Rechtsverlust.

---

1 *Baumbach - Hefermehl,* WZG, § 11, Anm. 54; *Füllkrug,* GRUR 1972, 413/414. Ob jedoch der Zeicheninhaber durch ein sofortiges Anerkenntnis im Löschungsprozeß die Kostenfolge des § 93 ZPO herbeiführen kann, sofern nicht zuvor das Antragsverfahren erfolglos durchgeführt oder die Löschung nach § 11 Abs. 5 Nr. 1 WZG ihm angedroht wurde, ist zweifelhaft. *Füllkrug,* a.a.O., S. 415/416 will insoweit die Grundsätze der wettbewerbsrechtlichen Abmahnung auf die Löschungsklage übertragen. Doch bleibt zu bedenken, daß es sich bei der Löschungsklage um eine im allgemeinen Interesse liegende Popularklage handelt. Auch nach *Baumbach - Hefermehl,* WZG, § 11, Anm. 5 soll der vor Klageerhebung nicht zur Einwilligung in die Löschung aufgeforderte Beklagte nicht zur Klage Veranlassung gegeben haben, selbst dann nicht, wenn er den Löschungsgrund kennen mußte; zust. *Uekermann,* Diss., S. 306.

2 *Baumbach - Hefermehl,* WZG, § 11, Anm. 42; allgemeine Meinung.

Das formale Schutzrecht wird erst durch die Löschung mit Wirkung ex nunc beseitigt[3].

Doch ist der Zeichenschutz ausgehöhlt, das Zeichenrecht seiner Schutzrechte beschnitten. Seit der „Aeskulap"-Entscheidung des Reichsgerichts[4] ist in der Rechtsprechung anerkannt, daß der Zeicheninhaber, der aus einem zwar noch eingetragenen, aber löschungsreifen Zeichen Ansprüche herleitet, rechtsmißbräuchlich handelt, und daß dieser „Mißbrauch des formalen Zeichenrechts auch im Wege der Arglisteinrede wegen mißbräuchlicher Rechtsausübung oder letzten Endes wegen Verstoßes gegen die Grundsätze von Treu und Glauben" geltend gemacht werden kann. Zu Recht hat Hefermehl darauf hingewiesen[5], daß es zur Erzielung dieses Ergebnisses der Begründung über den Rechtsmißbrauch des formalen Zeichenrechts nicht bedurft hätte. Vielmehr wird der Löschungsgrund selbst einredeweise geltend gemacht[6], die Einrede läßt sich unmittelbar aus dem Bestehen des Löschungsanspruchs ableiten[7]. Gegenüber einer auf Unterlassung oder Schadensersatz gerich-

---

[3] *Baumbach - Hefermehl*, WZG, Übersicht vor §§ 9 ff., Anm. 7; *Hefermehl*, GRUR 1968, 486/489.

[4] RG GRUR 1935, 677.

[5] *Baumbach - Hefermehl*, WZG, § 11, Anm. 22.

[6] So wohl auch BGH GRUR 1965, 86/90; vgl. auch *Heydt*, Festschrift für Hefermehl, S. 59/63.

[7] Interessant ist in diesem Zusammenhang der Wechsel in der Auffassung des BGH zur Löschungsreife schutzunwürdiger Vorrats- und Abwehrzeichen. In Abweichung von seinem „Nordona"-Urteil (BGH 10, 211/214) verneinte der BGH in der „Drei-Tannen"-Entscheidung (BGH 32, 133/142) einen zeichenrechtlichen Löschungsgrund zur Beseitigung von Abwehrzeichen und mußte schon deshalb mit dem Einwand der unzulässigen Rechtsausübung argumentieren. Nachdem der BGH selbst wieder Bedenken an dieser Auffassung geäußert hatte (BGH GRUR 1966, 432/434 — Epigran I; 1967, 89/93 — Rose; 1970, 26 — Ein Tannen-Zeichen), geht er in der „Stallmeister"-Entscheidung (GRUR 1971, 409) ohne weiteres von der Löschungsreife eines durch langjährige Nichtbenutzung schutzunwürdig gewordenen Vorratszeichens aus. Aus dem bestehenden Löschungsanspruch hätte sich somit auch für diese Fälle die Einrede der Löschungsreife ableiten lassen, ohne daß der Rückgriff auf die unzulässige Rechtsausübung notwendig gewesen wäre.

Schon *Nastelski*, MA 1968, 319/322 hat aus der in der „Rose"-Entscheidung enthaltenen „gezielten" Bemerkung des BGH zur „Drei-Tannen"-Entscheidung gefolgert, „daß in Zukunft Klagen auf Löschung von Defensivzeichen, denen keine Schutzfunktion zukommt, auch vor Ablauf der Fünfjahresfrist möglich wären".

Nach Auffassung des BGH im „Stallmeister"-Urteil soll es sich bei dem Einwand der Löschungsreife auf Grund fehlenden Benutzungswillens um einen absoluten Löschungsgrund handeln; hiergegen *Krieger*, GRUR 1972, 311. *Heydt* stimmt wohl in seiner Anmerkung zur „Stallmeister"-Entscheidung GRUR 1971, 411/412 der Auffassung des BGH zu, daß ein durch langjährige Nichtbenutzung schutzunfähig gewordenes Vorratszeichen löschungsreif sei; aus seinem Verweis auf *v. Gamm*, WZG, § 11, Anm. 27 dürfte jedoch zu entnehmen sein, daß Heydt von einem außerzeichenrechtlichen Löschungsgrund ausgeht.

Eine zeichenrechtliche Löschungsklage scheidet jedenfalls aus, da — sieht man von § 11 Ab. 1 Nr. 4 WZG, der diese Problematik nicht betrifft, einmal ab — kein zeichenrechtlicher Löschungsgrund nach § 11 WZG besteht, a. A.

teten Verletzungsklage (§ 24 WZG), sowie gegenüber der Vorrangklage (§ 11 Abs. 1 Nr. 1 WZG) kann somit die Einrede der Löschungsreife wegen fünfjähriger Nichtbenutzung erhoben werden[8].

B. Der Einfluß der nachträglichen Inbenutzungnahme auf die Löschungsreife

Greift der Inhaber eines infolge fünfjähriger Nichtbenutzung löschungsreifen Warenzeichens auf sein Zeichen zurück und nimmt es nachträglich in Gebrauch, dann entsteht das Problem, welche Wirkungen von dem Zeichengebrauch auf die Löschungsreife ausgehen und wie der Schutzumfang dieses Warenzeichens zu bestimmen ist. Bevor die hierzu im Rahmen des Benutzungszwangs ergangenen gesetzlichen Regelungen näher dargestellt werden, soll zunächst untersucht werden, welche Grundsätze die Rechtsprechung zu dem parallelen Problem entwickelt hat, daß ein schutzunwürdiges Warenzeichen wieder in Gebrauch genommen wird. Diese Rechtsprechung kann auf die Auslegung der den Benutzungszwang betreffenden Vorschriften nicht ohne Einfluß sein.

I. Die in der Rechtsprechung entwickelten Grundsätze

In seiner Entscheidung „Schwarzer Kater"[9] hatte der BGH zu entscheiden, ob die Warengruppe Schokolade, für die das Zeichen der Klägerin u. a. eingetragen war, als Vorratswaren bei der Prüfung der Warengleichartigkeit zu berücksichtigen war. Die Klägerin hatte ihren

---

Friedrich, GRUR 1961, 38. Doch wird man von einem sachlich-rechtlichen Löschungsgrund aus wettbewerbsrechtlichen Gründen ausgehen können, *Baumbach - Hefermehl*, WZG, § 1, Anm. 43; § 11, Anm. 9; *v. Gamm*, WZG, § 10, Anm. 19; § 11, Anm. 27.

Zu bedenken bleibt jedoch eine Amtslöschung nach § 10 Abs. 2 Nr. 2 WZG. Diese Möglichkeit kommt jedoch für Vorratszeichen nicht in Betracht, da ein Versagungsgrund bei der Eintragung von vornherein nicht besteht, vgl. unten § 12 C; für Vorratszeichen hat dieses Problem auch keine praktische Bedeutung mehr. Würden dagegen Defensivzeichen auch von der Rechtsprechung künftig wegen fehlenden Benutzungswillens für rechtswidrig gehalten, vgl. hierzu aber unten § 12 A, dann müßten eingetragene Defensivzeichen nach § 10 Abs. 2 Nr. 2 WZG gelöscht werden, da eine Eintragung hätte versagt werden müssen. Doch selbst wenn man die Eintragung von Defensivzeichen weiterhin für möglich erachtet, bleibt § 10 Abs. 2 Nr. 2 WZG anwendbar. Da nämlich die „Drei-Tannen"-Rechtsprechung ihren Grund in der Beweisschwierigkeit im Subjektiven findet, kommt eine Amtslöschung dann in Betracht, wenn diese Beweisschwierigkeiten entfallen, denn der Versagungsgrund lag schon bei der Eintragung vor, auch wenn er im Eintragungsverfahren nicht hat erkannt werden können, vgl. BGH WRP 1973, 86/88 (Fleischer-Fachgeschäft). Die Problematik hat jedoch wegen § 11 Abs. Nr. 4 WZG wesentlich an Bedeutung verloren.

[8] *Hefermehl*, GRUR 1968, 486/490; *Baumbach - Hefermehl*, WGZ, § 11, Anm. 6, 22; Übersicht zu §§ 15, 16, Anm. 4; *v. Gamm*, WZÄndG, Erg. zu § 24, Rdz. 47; *Heydt*, Festschrift für Hefermehl, S. 59/63.

[9] GRUR 1965, 86.

Geschäftsbetrieb nicht innerhalb des ihr zuzubilligenden angemessenen Zeitraums auf diese Vorratswaren ausgedehnt, so daß ihr Warenzeichen in bezug auf diese Waren nach § 11 Abs. 1 Nr. 2 WZG löschungsreif war und sich insoweit als nur förmliches Recht auf diese Warengruppe erstreckte. Nach Ablauf der zur Abwendung der Löschungsreife angemessenen Übergangszeit (etwa 1955/56) meldete die Beklagte (am 29. 7. 1957) dasselbe Warenzeichen für mit den Vorratswaren gleichartige Waren an. Erst Ende 1958 begann nun auch die Klägerin mit den Vorarbeiten zur Entwicklung der Produktion ihrer Vorratswaren. Da das Zeichen der Klägerin im Zeitpunkt der Anmeldung des Gegenzeichens bezüglich der Vorratswaren löschungsreif und deshalb als nur formales Zeichenrecht anzusehen war, entschied der BGH, daß „Ansprüche gegen den Inhaber des jüngeren Zeichens für Waren, die nur mit den Vorratswaren des älteren Zeichens gleichartig sind, auch dann nicht mehr hergeleitet werden können, wenn der Inhaber des Klagezeichens die Führung der Vorratswaren nach Anmeldung des Gegenzeichens aufnimmt“[10]. Für die Frage, ob aus dem Klagezeichen Rechte gegen das Gegenzeichen hergeleitet werden können, stellte der BGH allein auf die Löschungsreife im Zeitpunkt der Anmeldung des Gegenzeichens ab und maß dem Umstand, daß die Klägerin ihren Willen, den Geschäftsbetrieb auf die Vorratswaren auszudehnen, nachträglich bestätigte, insoweit keine Rückwirkung bei.

In dem „Ein-Tannen-Zeichen“-Urteil des BGH[11] war die Klägerin Inhaberin eines Abwehrzeichens, das im Zeitpunkt der Anmeldung und der Ingebrauchnahme des Gegenzeichens schutzunwürdig geworden war, da die dem Hauptzeichen zuzubilligende Einführungszeit bereits abgelaufen war. Erst nach der Anmeldung des Gegenzeichens nahm die Klägerin ihr Abwehrzeichen in Benutzung. Der im Zeitpunkt der Anmeldung des Gegenzeichens entstandene Einwand des Rechtsmißbrauchs[12] konnte, wie der BGH entschied, nicht durch die nachträgliche Aufnahme der Benutzung entfallen. Denn nach dem im Zeichenrecht allgemein geltenden, an den Zeitpunkt der Anmeldung anknüpfenden Prioritätsgrundsatz kann sich der Inhaber des ursprünglichen Abwehrzeichens gegenüber einem im Zeitpunkt der Schutzunwürdigkeit (Löschungsreife) des Abwehrzeichens angemeldeten Zeichen nicht auf

[10] a.a.O., S. 90.

[11] BGH 52, 365.

[12] Wendet man die Grundsätze der „Stallmeister“-Entscheidung des BGH (GRUR 1971, 409), daß nämlich ein schutzunwürdiges Vorratszeichen löschungsreif ist, konsequent auch auf Abwehrzeichen an (anders noch BGH 32, 133/142 — Drei-Tannen, vgl. § 5, Fußn. 7, dann beginnt grundsätzlich im Zeitpunkt der Schutzunwürdigkeit die Löschungsreife. Ohne den Umweg über den Rechtsmißbrauch des formalen Zeichenrechts zu gehen, kann man dann auch hier einfach von der Einrede der Löschungsreife sprechen (vgl. oben § 5 A).

den Zeitrang der Anmeldung seines Abwehrzeichens und somit nicht auf seine ältere Priorität berufen. Stehen dagegen im Zeitpunkt der Inbenutzungnahme des Abwehrzeichens keine Kennzeichnungsrechte Dritter entgegen, dann genießt das benutzte Zeichen umfassenden rechtlichen Schutz.

In der Entscheidung „Epigran II"[13] hatte sich der BGH mit dem Einfluß der nachträglichen Inbenutzungnahme eines in der Zeit zwischen 1952 und 1964 nicht benutzten und somit schutzunwürdig gewordenen Vorratszeichens auf den Zeichenschutz zu befassen. Am 13. 7. 1957 meldete ein Dritter ein verwechslungsfähiges Warenzeichen an, dessen Eintragung der Anmelder in diesem Rechtsstreit mit der Eintragungsbewilligungsklage erfolgreich weiterverfolgte. Die Besonderheit dieses Falles liegt darin, daß im Zeitpunkt der Anmeldung des Gegenzeichens das Widerspruchszeichen erst etwa 5 Jahre unbenutzt gewesen war, die Aufnahme der Benutzung — soweit man von einem relevanten Zeichengebrauch überhaupt ausging — aber erst nach weiteren 7 Jahren erfolgte. Die Schutzunwürdigkeit des Vorratszeichens stand allein für den Zeitpunkt der nachträglichen Inbenutzungnahme fest, nicht dagegen zur Zeit der Anmeldung des Gegenzeichens. Die Entscheidung brauchte sich jedoch mit der grundsätzlichen Frage nicht zu befassen, welche Wirkung der nachträglichen Benutzung eines schutzunwürdigen Vorratszeichens gegenüber Zwischenrechten zukommt, mit der Besonderheit in diesem Fall, daß die Schutzunwürdigkeit erst nach der Anmeldung des Gegenzeichens eintrat. Die Inhaberin des Vorratszeichens mußte sich schon deshalb gegenüber ihrer Berufung auf den Vorrang ihres Zeichens den Einwand des Rechtsmißbrauchs entgegenhalten lassen, weil „sie diese Verwendung erst aufgenommen hat, nachdem durch den Beschluß des BPatG vom 20. Februar 1964 klargestellt war, daß die Aufnahme der Benutzung prozeßtaktisch vorteilhaft sein konnte".

Eine grundsätzliche Entscheidung über die Wirkung der nachträglichen Inbenutzungnahme eines löschungsreifen Zeichens auf Zwischenrechte traf der BGH im „Stallmeister"-Urteil[14]. Die Klägerin hatte ihr am 12. 12. 1951 angemeldetes und am 5. 9. 1953 eingetragenes Warenzeichen frühestens seit April 1965 in Benutzung genommen. Die Beklagte hatte am 13. 2. 1965 ein verwechslungsfähiges Warenzeichen angemeldet, das am 1. 4. 1965 eingetragen wurde. Die Zurückweisung des Rechtsstreits an das Berufungsgericht erfolgte zur weiteren Aufklärung und Prüfung, ob der Klägerin im Zeitpunkt der Anmeldung des Zeichens der Beklagten ein schutzwürdiges Interesse an der Aufrechterhaltung ihres Zeichenrechts zuzubilligen sei. In konsequenter

[13] GRUR 1971, 355 mit Anm. *Heydt.*
[14] GRUR 1971, 409 mit Anm. *Heydt.*

Weiterentwicklung seiner Rechtsprechung führte der BGH aus, daß sich der Inhaber des Klagezeichens dann nicht auf seine ältere Priorität berufen kann, wenn seinem Zeichen im Zeitpunkt der Anmeldung des Verletzungszeichens infolge der langjährigen Nichtbenutzung der Schutz eines Vorratszeichens nicht mehr zuzubilligen sei. Der im Zeitpunkt der Anmeldung des Verletzungszeichens bestehende Einwand der Löschungsreife[15] entfällt gegenüber zwischenzeitlich erworbenen Zeichenrechten nicht auf Grund der nachfolgenden Benutzung des älteren Zeichens. Nicht notwendig ist, daß das Zeichenrecht bereits entstanden, d. h. in die Zeichenrolle eingetragen ist; vielmehr genügt die Anmeldung des Warenzeichens, da dieses ein Recht auf die Eintragung begründet und die Priorität des Zeichens bestimmt[16].

Der BGH konnte in der „Stallmeister"-Entscheidung auf die Löschungsreife im Zeitpunkt der Anmeldung abstellen. Unter Berücksichtigung der Fallkonstellation des „Epigran II"-Urteils stellt sich aber die Frage, ob dem Inhaber des jüngeren Zeichens die Einrede der Löschungsreife nicht auch dann erhalten bleibt, wenn die Löschungsreife wohl noch nicht im Zeitpunkt der Anmeldung des jüngeren Zeichens bestand, aber doch vor Inbenutzungnahme des älteren Zeichens eingetreten ist. In gleicher Weise, wie die Anmeldung eines übereinstimmenden jüngeren Zeichens ein löschungsreifes älteres Zeichen nicht verletzt[17], besteht dieser Zustand ab dem Zeitpunkt der Löschungsreife des älteren Zeichens, auch wenn die Anmeldung des jüngeren Zeichens noch eine Zeichenverletzung begründete. Auch dieser Inhaber des jüngeren Zeichens kann die Einrede der Löschungsreife durch die nachträgliche Benutzung des älteren Zeichens nicht verlieren[18]. Hiervon scheint auch der BGH[19] auszugehen, wenn er auf ein „während der Löschungsreife erwachsenes Zeichenrecht eines anderen" abstellt, gegenüber dem sich der Inhaber des zuvor löschungsreifen Zeichens nach dem Prioritätsgrundsatz nicht auf seine ältere Priorität stützen kann.

Schon in seiner „Ein-Tannen-Zeichen"-Entscheidung hat der BGH angeführt, daß der Einwand des Rechtsmißbrauchs (Löschungsreife) durch die Inbenutzungnahme nachträglich entfällt, wenn zu diesem Zeitpunkt keine Kennzeichnungsrechte Dritter entgegenstehen. Die

---

15 Es wurde schon auf die Auffassung des BGH in dieser Entscheidung hingewiesen, daß für schutzunwürdige Vorratszeichen ein absoluter Löschungsgrund besteht, vgl. § 5, Fußn. 7, 12.

16 Zu Recht hebt der BGH hervor, daß es nicht darauf ankommt, ob der Anmelder Kenntnis von Bestand und Löschungsreife des älteren Zeichens hatte, da die Einrede der Löschungsreife auf einem absoluten Löschungsgrund beruht und nicht nur einen Vertrauensschutz darstellt.

17 *Baumbach - Hefermehl*, WZG, § 11, Anm. 17.

18 Auch hier dürfte ins Gewicht fallen, daß es sich bei der Einrede der Löschungsreife nicht um einen Vertrauensschutz handelt, vgl. § 5, Fußn. 16.

19 GRUR 1971, 409/410 (Stallmeister).

Aufnahme der Benutzung bewirkt somit, daß das Zeichen mit seiner alten Priorität wieder vollen rechtlichen Schutz genießt; die Heilung der Löschungsreife wirkt grundsätzlich ex tunc. Allein Inhabern der zwischenzeitlich „erwachsenen Zeichenrechte" bleibt die erworbene Einrede der Löschungsreife erhalten. Dieser Erhalt der Einrede läßt sich aber nicht ohne weiteres mit dem Begriff der Heilung mit ex nunc-Wirkung kennzeichnen. Dies würde voraussetzen, daß der Inhaber des jüngeren Zeichens sich nicht allein zu seiner Verteidigung auf die Einrede der Löschungsreife berufen kann, sondern ihm vielmehr auch für den „Angriff" noch der Löschungsgrund zur Seite steht, ihm gegenüber das ältere Zeichen noch als löschungsreif anzusehen wäre, und er somit, gestützt auf diesen Löschungsgrund, auf Löschung klagen könnte, ohne daß er etwa noch vor der Benutzungsaufnahme des älteren Zeichens dessen Löschung beantragt hätte. Der absolute Löschungsgrund bliebe für ihn als relativer bestehen[20].

Der BGH ist, da dieses Problem nicht zur Entscheidung stand, hierauf auch nicht eingegangen. Die Argumentation des BGH, insbesondere die Formulierung, daß die einmal erworbene Einrede durch die Benutzungsaufnahme nicht entfalle, scheint aber den Schluß zu rechtfertigen, daß der BGH auch nur vom Erhalt dieser Einrede als Verteidigungsmittel und somit grundsätzlich von der künftigen Koexistenz der beiden Zeichen ausgeht[21]. Dann aber läßt sich auch gegenüber Zwischenrechten nicht von einer ex nunc-Wirkung der Heilung sprechen; vielmehr ist allein die ex tunc-Wirkung durch den Erhalt der Löschungseinrede — oder, vom Inhaber des älteren Zeichenrechts her gesehen — durch den Verlust der Unterlassungs-, Verletzungs- und Vorrangklage beschränkt.

II. Die den Benutzungszwang betreffenden Vorschriften

Unmittelbar aus § 11 Abs. 1 Nr. 4 WZG ergibt sich, daß der Zustand der Löschungsreife wegen fünfjähriger Nichtbenutzung vom Zeicheninhaber beseitigt werden kann. Entscheidend für den die Löschungsreife begründenden Zeitraum der Nichtbenutzung sind allein die letzten fünf Jahre vor dem Löschungsantrag. Nimmt der Zeicheninhaber, auch nach langjähriger, die Fünfjahresfrist überschreitender Nichtbenutzung, das Zeichen in Gebrauch, bevor ein Antrag auf Löschung gestellt ist, dann liegen die Voraussetzungen für eine

---

[20] Ein gerechter Interessenausgleich könnte allein über die Grundsätze der Verwirkung (§ 242 BGB) und des Schutzes eines zwischenzeitlich erworbenen Besitzstandes erreicht werden.

[21] Diese Fälle bleiben bei *Mitscherlich*, Festschrift für Wendel, S. 80 unberücksichtigt.

Löschung wegen fünfjähriger Nichtbenutzung nicht mehr vor[22]. Dem Grundsatz nach stellt das Gesetz entscheidend auf die aktuelle Löschungsreife im Zeitpunkt der Stellung des Löschungsantrags ab. Gegenüber künftig in Erscheinung tretenden, kollidierenden Warenzeichen, sowie gegenüber Löschungsanträgen Dritter, die in keinem Kollisionsverhältnis zum Zeicheninhaber stehen, ist die Löschungsreife beseitigt. Mangels anderweitiger gesetzlicher Regelung kann weiter gefolgert werden, daß das Warenzeichen wieder vollen Rechtsschutz mit der ursprünglichen Priorität der Anmeldung genießt, die nachträgliche Ingebrauchnahme die Löschungsreife daher grundsätzlich mit Wirkung ex tunc heilt[23].

Dieser Ausgangspunkt wird durch die Vorschriften bestätigt, die eine Relativierung der Rückwirkung und eine Beschränkung des Zeichenschutzes normieren. § 11 Abs. 6 WZG schließt für den Zeicheninhaber die Möglichkeit aus, gestützt auf seine ursprüngliche Priorität, gegenüber einem Warenzeichen die Vorrangklage nach § 11 Abs. 1 Nr. 1 WZG zu erheben, wenn im Zeitpunkt der Bekanntmachung des jüngeren Zeichens das ältere Zeichen wegen Nichtbenutzung nach § 11 Abs. 1 Nr. 4 WZG löschungsreif war.

Aus den Ausführungen in der Amtlichen Begründung[24] zur Erforderlichkeit dieser Vorschrift wird deutlich, warum auf den Zeitpunkt der Bekanntmachung des jüngeren Zeichens abgestellt wurde. Zeicheninhabern, deren Widerspruch gegen die Eintragung des jüngeren Zeichens deshalb nach § 5 Abs. 7 WZG erfolglos blieb, weil sie ihr Zeichen innerhalb der letzten fünf Jahre vor der Bekanntmachung des jüngeren Zeichens nicht benutzt hatten, oder die aus diesen Gründen von der Einlegung eines Widerspruchs überhaupt Abstand nahmen, sollen, sofern sie nachträglich die Benutzung ihres Zeichens aufnehmen, nicht die Löschung des nunmehr eingetragenen Zeichens verlangen können. Die Vorrangklage wird durch § 11 Abs. 6 WZG nur für den Zeicheninhaber ausgeschlossen, dessen Zeichen auch im Widerspruchsverfahren unterlegen wäre. Diese Anlehnung an die Regelung beim Widerspruchsverfahren führt dazu, daß nur eine bestimmte Fallkonstellation aus dem Kollisionsbereich von Zwischenrechten und älteren „geheilten" Zeichenrechten erfaßt wird.

Aus dieser ausdrücklichen Regelung kann nun aber nicht geschlossen werden, daß die infolge Benutzungsaufnahme grundsätzlich rückwirkende Heilung der Löschungsreife gegenüber Zwischenrechten anson-

---

22 Nach § 11 Abs. 1 Nr. 4 Satz 2 WZG i. V. m. § 5 Abs. 7 S. 3 WZG wirkt der Zeichengebrauch selbstverständlich allein für die Waren, für welche das Zeichen tatsächlich benutzt worden ist.

23 *Hefermehl*, GRUR 1968, 486/489; *Baumbach - Hefermehl*, WZG, § 11, Anm. 56.

24 a.a.O., S. 45.

sten voll durchgreife, mag auch diese Vorstellung den Gesetzgeber zur Normierung des § 11 Abs. 6 WZG veranlaßt haben. Es ist vielmehr davon auszugehen, daß sich die Wirkung des nachträglichen Zeichengebrauchs auf Zwischenrechte nach den in der Rechtsprechung unter Anwendung des allgemeinen Prioritätsprinzips entwickelten Grundsätze richtet, wie sie in der „Stallmeister"-Entscheidung und den vorangegangenen Urteilen dargelegt wurden. Hiernach kann der Heilung der Löschungsreife, die das schutzlose in ein schutzfähiges Zeichen verwandelt, nicht die Wirkung zukommen, daß Inhaber von Zwischenrechten die einmal erworbene Einrede der Löschungsreife nachträglich verlieren. Der Inhaber eines jüngeren Zeichens kann der vom Inhaber des älteren Zeichens erhobenen Löschungsklage die Einrede der Löschungsreife auch dann entgegenhalten, wenn die Löschungsreife im Zeitpunkt der Anmeldung des jüngeren Zeichens bestand, aber noch vor der Bekanntmachung des jüngeren Zeichens geheilt wurde[25]. Hefermehl spricht in diesem Zusammenhang von der ex nunc-Wirkung der Aufnahme der Benutzung gegenüber im Zeitpunkt der Löschungsreife angemeldeten Warenzeichen[26]. Diese Auffassung ist dahin zu ergänzen, daß sich hieraus jedoch nicht auch ein Anspruch des jüngeren Zeicheninhabers auf Löschung des älteren Zeichens ergibt[27]. Einem solchen Anspruch steht nicht nur § 11 Abs. 5 WZG entgegen, der den Löschungsanspruch nach der Heilung des älteren Zeichens nur unter bestimmten Voraussetzungen zubilligt, er ergibt sich auch nicht unter Anwendung der von der Rechtsprechung entwickelten Grundsätze. Ferner bleibt die Einrede der Löschungsreife auch in den Fällen erhalten, in denen die Löschungsreife zwar noch nicht im Zeitpunkt der Anmeldung und Bekanntmachung des jüngeren Zeichens bestand, jedoch später eingetreten ist. Auch in diesen Fällen bewirkt die nachträgliche Benutzungsaufnahme nicht den Verlust der dem Inhaber eines zwischenzeitlich erwachsenen Zeichenrechts entstandenen Löschungseinrede[28].

---

[25] a. A. *Kraft*, a.a.O., S. 128.

[26] *Hefermehl*, a.a.O., S. 491; *Baumbach - Hefermehl*, WZG, § 11, Anm. 56; zust. *Heydt*, GRUR 1972, 290/297; a. A. *Miosga*, Benutzungszwang für Warenzeichen, S. 15, 25, 30, 71, der sich allgemein gegen eine Prioritätsverschiebung ausspricht; anders wohl noch in MA 1970, 56, 57 f.

[27] *Heydt*, Festschrift für Hefermehl, S. 64; ders., GRUR 1972, 290/297; *Uekermann*, Diss., S. 267 f.

[28] gl. A. *Heydt*, GRUR 1972, 290/298; vgl. auch die Anmerkung zum „Stallmeister"-Urteil, GRUR 1971, 411/412, in der sich Heydt mit dem Einfluß dieser Rechtsprechung auf die den Benutzungszwang betreffenden Vorschriften befaßt. Zum gleichen Ergebnis gelangt *Heydt*, Festschrift für Hefermehl, S. 64 f. durch eine analoge Anwendung des § 11 Abs. 6 WZG aus dem Gesichtspunkt des Rechtsmißbrauchs. Dieses Ergebnis ergibt sich jedoch unmittelbar aus einer Weiterentwicklung der von der Rechtsprechung auf Grund des allgemeinen Prioritätsprinzips aufgestellten Grundsätze, so daß § 11 Abs. 6 WZG selbst insofern nur klarstellende Funktion zukommt, als sich seine die ex tunc-Wirkung der Heilung beschränkende Rechtsfolge auch aus grundsätzlichen Erwägungen ableiten läßt.

Im Widerspruchsverfahren ist jedoch allein auf die Nichtbenutzung innerhalb der letzten fünf Jahre vor der Bekanntmachung des jüngeren Zeichens abzustellen. In diesem Verfahren kann der Anmelder des jüngeren Zeichens die Löschungseinrede, die ihm wegen der im Zeitpunkt der Anmeldung, jedoch nicht mehr im Zeitpunkt der Bekanntmachung, bestehenden Löschungsreife erhalten geblieben ist, nicht geltend machen. Die Berücksichtigung dieser Löschungseinrede im Widerspruchsverfahren würde zu einer umfassenden Prüfung der Löschungsreife, einschließlich der Frage der Unzumutbarkeit der Nichtbenutzung, führen, was in diesem Verfahren gerade vermieden werden soll. Der Anmelder kann jedoch im Wege der Eintragungsbewilligungsklage die Eintragung seines Zeichens erfolgreich weiterverfolgen[29].

Der Inhaber von Zwischenrechten kann die ihm erhaltene Löschungseinrede auch gegenüber einer auf Unterlassung oder Schadensersatz gerichteten Verletzungsklage einwenden. Für den Bereich der von § 11 Abs. 6 WZG gedeckten Fälle wird der Ausschluß auch der Verletzungsklage aus einer zweckentsprechenden Auslegung dieser Vorschrift gefolgert[30].

Der Grundsatz der rückwirkenden Heilung der Löschungsreife unterliegt nicht nur gegenüber Zwischenrechten gewissen Einschränkungen; die durch Benutzungsaufnahme bewirkte Heilung wird vielmehr in ihrer Wirkung auch dahin relativiert, daß unter bestimmten Voraussetzungen auch nach Aufnahme der Benutzung auf Löschung des Zeichens wegen fünfjähriger Nichtbenutzung geklagt werden kann. Gegenüber einem Löschungskläger, der den Löschungsantrag vor Aufnahme der Benutzung angedroht hat, kann sich der Zeicheninhaber nicht auf die Zeichenbenutzung berufen, sofern im Zeitpunkt der Androhung des Löschungsantrags das Zeichen bereits löschungsreif war, § 11 Abs. 5 Nr. 1 WZG. Der Ausschluß der Heilung wirkt allerdings nur relativ gegenüber demjenigen, der die Löschung angedroht hat[31]. Gegenüber Dritten entfaltet die Benutzungsaufnahme ihre heilende Wirkung. Die Regelung bezweckt, eine außerprozessuale Einigung zwischen Androhendem und Zeicheninhaber zu ermöglichen[32]. Der Androhende erhält mit der zukünftig möglichen Löschungsklage eine starke Verhandlungsposition und vermeidet die mit einer sofortigen Löschungsklage verbundenen Risiken. Eine umfassende Beurteilung der Löschungs-

---

[29] Zum gleichen Ergebnis gelangt Heydt, mit der von seinem Ausgangspunkt konsequenten Begründung, daß der Einwand des Rechtsmißbrauchs im Widerspruchsverfahren nicht geltend gemacht werden könne.

[30] *Schricker*, a.a.O., S. 19; *Kraft*, a.a.O., S. 128; *Mitscherlich*, a.a.O., S. 79; *Heydt*, Festschrift für Hefermehl, S. 64; Amtl. Begr., a.a.O., S. 45.

[31] *Baumbach - Hefermehl*, WZG, § 11, Anm. 57; *Schricker*, a.a.O., S. 18, Fußn. 46; *Kraft*, a.a.O., S. 128.

[32] Amtl. Begr., a.a.O., S. 44; *Heydt*, GRUR 1972, 290/295.

reife im Hinblick auf die Frage der Unzumutbarkeit sowie zeitweiliger, die Benutzungsfrist unterbrechender Zeichenbenutzung ist ihm als Außenstehendem nicht mit Sicherheit möglich. In einer Vielzahl von Fällen dürfte daher, auch wenn der Androhende die Eintragung eines kollidierenden Zeichens erstrebt, die Löschungsklage deshalb vermieden werden, weil sich die beiderseitigen Interessen im Wege einer Abgrenzungsvereinbarung oder Warenzeichenlizenz bereinigen lassen[33].

Die Erhebung der Löschungsklage ist nach ihrer Androhung nicht fristgebunden. Das Klagerecht kann jedoch verwirkt werden[34], wenn der Zeicheninhaber nach Treu und Glauben annehmen durfte, die Löschungsklage werde nicht mehr erhoben; ein zwischenzeitlich erworbener, vom Androhenden hingenommener Besitzstand wird hierbei entscheidend ins Gewicht fallen.

Eine entsprechende Rechtslage tritt ein, wenn der Dritte, ohne dem Zeicheninhaber den Löschungsantrag anzudrohen, den Antrag auf Löschung nicht nach § 11 Abs. 2 WZG sofort durch Klage geltend macht, sondern zunächst den Löschungsantrag beim Patentamt nach § 11 Abs. 4 WZG anbringt. Sofern der vom Patentamt benachrichtigte Zeicheninhaber der Löschung innerhalb eines Monats widerspricht, stellt das Patentamt dem Antragsteller anheim, den Anspruch auf Löschung durch Klage zu verfolgen, § 11 Abs. 4 S. 3 WZG. Auf eine nach Stellung des Löschungsantrags erfolgte Benutzung des Warenzeichens kann sich der Zeicheninhaber gegenüber der anschließend nach § 11 Abs. 2 WZG erhobenen Löschungsklage nicht berufen. Die Heilung der Löschungsreife ist gegenüber dem Antragsteller und späteren Löschungskläger ausgeschlossen. Kommt es zu keiner außerprozessualen Regelung

---

33 *Heydt*, Festschrift für Hefermehl, S. 66. Die Verpflichtung, die Nichtbenutzung eines eingetragenen Warenzeichens nicht geltend zu machen, ist nicht nach § 134 BGB als Verstoß gegen den Geist des Benutzungszwangs nichtig, so aber *Freitag*, GRUR 1973, 175; ders., GRUR 1973, 348; hiergegen zu Recht *Heydt*, GRUR 1973, 179. Wohl ist einzuräumen, daß im Wege einer Vielzahl derartiger Verpflichtungen in Abgrenzungsvereinbarungen dem einen mit dem Benutzungszwang erstrebten Ziel, die Zeichenrolle von unbenutzten Warenzeichen zu befreien, entgegengewirkt werden kann, vgl. oben § 2. Ein zwingendes Verbot, unbenutzte Warenzeichen in der Warenzeichenrolle zu belassen, hat der Gesetzgeber aber gerade nicht aufgestellt und somit für andere Gestaltungsmöglichkeiten bewußt Raum gelassen. Der Benutzungszwang wurde der Parteiinitiative unterstellt, um eine Abklärung der gegenseitigen wirtschaftlichen Interessen im Wege von Vereinbarungen zu ermöglichen und auch hierdurch eine Entlastung des Patentamtes herbeizuführen. Zudem verbleibt auch beim Vorliegen einer derartigen Verpflichtung jedem Dritten die Möglichkeit, die als Popularklage ausgestaltete Löschungsklage zu erheben.

34 *Baumbach - Hefermehl*, WZG, § 11, Anm. 57; *Uekermann*, Diss., S. 265; *Schricker*, a.a.O., S. 18, der zu Recht betont, daß der Verwirkung des Klagerechts der Charakter der Löschungsklage als Popularklage nicht entgegensteht, denn nach der Benutzungsaufnahme liegt die Löschungsklage nicht mehr im Interesse der Allgemeinheit.

zwischen Zeicheninhaber und Antragsteller, dann verwirkt der Antragsteller auch in diesem Fall das Klagrecht, wenn er nicht in angemessener Frist Löschungsklage erhebt[35].

Trotz Aufnahme der Benutzung vor Stellung eines Löschungsantrags bleibt die Löschungsklage nach § 11 Abs. 1 Ziff. 4 WZG in einem weiteren Fall möglich. Erfolgt die Aufnahme der Benutzung erst nach der Bekanntmachung eines kollidierenden Warenzeichens, dann kann der Anmelder dieses Zeichens innerhalb einer Frist von sechs Monaten nach der Bekanntmachung auf Löschung des älteren Zeichens klagen, § 11 Abs. 5 Nr. 2 WZG. Dem Anmelder gegenüber bleibt die heilende Wirkung bis zum Ablauf der Sechsmonatsfrist aufgeschoben. § 11 Abs. 5 Nr. 2 WZG dürfte gegenüber Nr. 1 dieser Vorschrift in der Praxis nur ergänzende Funktion für den Fall zukommen, daß es der Anmelder versäumt hat, vor Inbenutzungnahme des älteren Zeichens dessen Löschung anzudrohen. In aller Regel wird er sämtlichen kollidierenden, wegen Nichtbenutzung löschungsreifen Zeichen die Löschung androhen, um sich das unbefristete Klagerecht zu erhalten, denn nach der Löschungsdrohung ist er nicht mehr an die Ausschlußfrist von sechs Monaten gebunden[36]. Die Möglichkeiten des relativen Heilungsausschlusses stehen gleichwertig nebeneinander. Das Gesetz gibt keinen Anhaltspunkt etwa für die Auffassung, das grundsätzlich unbefristete Klagerecht nach Löschungsandrohung, bzw. nach Stellung des Löschungsantrags beim Patentamt werde durch die Bekanntmachung eines kollidierenden Zeichens befristet.

Ist die Androhung des Löschungsantrags vor Inbenutzungnahme des älteren Zeichens unterblieben, und ist ferner die Ausschlußfrist von sechs Monaten abgelaufen, dann tritt der unbefriedigende Zustand ein, daß jüngeres und geheiltes älteres Warenzeichen nebeneinander in der Zeichenrolle stehen, ohne daß einer der Zeicheninhaber noch auf Löschung des kollidierenden Zeichens klagen könnte. Die Zeichen können rechtmäßig nebeneinander benutzt werden. § 3 UWG dürfte nur in wenigen Fällen den gegenseitigen Gebrauch abgrenzen[37]. Die Zeicheninhaber sind selbst gehalten, einen modus vivendi zu finden. Gerade die aus der Abstandslehre zu folgernden Nachteile, die sich für beide Zeicheninhaber aus dem Nebeneinanderbestehen der Zeichen im Verkehr ergeben können, nötigen zu einem Arrangement. Doch kann, etwa bei der Notwendigkeit das eine oder andere Zeichen mit unterscheidungskräftigen Zusätzen zu versehen, nicht ohne weiteres davon aus-

---

[35] Gl. A. *Heydt*, GRUR 1972, 290/294.

[36] *Heydt*, Festschrift für Hefermehl, S. 66; *Schricker*, a.a.O., S. 18; unklar *Miosga*, MA 1970, 56/58.

[37] *Schricker*, a.a.O., S. 19.

gegangen werden, daß der Inhaber des älteren Zeichens hierzu eher verpflichtet sei[38]. Grundsätzlich stehen sich die beiden Zeichen gleichberechtigt gegenüber. Ein sachgerechter Interessenausgleich kann von der Rechtsprechung allein im Einzelfall unter Berücksichtigung weiterer Umstände, etwa des übrigen Zeichenbestands oder auch früherer Benutzung unter dem Gesichtspunkt der Zumutbarkeit gefunden werden.

---

[38] So anscheinend *Mitscherlich*, a.a.O., S. 80.

2. Kapitel

Der Begriff der Benutzung

§ 6 Die einzelne Benutzungshandlung: Das Erfordernis des objektiv herkunftsbestimmenden Gebrauchs

A. Gesetzeszweck als Ausgangspunkt und Einordnung in das gesamte Warenzeichenrecht

Angelpunkt der im System der den Benutzungszwang betreffenden Normen ist die Unterscheidung nach benutztem und nicht benutztem Warenzeichen. Der Frage nach den Voraussetzungen, die erfüllt sein müssen, um von einem benutzten Warenzeichen sprechen zu können, kommt künftig zentrale Bedeutung zu. Dem Versuch, die einzelnen Elemente des Begriffs der Benutzung aufzuzeigen, dienen die folgenden Ausführungen. Ein Vergleich der Untersuchungen, die inzwischen zu diesem Problemkreis veröffentlicht worden sind, weist unterschiedliche Ansatzpunkte und die verschiedensten Lösungsvorschläge in Einzelfragen auf. Der mangelnde Konsens in der Beurteilung der Anforderungen, die an die Benutzung eines Warenzeichens zu stellen sind, muß zu einer beträchtlichen Rechtsunsicherheit im Kreis der Zeicheninhaber und Anmelder neuer Zeichen als unmittelbar Betroffene führen. Die Rechtsprechung, die sich in Kürze mit Problemen des Benutzungszwangs wird auseinandersetzen müssen, kann Einzelfallentscheidungen, die Beurteilungsmaßstäbe für die künftige Zeichenpolitik setzen, allein auf der Grundlage einer grundsätzlichen Aussage zum Benutzungsbegriff treffen.

Der Gesetzgeber hat bewußt davon abgesehen, den Benutzungsbegriff näher zu umschreiben, denn die Vielfalt der möglichen Umstände des Einzelfalls ließe eine Konkretisierung nur in Form der Hinzufügung eines allgemeinen Tatbestandsmerkmals zu. Er hat daher die Frage, welche Benutzungshandlungen den gesetzlichen Tatbestand der Benutzung des Zeichens erfüllen, offen gelassen[1]. Die Auslegung des Benutzungsbegriffs bleibt somit der Rechtswissenschaft und insbesondere der Rechtsanwendung der Gerichte und des Patentamts überlassen.

---

[1] Amtl. Begr., a.a.O., S. 41.

Leitlinie bei der Feststellung der Kriterien, die den Benutzungsbegriff ausfüllen, ist als allgemeines Auslegungsprinzip, dem Zweck des Gesetzes gerecht zu werden[2]. Dieser selbstverständliche Ausgangspunkt der Gesetzesinterpretation liegt daher auch jedem Bemühen um eine Klärung des Benutzungsbegriffs zugrunde[3]. Um dieses Ziel zu gewährleisten, den allgemeinen Zeichenbestand auf die Summe des durch die Benutzung gerechtfertigten individuellen Zeichenbedarfs der einzelnen Zeicheninhaber zu reduzieren, werden teils strenge Maßstäbe an die eine Benutzung erfüllenden Anforderungen gestellt, teils das wirtschaftlich vernünftige Ergebnis mit einer mehr „liberalen" Auffassung zu erreichen versucht. Der Benutzungsbegriff ist ferner einzuordnen in den Gesamtzusammenhang der warenzeichenrechtlichen Normen, insbesondere ist sein Verhältnis zum Begriff des warenzeichenmäßigen Gebrauchs, wie des Warenzeichens überhaupt zu bestimmen.

B. Generelle Kriterien des Begriffs der Benutzung

Versucht man den Benutzungsbegriff näher zu konkretisieren, dann stellt sich zunächst das Problem, ob durch generelle, über die Umstände des Einzelfalls hinausgehende Kriterien die Art und Weise der Verwendung eines Warenzeichens durch den Zeicheninhaber zu kennzeichnen ist, um den Zeichengebrauch als Grundlage einer dem Benutzungszwang genügenden Benutzung ansehen zu können. Diese Problemstellung berührt die grundsätzliche Frage nach dem Verhältnis einer Benutzungshandlung im Sinne des Benutzungszwangs zum zeichenmäßigen Gebrauch. Zahlreiche Stimmen in der Literatur vertreten die Auffassung, daß nur ein zeichenmäßiger bzw. warenzeichenmäßiger Gebrauch als relevante Benutzungshandlung in Betracht komme.

I. Der warenzeichenmäßige Gebrauch

1. Die in der Literatur vertretenen Auffassungen

Schon Callmann[4] ist im Rahmen seiner Vorschläge für eine Ausgestaltung des Benutzungszwangs im deutschen Warenzeichenrecht davon ausgegangen, unter weiteren Voraussetzungen „als rechtswirksame Benutzung eines Zeichens ... nur diejenige Benutzung anzusehen, die eine warenzeichenmäßige ist". Für das geltende Recht hält auch Kraft[5]

---

[2] Vgl. hierzu oben § 1 A.

[3] Vgl. etwa *Baumbach - Hefermehl*, WZG, § 5, Anm. 15; *Nastelski*, MA 1968, 319/327; *Schricker*, a.a.O., S. 19; *Schulze zur Wiesche*, NJW 1968, 1809/1810; *Bökel*, Diss., S. 49 ff. zur interessenorientierten Auslegung des Benutzungsbegriffs; *Heydt*, Festschrift für Hefermehl, S. 71.

[4] GRUR Ausl. 1959, 161/165; ebenso schon *Bärend*, Diss., S. 59.

[5] a.a.O., S. 124.

eine zeichenmäßige Benutzung für erforderlich mit der Begründung, das Warenzeichen müsse erkennbar als betriebliches Herkunftszeichen verwendet werden. Eine warenzeichenmäßige Benutzung verlangt auch Schricker[6], eine bloße Benutzung als Firma oder Geschäftsabzeichen genüge dagegen nicht; zur Begründung wird angeführt, daß nach Einführung des Benutzungszwangs „nur solche Zeichen den Schutz des Warenzeichengesetzes genießen, die zur Kennzeichnung von Waren benutzt werden". Insbesondere unter Verweis auf ausländische Zeichenrechte vertritt Bökel[7] den gleichen Standpunkt. Mit der Parallele, eine Zeichenverletzung liege nur vor, wenn das geschützte Zeichen von einem Dritten am geschäftlichen Verkehr zur Kennzeichnung von Waren gebraucht werde, begründet Schulze zur Wiesche[8] das Erfordernis des zeichenmäßigen Gebrauchs, läßt aber auch die firmenmäßige Benutzung ausreichen, da auch diese mittelbar die betriebliche Herkunft kennzeichne[9]. Auch v. Gamm[10] setzt die zeichenmäßige Benutzung „zur Ausnutzung der Herkunftsfunktion" voraus. Nicht unbedingt muß aus der Formulierung Hefermehls[11], das Zeichen müsse zur Kennzeichnung der Herkunft eingetragener Waren verwendet werden, auf das Erfordernis der warenzeichenmäßigen Benutzung geschlossen werden[12]. Dem steht nicht entgegen, daß sich diese Formulierung mit der Begründung eines Teils der Autoren deckt, die einen warenzeichenmäßigen Gebrauch fordern. Denn es wird noch zu untersuchen sein, ob diese These notwendigerweise aus der gegebenen Begründung abgeleitet werden muß. Den gegenteiligen Standpunkt, das Erfordernis einer warenzeichenmäßigen Benutzung sei durch den Gesetzeszweck nicht geboten, vertritt Heydt[13], auf dessen Begründung im einzelnen noch näher einzugehen sein wird.

Unter warenzeichenmäßigem Gebrauch als eine der Voraussetzungen einer dem Benutzungszwang genügenden Zeichenverwendung wird eine derartige Benutzung eines Zeichens verstanden[14], wie sie in der stän-

---

[6] a.a.O., S. 19.
[7] Diss., S. 93 ff.; ders., GRUR 1970, 392.
[8] a.a.O., S. 1810; ders., Mitt. 1970, 61/62.
[9] Gegen die Berücksichtigung des firmenmäßigen Gebrauchs *Schricker*, a.a.O., S. 20, Fußn. 54, es sei denn, das Firmenzeichen werde warenzeichenmäßig benutzt; ferner *Bökel*, Diss., S. 94/95; *Baumbach - Hefermehl*, WZG, § 5, Anm. 18.
[10] WZÄndG, Einf. Randz. 5; gl. A. *Miosga*, Benutzungszwang für Warenzeichen, S. 38; vgl. auch *Uekermann*, Diss., S. 60 ff., 70.
[11] GRUR 1968, 486/490, Fußn. 36; zust. *Heil*, GRUR 1973, 170/173 = MA 1973, 59/64.
[12] Vgl. hierzu *Heydt*, Festschrift für Hefermehl, S. 72; aber auch *Baumbach - Hefermehl*, WZG, § 5, Anm. 18.
[13] a.a.O., S. 72 ff., 76.
[14] So ausdrücklich *Schulze zur Wiesche*, a.a.O., S. 1810; *Bökel*, Diss., S. 93. die gleiche Auffassung ergibt sich aus einem Verweis auf § 15 WZG etwa bei *Schricker*, a.a.O., S. 20. Offengelassen bei *Baumbach - Hefermehl*, WZG, § 5, Anm. 18.

digen Rechtsprechung[15] und nahezu einhelligen Meinung in der Literatur[16] als Voraussetzung zeichenrechtlicher Ansprüche definiert wird. Ein zeichenmäßiger Gebrauch ist dann anzunehmen, „wenn im geschäftlichen Verkehr eine wörtliche oder bildliche Bezeichnung zur Kennzeichnung einer Ware oder in Beziehung auf sie so gebraucht wird, daß der unbefangene Durchschnittsabnehmer annimmt oder annehmen kann, das Zeichen diene zur Unterscheidung der so gekennzeichneten Waren von gleichen oder gleichartigen anderer Herkunft“[17].

2. *Das Verhältnis des Verletzungsrechts zum Recht des Benutzungszwangs*

a) Kennzeichnung

Das Postulat eines so verstandenen warenzeichenmäßigen Gebrauchs als Element einer relevanten Benutzungshandlung des Zeicheninhabers müßte nach dieser Auffassung in engem Zusammenhang mit dem Verständnis des Zeichenrechts als Schutzrecht gegen den widerrechtlichen zeichenrechtlichen Gebrauch des Zeichens durch einen Dritten gesehen werden und könnte vor allem in dieser Beziehung seine Rechtfertigung finden. Es müßte ein innerer Zusammenhang zwischen der das Schutzrecht aufrechterhaltenden Zeichenbenutzung durch den Zeicheninhaber und der das Schutzrecht verletzenden Zeichenbenutzung durch einen Dritten bestehen.

Der Auffassung, nur eine warenzeichenmäßige Benutzung, wie sie als Voraussetzung des Zeichenschutzes verstanden wird, könne dem Benutzungszwang genügen, scheinen folgende Überlegungen zugrunde zu liegen, auch wenn sie im einzelnen nicht ausführlich dargestellt werden[18]. § 15 WZG beschreibt den Inhalt des Zeichenrechts als ein ausschließliches Schutzrecht des Zeicheninhabers. Allein der Zeicheninhaber hat das Recht, das eingetragene Warenzeichen entsprechend den in § 15 WZG beschriebenen drei Benutzungsarten zu gebrauchen. § 24 WZG gewährt dem Zeicheninhaber zivilrechtliche Ansprüche zum Schutz gegen eine Verletzung seines Ausschließlichkeitsrechts durch Dritte, wobei § 31 WZG den Zeichenschutz auf den Bereich der Verwechslungsgefahr bei nicht identischer Zeichenbenutzung ausdehnt. § 16 WZG schränkt den allein durch den Formalakt der Eintragung entstandenen Zeichenschutz im Interesse des Verkehrs wiederum ein. In den in § 16

---

[15] BGH GRUR 1968, 365 (praliné); 1968, 367/369 (Corrida); 1969, 683 (Isolierte Hand).

[16] Vgl. *Baumbach - Hefermehl*, WZG, § 15, Anm. 7; § 24, Anm. 7; *v. Gamm*, WZG, § 16, Anm. 7; *Storkebaum - Kraft*, WZG, § 15, Anm. 19; *Wilde*, GRUR 1968, 477/479 ff.; a. A. *Heydt*, Mitt. 1969, 319.

[17] *Baumbach - Hefermehl*, a.a.O.

[18] Wohl am deutlichsten *v. Gamm*, WZÄndG, Einf. Anm. 5.

WZG genannten Fällen kann der Zeicheninhaber die Verwendung seines Zeichens einem Dritten nur dann verbieten, wenn der Gebrauch warenzeichenmäßig erfolgt.

Wurde etwa eine nach § 4 Abs. 2 Nr. 1 WZG schutzunfähige beschreibende Angabe kraft ihrer Durchsetzung im Verkehr als Individualzeichen nach § 4 Abs. 3 WZG eintragungsfähig und eingetragen, dann kann der Zeicheninhaber den nicht warenzeichenmäßigen Gebrauch dieses Zeichens einem Dritten nicht verbieten. Sein Ausschließlichkeitsrecht wird insoweit nicht berührt. Benutzt der Zeicheninhaber dieses Warenzeichen nun selbst nicht warenzeichenmäßig, sondern nur beschreibend, dann könnte man hieraus für den Benutzungszwang folgern, daß diese Zeichenbenutzung deshalb nicht der Aufrechterhaltung des Zeichenschutzes nach den Regeln des Benutzungszwangs dienen kann, weil dieser Zeichengebrauch keinen Bezug zum Ausschließlichkeitsrecht aufweist, „dieses nicht ausfüllt". Entsprechendes hätte allgemein für jedes eingetragene Warenzeichen bezüglich des nicht warenzeichenmäßigen Gebrauchs zu gelten, sofern man mit der ganz überwiegenden Meinung davon ausgeht, daß sich das Ausschließlichkeitsrecht nur gegen den zeichenmäßigen Gebrauch richtet. Der Zeicheninhaber würde demnach sein Schutzrecht nur dann realisieren, wenn ein zeichenmäßiger Gebrauch vorliegt, d. h. eine Zeichenverwendung, die, würde sie von einem Dritten erfolgen, sein Verbietungsrecht auslösen würde. Der Inhalt des Ausschließlichkeitsrechts und somit der Umfang des Schutzrechts wäre dann maßgeblicher Bezugspunkt für eine Erfüllung der Benutzungsvoraussetzungen im Sinne des Benutzungszwangs durch den Zeicheninhaber. Allein die warenzeichenmäßige Benutzung könnte dann Grundlage einer dem Benutzungszwang genügenden Benutzung sein, wie der Zeicheninhaber auch nur den warenzeichenmäßigen Gebrauch Dritten zeichenrechtlich untersagen kann[19].

Die hier dargestellte These einer Wechselwirkung oder Abhängigkeit zwischen Schutzumfang eines Zeichens und Schutzaufrechterhaltung im Sinne des Benutzungszwangs dürfte der Hintergrund der Auffassungen sein, die nur eine warenzeichenmäßige Benutzung, wie sie als Voraussetzung des Zeichenschutzes verstanden wird, für den Benutzungszwang genügen lassen. Besonders deutlich bringt dies v. Gamm[20] zum Aus-

---

[19] In diesem Zusammenhang ist nicht entscheidend, daß die Vertreter dieser Auffassung jedoch nicht jede der Benutzungsarten des § 15 Abs. 1 WZG für sich allein genügen lassen, vgl. etwa *Schricker*, a.a.O., S. 20.

[20] WZÄndG, Einf. Anm. 5; zust. *Uekermann*, Diss., S. 60. Obgleich *Uekermann*, Diss., S. 59 sich gegen eine „vorbehaltlose Gleichsetzung von Ausschließlichkeitsrecht und Benutzungspflicht" wendet und auf die Verschiedenheit der Interessenlage in § 15 WZG und den Normen des Benutzungszwangs verweist, führt ihn dieser richtige Ansatzpunkt nicht zu einer Loslösung von der Betrachtungsweise unter dem Blickwinkel des Verletzungs-

druck, wenn er ausführt, daß das Benutzungsrecht den Gegenstand des Benutzungszwangs umgrenzt. „Denn nur soweit dem Zeicheninhaber das positive Alleinrecht gewährt wird, kann ihm zur Erhaltung seines Rechts eine Benutzungspflicht auferlegt werden."

Die Richtigkeit dieser Auffassung hängt aber von der bisher unterstellten Prämisse ab, daß tatsächlich zwischen Benutzungszwang und Verbietungsrecht ein solch notwendiger Zusammenhang besteht, der für den Begriff der Eigenbenutzung durch den Zeicheninhaber den Rückschluß auf die Fremdbenutzung durch den Dritten und somit auf den für diesen Zeichengebrauch entwickelten Begriff der warenzeichenmäßigen Benutzung zuläßt. Bevor dieses grundlegende Problem näher erörtert werden soll, ist jedoch auf die von Heydt vertretene Auffassung zum Begriff des warenzeichenmäßigen Gebrauchs und somit zum Verhältnis von § 15 WZG zu § 16 WZG einzugehen.

b) Die Heydtsche Auffassung zu §§ 15, 16 WZG

Heydt[21] wendet sich gegen die bis zum Zeitpunkt seiner Stellungnahme allgemein vertretene Auffassung[22], daß Voraussetzung zeichenrechtlicher Ansprüche der warenzeichenmäßige Gebrauch des Zeichens sei, der Zeicheninhaber zeichenrechtlich einem Dritten nur die warenzeichenmäßige Benutzung seines Zeichens verbieten könne. Nach seiner Ansicht ist der warenzeichenmäßige Gebrauch allein Tatbestandsmerkmal des § 16 WZG. Das Ausschlußrecht erfaßt jede Benutzung des geschützten Zeichens im geschäftlichen Verkehr. Das Verbotsrecht des § 15 WZG und die hiermit verbundenen Ansprüche auf Unterlassung und Schadensersatz nach § 24 WZG setzen den warenzeichenmäßigen Gebrauch nicht voraus. Hieraus wird gefolgert, daß der allein für § 16 WZG relevante Begriff des warenzeichenmäßigen Gebrauchs nicht weit, sondern eng auszulegen ist, nämlich im Sinne einer Benutzung nach Art einer Marke.

Ausgehend von Wortlaut und Entstehungsgeschichte, vor allem unter Berücksichtigung der reichsgerichtlichen Rechtsprechung vor 1936 zum

---

rechts, sondern lediglich zu einer engeren Begrenzung des Bereichs der relevanten Benutzungshandlungen, eine Auffassung, die im Ergebnis etwa der von Schricker vorgetragenen gleichkommt. Vgl. ferner *Schulze zur Wiesche*, a.a.O., S. 1810. Auch *Tilmann*, GRUR 1968, 619 geht davon aus, daß der Begriff des warenzeichenmäßigen Gebrauchs im Verletzungsrecht auch für den Begriff der Zeichenbenutzung im Zusammenhang mit dem Benutzungszwang zu gelten habe.

[21] *Reimer - Heydt*, S. 713 ff.; *Heydt*, Festschrift für Nastelski, Mitt. 1969, 319 ff.; ders., Anm. GRUR 1966, 674 (Shortening); ders., Anm. GRUR 1971 253 (Oldtimer).

[22] Inzwischen hat Bußmann eingeräumt, daß die Ansicht von Heydt „sowohl dem Wortlaut des Gesetzes, wie aber auch den praktischen Bedürfnissen gerecht wird", Festschrift für Wilde, S. 27 ff. = GRUR 1971, 392 ff.

früheren § 13 WZG, der dem heutigen § 16 WZG entspricht, begründet Heydt seine überzeugenden Ausführungen, insbesondere in der Auseinandersetzung mit Wilde[23], mit dem Nachweis, daß allein nach der von ihm vertretenen Auffassung ein harmonisches Ineinandergreifen der §§ 15, 16 WZG erreicht werden kann. So wird etwa vermieden, den Begriff des warenzeichenmäßigen Gebrauchs in § 15 WZG weit, in § 16 dagegen eng auszulegen[24]. Auch die Notwendigkeit der korrigierenden Auslegung bezüglich des zeichenmäßigen Gebrauchs des Namens oder der Firma entfällt. Die Auffassung Heydts führt jedoch bei nicht identischen Warenzeichen zu keinen gegenüber der herrschenden Meinung unterschiedlichen Ergebnissen, denn ein wegen mangelnder warenzeichenmäßiger Benutzung abzulehnender zeichenrechtlicher Anspruch scheitert nach der Heydtschen Ansicht an der fehlenden Verwechslungsgefahr. Verwendet ein Dritter dagegen ein identisches Zeichen in einer der Benutzungsarten des § 15 WZG, dann ist in der Tat nicht einzusehen, weshalb das Verbietungsrecht sich auf den warenzeichenmäßigen Gebrauch beschränken soll. Die Zubilligung eines Ausschließlichkeitsrechts schützt den Zeicheninhaber nicht allein vor der Ausnutzung der Zeichenfunktionen durch Dritte, sondern, wie der klare Wortlaut des § 15 WZG zeigt, gegen jede Form der Verwendung, da diese grundsätzlich die Interessen des Zeicheninhabers beeinträchtigt. Zu Recht stellt Bußmann[25] fest, daß § 15 WZG nur die dem Zeicheninhaber allein vorbehaltenen Gebrauchsmöglichkeiten des Zeichens exemplarisch aufzählt, ohne auf das „Wie" des Gebrauchs abzustellen.

Dieser hier nur kurz skizzierte Meinungsstreit soll indessen im Rahmen dieser Arbeit nicht weiter vertieft werden. Es galt allein folgendes aufzuzeigen: Würde die anschließend zu erörternde These zutreffen, daß die Zeichenbenutzung zur Aufrechterhaltung des Zeichenschutzes im Rahmen des Benutzungszwangs notwendig nach den gleichen Kriterien zu beurteilen ist, wie der das Zeichen verletzende Zeichengebrauch eines Dritten, dann würde nach der Auffassung Heydts zum Verständnis der §§ 15, 16, 24 WZG schon die Voraussetzung eines warenzeichenmäßigen Gebrauchs als Element einer dem Benutzungszwang genügenden Benutzungshandlung entfallen. In der Begründung seiner These, der Begriff der Benutzung im Sinne des Benutzungszwangs setze keine warenzeichenmäßige Benutzung voraus, geht Heydt aber selbst zu Recht nicht von seinem Verständnis vom Verbietungsrecht des Zeicheninhabers aus[26]. Es kann daher für die hier interessierende

---

[23] *Wilde*, GRUR 1968, 477 ff.; hierzu insbes. *Heydt*, Mitt. 1969, 319 ff.

[24] Vgl. BGH GRUR 1968, 148 (Zwillingsfrischbeutel); 1968, 365 (praliné); 1969, 274 (Mokka-Express); 1969, 348 (Anker export).

[25] GRUR 1971, 392/393 = Festschrift für Wilde, S. 30.

[26] *Heydt*, Festschrift für Hefermehl, S. 72 ff.

Klärung des Begriffs einer dem Benutzungszwang genügenden Benutzungshandlung die Frage nach den Voraussetzungen zeichenrechtlicher Ansprüche dahingestellt bleiben.

c) Kein Rückgriff auf den Begriff des warenzeichenmäßigen Gebrauchs im Sinne des Verletzungsrechts

Dagegen soll nun die oben noch zurückgestellte Frage beantwortet werden, ob der Benutzungsbegriff aus dem Recht der Zeichenverletzung Aufschluß über den Begriff der Zeichenbenutzung zur Erfüllung des Benutzungszwangs geben kann, eine These, die, wie schon aufgezeigt, erheblich dazu beitrug, den warenzeichenmäßigen Gebrauch, wie ihn die Rechtsprechung für § 15 WZG entwickelt hat, als Element einer für den Benutzungszwang relevanten Benutzungshandlung aufzufassen. Die §§ 15/16 WZG beschreiben die Rechte des Zeicheninhabers mit der Zielrichtung auf eine Abgrenzung gegenüber der Zeichenverletzung durch Dritte. Die Aufzählung der dem Zeicheninhaber vorbehaltenen Benutzungsarten dient dem Schutz vor den entsprechenden Gebrauchshandlungen Dritter. Den Begriff des warenzeichenmäßigen Gebrauchs entwickelte die Rechtsprechung im Hinblick auf eine mögliche Verletzung des Zeichenrechts durch einen Dritten und sah sich von diesem Ausgangspunkt her veranlaßt, dem Begriff im Interesse des Zeicheninhabers eine weite Auslegung zu geben. Dem Nichtberechtigten soll weitmöglichst die Berufung auf eine nicht warenzeichenmäßige Benutzung abgeschnitten werden, sofern zumindest die Möglichkeit besteht, daß dem unbefangenen flüchtigen Durchschnittsbetrachter der Zeichengebrauch den Eindruck einer betrieblichen Herkunftskennzeichnung vermitteln kann[27]. Im Recht der Zeichenverletzung stellt sich das Problem der Zeichenbenutzung als eine Beurteilung des Zeichengebrauchs des Nichtberechtigten zum Schutz des Berechtigten.

Der Begriff der Zeichenbenutzung steht dagegen im Rahmen des Benutzungszwangs grundsätzlich unter anderem Aspekt. Zur Beurteilung steht der Gebrauch des Zeichens durch den Zeicheninhaber selbst unter dem Gesichtspunkt der Aufrechterhaltung des Zeichenschutzes. Der Begriff des warenzeichenmäßigen Gebrauchs als ein Kriterium der zeichenverletzenden Fremdbenutzung, wie er in der Rechtsprechung entwickelt wurde, dient einer mit dem Benutzungsbegriff im Rahmen des Benutzungszwangs nicht vergleichbaren Funktion. Für den Benutzungszwang geht es um die Frage, ob das Warenzeichen entsprechend seiner ihm zukommenden Aufgabe Verwendung

---

[27] BGH GRUR 1953, 175 (Kabel-Kennstreifen); 1959, 130/132 (Vorrasur); 1969; 603 (Isolierte Hand); 1971, 251 (Oldtimer). Dieser weite Schutzumfang, den das Zeichenrecht nach §§ 15, 16 WZG genießt, wird nach der Heydtschen Auffassung besonders deutlich.

gefunden hat. Zur Diskussion steht unter verschiedenem Blickwinkel der berechtigte und nicht der nicht berechtigte Zeichengebrauch. Kommt auch, wie noch zu zeigen sein wird, dem Gesichtspunkt der betrieblichen Herkunftskennzeichnung auch für den Benutzungsbegriff im Rahmen des Benutzungszwangs erhebliche Bedeutung zu, so rechtfertigt diese Tatsache allein noch nicht den Rückgriff auf einen im Zeichenverletzungsrecht anderen Zwecken dienenden Begriff, für den ebenfalls diese Zeichenfunktion eine Rolle spielt. Der Begriff der Benutzung im Sinne des Benutzungszwangs ist vielmehr im Rahmen dieses Rechtsinstituts eigenständig zu entwickeln[28].

II. Die Bedeutung der Funktionslehre für den Benutzungszwang

Der Benutzungszwang dient der Schutzversagung und letztlich der Eliminierung solcher Warenzeichen aus der Zeichenrolle, die vom Zeicheninhaber „nicht ins Leben gerufen wurden", sondern ein lediglich „formales Dasein" im Zeichenregister führen. Anknüpfungspunkt für eine rechtliche Erfassung der relevanten Benutzungshandlung in bezug auf die Zwecke des Benutzungszwangs kann daher allein das Objekt der Benutzung selbst sein und mithin die Frage, unter welchen Voraussetzungen das Warenzeichen der ihm zugewiesenen Aufgabe gerecht wird.

1. Die grundsätzliche Problematik der Funktionslehre

Die Aufgaben oder Zwecke, denen das Warenzeichen im Wirtschaftsverkehr dient, werden im Schrifttum an Hand der Lehre von den Funktionen der Marke bestimmt. Die Problematik der Funktionslehre liegt in zweierlei: Die faktische Existenz einer Marke im Wirtschaftswettbewerb führt zu der Entfaltung der dem Wesen der Marke immanenten Eigenschaften. Diese Folgeerscheinungen einer in das Bewußtsein des Verkehrs getretenen Marke können als deren ontologisch erfaßbare, faktische Funktionen bezeichnet werden. Im Anschluß an die grundlegende Untersuchung Vanzettis[29] werden überwiegend[30] die der Marke im tatsächlichen Bereich zukommenden wirtschaftlichen Funktionen

---

28 Daß sich die im Verletzungsrecht entwickelten Grundsätze nicht auf die im Zusammenhang mit dem Benutzungszwang auftretenden Probleme übertragen lassen, zeigt sich etwa auch an dem Gebrauch eines Zeichenbestandteils eines Gesamtzeichens, vgl. hierzu § 9, Fußn. 76.

29 GRUR Ausl. 1965, 128/129.

30 Vgl. etwa *Riehle*, Markenrecht und Parallelimport, S. 105 ff.; *Beier*, GRUR Ausl. 1968, 14; *Sieche*, Diss., S. 21 ff.; *Loewenheim*, Warenzeichen und Wettbewerbsbeschränkung, S. 224 ff.; ders., GRUR 1971, 260/264; a. A. *Heydt*, GRUR 1969, 450/452 ff.; vgl. ferner zur Funktionslehre *Schluep*, Das Markenrecht als subjektives Recht, §§ 6—8; *Baumbach - Hefermehl*, WZG, Einl. Anm. 5.

von denen unterschieden, die das Warenzeichenrecht der Marke als die typischen und somit die rechtlich geschützten Funktionen beilegt. Allein dieser, der Disposition des Gesetzgebers unterliegende rechtlich relevante Bereich der Funktionen bestimmt den Inhalt[31] des Warenzeichens und damit das Warenzeichen im Rechtssinne.

Eine weitere Schwierigkeit im Rahmen der Funktionslehre bildet der Umstand, daß die Festlegung des rechtlich geschützten Funktionsbereichs den mittelbaren Einfluß der darüber hinaus feststellbaren wirtschaftlichen Funktionen bei der Gesetzesauslegung nicht hindert[32].

2. *Überblick über die Funktionslehre*

Zum weiteren Verständnis des hier zu erörternden Problems ist allein eine gestraffte Darstellung der Funktionslehre geboten, die im Anschluß an die hierzu in letzter Zeit veröffentlichten äußerst gründlichen Untersuchungen gestattet sei.

Das Warenzeichen dient der Kennzeichnung von Waren zur Unterscheidung von nicht oder anders gekennzeichneten Waren. Der Individualisierungseffekt zeigt sich nicht allein in der Abgrenzung gegenüber anderen Waren, sondern auch in der Zusammenfassung der gleichermaßen markierten Waren. Diese Unterscheidungsfunktion als bloß formale Differenzierung von Waren wird ausgefüllt durch bestimmte Aussageinhalte. Primär ist das Warenzeichen Herkunftskennzeichen, das übereinstimmend gekennzeichnete Waren einer gleichen Herkunftsstätte zuordnet. Nicht notwendig ist die Individualisierung eines konkreten Betriebs, eine Aussage, zu der allein Firmenmarken fähig sind. Man ist sich heute über den Aussageinhalt der Herkunftsfunktion dahin einig, daß allein die Gleichmäßigkeit der Herkunftsstätte gewährleistet wird. Gleiche Warenzeichen verbürgen den gleichen betrieblichen Ursprung in dem Sinne, daß der Zeicheninhaber hinter der Ware steht und sich zu ihr als der seinigen bekennt[33].

Die Aussage über die Gleichmäßigkeit der Herkunftsstätte führt beim Verkehr zu einer produktbezogenen Erwartung. Der Verkehr vertraut auf die zumindest gleichbleibende, sich höchstens verbessernde Qualität der übereinstimmend markierten Waren. Die im Verkehr bekanntgewordenen Erfahrungen mit einer Markenware prägen ein Vorstellungsbild von diesem Produkt; die hieraus resultierenden Erwartungen werden auf jede unter diesem Warenzeichen vertriebene Ware

---

[31] Vgl. hierzu auch oben § 1 B a. E.

[32] *Loewenheim*, Warenzeichen und Wettbewerbsbeschränkung, S. 225; *Vanzetti*, GRUR Ausl. 1965, 128/129 f., Fußn. 9.

[33] BGH GRUR 1966, 45/46 (Markenbenzin).

übertragen. Selbstverständlich begründet diese Vertrauensfunktion[34] des Warenzeichens keine rechtliche Garantie bestimmter Eigenschaften, die den Hersteller zur Einhaltung einer gleichbleibenden Qualität verpflichten könnte. Es handelt sich lediglich um einen Erfahrungssatz des Verkehrs in bezug auf das Bemühen des Zeicheninhabers, in Form der Marke auf die gleichbleibenden Eigenschaften der Ware hinzuweisen und hierdurch ein bestimmtes Ansehen der Ware und Marke aufzubauen und zu erhalten. Diese Betrachtung verdeutlicht die Abhängigkeit der Vertrauens- von der Herkunftsfunktion: Die verbürgte Gleichmäßigkeit des betrieblichen Warenursprungs ermöglicht den wirtschaftlich zentralen Aussagegehalt des Warenzeichens als Information über die Waren[35].

Wohl liegt in dieser Aussagekraft des Warenzeichens auch ein Werbeeffekt der Marke für die Ware; doch kommt dieser in der Ware begründeten Wirkung keine zusätzliche Bedeutung gegenüber den bisher beschriebenen Funktionen zu. Unter der selbständigen Werbe- oder Suggestivfunktion ist vielmehr die dem Zeichen immanente Werbekraft zu verstehen, die, wie Schluep[36] zu Recht betont, nicht aus der Unterscheidungsfunktion der Marke abzuleiten ist und nicht der Produktdifferenzierung dient. Auf Grund einer selbständigen Attraktionskraft „spricht die Marke für sich selbst“. In dieser Funktion verliert die Marke ihren Warenbezug, oder wie Riehle[37] es ausgedrückt hat, die Ware bleibt fungibel.

3. Keine Abhängigkeit des Benutzungsbegriffs vom Bereich der rechtlich geschützten Funktionen

Die wesentliche Aufgabe zur Inhaltsbestimmung des Warenzeichens und damit zur Festlegung der Reichweite des zeichenrechtlichen Schutzes besteht nun in der Ermittlung der rechtlich geschützten Zeichenfunktionen. Ausgangspunkt unserer Betrachtung war die Erkenntnis, daß sich die Charakterisierung der relevanten Benutzung im Sinne des Benutzungszwangs allein über eine Bestimmung der Aufgabe des Warenzeichens vornehmen läßt. Es wäre aber verfehlt, die relevante Benutzungshandlung ohne weiteres als einen funktionsgerechten

---

34 Andere Bezeichnungen für die Vertrauensfunktion sind Garantie- und Gewährfunktion, Qualitäts- und Gütefunktion; neuerdings verwendet *Heydt*, Festschrift für Hefermehl, S. 74 den Ausdruck Sortenfunktion.

35 Ausführlich *Riehle*, a.a.O., S. 109/118. Wenn *Schluep*, a.a.O., S. 81 Herkunfts- und Vertrauensfunktion als bloße Unterscheidungsformen der Unterscheidungsfunktion bezeichnet, so kann dem insofern zugestimmt werden, als hiermit nicht die inhaltliche Ausfüllung der formalen Unterscheidungsformen durch ihre Konkretisierungen entbehrlich wird.

36 a.a.O., S. 81.

37 a.a.O., S. 115; *Loewenheim*, a.a.O., S. 234.

Zeichengebrauch im Rahmen der rechtlich geschützten Funktionen aufzufassen. Es besteht kein unmittelbarer Bezug zwischen der den Benutzungszwang erfüllenden Benutzung und dem rechtlichen Schutzbereich des Warenzeichens. Begrenzt der Gesetzgeber den zeichenrechtlichen Schutz auf bestimmte Funktionen oder dehnt er diesen auf sämtliche Funktionen aus, so werden durch die Entscheidung für ein Konzept nicht die Anforderungen an eine Benutzungshandlung im Rahmen des Benutzungszwangs präjudiziert.

Die Gründe sind die gleichen, die auch zu einer Ablehnung der §§ 15, 16 WZG als Anknüpfungspunkt für das Problem der relevanten Benutzungshandlung führten. Die Grenzen des zeichenrechtlichen Schutzes zu bestimmen, ist allein relevant zur Beurteilung des Einflusses von Benutzungshandlungen Dritter in Bezug auf ein fremdes Zeichenrecht. Wann ein funktionsgerechter Zeichengebrauch im Rahmen des Benutzungszwangs vorliegt, bestimmt sich allein nach dem Zweck dieses Rechtsinstituts und nicht nach der Begrenzung des zeichenrechtlichen Schutzes durch die rechtliche Anerkennung bestimmter Zeichenfunktionen.

4. Die Heydtsche Auffassung zur Funktionslehre

Die Ausführungen Heydts[38], der sich ebenfalls im Rahmen der Erörterungen des Benutzungsbegriffs mit der Funktionslehre befaßt, stehen dieser Auffassung nicht entgegen, daß von dem rechtlich geschützten Funktionsbereich nicht auf den funktionsgerechten Zeichengebrauch des Zeicheninhabers geschlossen werden kann. Heydt geht wohl davon aus, daß Herkunfts-, Vertrauens- und Werbefunktion rechtlich selbständig, d. h. unabhängig voneinander geschützt sind[39], und kommt am Ende dieser Betrachtung zu dem Schluß, daß unter funktionsgemäßem Zeichengebrauch jeder Gebrauch zu verstehen ist, der zur Kennzeichnung der Herkunft oder der besonderen Eigenart der unter dem eingetragenen Warenzeichen vertriebenen oder in der Werbung angepriesenen Ware dient[40]. Dieser weite Benutzungsbegriff ergibt sich für Heydt aber selbst nicht aus seiner These des sämtliche wesentliche Zeichenfunktionen umfassenden Zeichenschutzes, sondern aus deren tatsächlicher Existenz und wirtschaftlicher Bedeutung. Denn Heydt stellt selbst fest, daß für die Untersuchung des Benutzungsbegriffs nicht erheblich ist, ob sich der zeichenrechtliche Schutz etwa auf die Werbefunktion erstreckt, sondern welche Funktionen das Warenzeichen im Wirtschaftswettbewerb ausübt[41].

---

[38] Festschrift für Hefermehl, S. 73 ff.
[39] So schon in GRUR 1969, 450/453 ff.
[40] Festschrift für Hefermehl, S. 76.
[41] a.a.O., S. 74.

Wegen des Fehlens eines zwingenden Zusammenhangs zwischen Schutzumfang des Warenzeichens und Benutzungszwang kommt es daher nicht entscheidend darauf an, welche tatsächlichen Zeichenfunktionen rechtlich geschützt sind, sondern auf die Frage, welche Zeichenfunktionen für den Benutzungszwang insofern erheblich sind, als deren Realisation durch den Zeicheninhaber als funktionsgerechter Zeichengebrauch angesehen werden kann. Dieser Ausgangspunkt harmonisiert ferner zwanglos mit der schon erwähnten Erkenntnis, daß die Bestimmung des zeichenrechtlichen Schutzbereichs eines Warenzeichens an Hand der im Warenzeichenrecht rechtlich geschützten Zeichenfunktionen den mittelbaren Einfluß des gesamtwirtschaftlichen Sachverhalts und somit der nur tatsächlichen Funktionen bei der Auslegung nicht hindert.

III. Der herkunftsbestimmende Gebrauch als funktionsgerechte Zeichenbenutzung

1. Herkunftsfunktion und Benutzungszwang

Nach § 1 WZG dient das Warenzeichen der Unterscheidung der Waren des Zeicheninhabers von fremden Waren. Das Warenzeichen kennzeichnet die Ware als vom Zeicheninhaber stammend. Diese Verwendung als Herkunftszeichen ermöglicht die Verwirklichung sämtlicher Zeichenfunktionen. Hiermit ist die wesentliche und grundlegende Aufgabe des Warenzeichens umschrieben. Berührt der Zeichengebrauch keine der Zeichenfunktionen, dann ist ohne weiteres ersichtlich, daß das Warenzeichen nicht entsprechend seiner ihm zukommenden Aufgabe im Verkehr Verwendung gefunden hat und mangels eines funktionsgerechten Gebrauchs keine relevante Benutzung im Sinne des Benutzungszwangs vorliegen kann.

Für den Benutzungszwang stellt sich die Frage, ob der Realisation der Vertrauens- und Werbefunktion durch den Zeicheninhaber unabhängig von einem herkunftshinweisenden Gebrauch Bedeutung zukommen kann. Nicht entscheidend ist, ob im Zeichengebrauch eines Dritten eine selbständige Beeinträchtigung der Vertrauens- und Werbefunktion liegen kann, ohne daß die Herkunftsfunktion berührt wird.

2. Vertrauensfunktion und Benutzungszwang

Aufschluß hierüber gibt das Verständnis von Aussage und Zusammenhang der einzelnen Zeichenfunktionen. Es wurde gezeigt, daß die Vertrauensfunktion ihren inneren Grund in der Herkunftsfunktion findet. Die Vertrauensfunktion kann im Verkehr ihre Wirkung nur dann entfalten, wenn das Vertrauen auf Grund der mit der Kennzeichnung verbürgten Gleichmäßigkeit der Herkunftsstätte gerechtfertigt ist. Zu Recht bezeichnet Loewenheim[42] den Gedanken an den gleichen Hersteller als logischen Schritt auf dem Wege zur Schlußfolgerung „gleiche Qualität". Die Realisation der Vertrauensfunktion durch den Zeicheninhaber ist notwendig gekoppelt mit der Realisation der Herkunftsfunktion.

Die Konsequenzen für den Benutzungszwang lassen sich am Beispiel einer kraft Verkehrsdurchsetzung nach § 4 Abs. 3 WZG eingetragenen, beschreibenden Angabe verdeutlichen. Verwendet der Zeicheninhaber dieses Zeichen nicht als Herkunftszeichen, sondern bloß beschreibend, etwa im Text einer Gebrauchsanweisung für eine mit einer anderen herkunftskennzeichnenden Marke versehenen Ware zum Hinweis auf eine bestimmte Wareneigenschaft, dann realisiert er hierdurch nicht die Vertrauensfunktion des Kennzeichens. Die Möglichkeit, durch den beschreibenden Gebrauch eines Kennzeichens auf bestimmte Eigenschaften der Ware hinzuweisen, beruht allein auf der konkreten Aussagekraft des Kennzeichens und nicht auf der Entfaltung einer Zeichenfunktion.

Was ein Zeichen auf Grund seiner sprachlichen Gestaltung als Information zu vermitteln in der Lage ist, steht in keinem Zusammenhang mit der Vertrauensfunktion, deren Realisation losgelöst ist vom konkreten sprachüblichen Aussageinhalt des Zeichens[43]. Der lediglich beschreibende Gebrauch eines Warenzeichens dient nicht der Entfaltung der Herkunfts- und Vertrauensfunktion[44] und kann daher nicht als funktionsgerechte Benutzung im Sinne des Benutzungszwangs angesehen werden[45]. Dies hat über das angeführte Beispiel hinaus für jeden bloß beschreibenden Gebrauch — auch bei Anbringung des Zeichens auf der Ware selbst, etwa in Verbindung mit einer herkunftskennzeichnenden Marke — eines jeden Warenzeichens zu gelten.

Der Entfaltung der Vertrauensfunktion kommt somit für den Begriff der relevanten Benutzung im Sinne des Benutzungszwangs als einer der Aufgabe des Warenzeichens im Verkehr entsprechenden, somit funktionsgerechten Benutzung keine eigenständige Bedeutung zu. Der These, daß allein ein die Herkunftsfunktion realisierender Zeichengebrauch eine für den Benutzungszwang relevante Benutzung darstellen kann, könnte jedoch ferner entgegenstehen, daß eine die Werbefunktion

---

[42] GRUR Ausl. 1971, 260/264, Fußn. 32. Vgl. ferner zur Abhängigkeit von Herkunfts- und Vertrauensfunktion, *Loewenheim,* Warenzeichen und Wettbewerbsbeschränkung, S. 242; *Riehle,* a.a.O., S. 125; OGH GRUR Ausl. 1971, 90 mit Anm. Beier.

[43] Diese notwendige Differenzierung zeigt sich auch an der Tatsache, daß die Eintragung der beschreibenden Angabe gerade auf ihrer Verkehrsdurchsetzung als betriebliches Herkunftszeichen beruht.

[44] Zur Werbefunktion vgl. unten 3.

[45] Im Ergebnis gleicher Ansicht *Bökel,* Diss., S. 95; ders., GRUR 1970, 393; a. A. *Heydt,* a.a.O., S. 79 d.

verwirklichende Zeichenverwendung unabhängig von einem herkunftskennzeichnenden Gebrauch für den Benutzungszwang selbständig beachtlich ist.

3. *Suggestivfunktion und Benutzungszwang*

Wie schon ausgeführt, ist unter Werbe- oder Suggestivfunktion die Fähigkeit eines Kennzeichens zu verstehen, die dem Zeichen immanente selbständige Attraktionskraft zu entfalten. Hierbei handelt es sich nicht um die mit dem Gebrauch eines Warenzeichens als Herkunftskennzeichen notwendigerweise verbundene Werbewirkung für die markierten Waren. Eine derartige Werbewirkung des Zeichens als Folge der Herkunftsfunktion kann im Rahmen des Benutzungszwangs gerade nicht unabhängig von der Entfaltung der Herkunftsfunktion einen funktionsgerechten Zeichengebrauch begründen. Es geht vielmehr um die Frage, ob es mit dem Zweck des Benutzungszwangs vereinbar ist, die Entfaltung der selbständigen Suggestivfunktion eines Warenzeichens ungeachtet eines herkunftskennzeichnenden Gebrauchs bei der Beurteilung der funktionsgerechten Zeichenbenutzung im Rahmen des Benutzungszwangs zu berücksichtigen. Die Entscheidung hierüber hat folgerichtig Konsequenzen wiederum für den beschreibenden, wie insbesondere für den firmenmäßigen Gebrauch eines Warenzeichens. Die Entfaltung der Suggestivfunktion, die allein auf der selbständigen Anziehungskraft des Kennzeichens beruht, setzt lediglich den Kontakt des Zeichens mit dem Verkehr voraus, ist dagegen unabhängig von einem Bezug zu einer konkreten Ware. Sie ist insbesondere kein Effekt des Gebrauchs eines Zeichens als Unterscheidungsmittel von Waren[46]. Ob die bloße Realisation dieser Zeichenfunktion als funktionsgerechte Zeichenbenutzung im Rahmen des Benutzungszwangs angesehen werden kann, läßt sich allein aus dem Zweck und System dieses Rechtsinstituts ableiten.

Daß die Anerkennung der Suggestivfunktion als rechtlich geschützter Funktion gerade wegen der mangelnden Abhängigkeit ihrer Wirkung von einer Ware die Wesenszüge des Warenzeichenrechts verändern würde und insbesondere jede Art von Benutzungszwang nicht zuließe[47], ist nicht entscheidend. Wie schon mehrfach erwähnt, besteht kein zwingender Zusammenhang zwischen Begrenzung des Zeichenschutzes gegen Beeinträchtigung des Zeichens und den Anforderungen die vom Zeicheninhaber selbst als Voraussetzung der Schutzgewährung zu er-

---

46 *Vanzetti*, GRUR Ausl. 1965, 128/133; *Schluep*, a.a.O., S. 81/82; vgl. ferner § 6, Fußn. 37.
47 *Vanzetti*, a.a.O., S. 132; *Loewenheim*, a.a.O., S. 262; *Riehle*, a.a.O., S. 130; a. A. wohl *Heydt*, a.a.O., S. 75/76.

füllen sind. Die Realisation der Suggestivfunktion als Grundlage eines funktionsgerechten Zeichengebrauchs im Sinne des Benutzungszwangs zu werten, stehen jedoch die Regelungen dieses Rechtsinstituts selbst entgegen.

Den Benutzungstatbestand kennzeichnet die im geschäftlichen Verkehr erfolgte Zuordnung des Warenzeichens zu einer bestimmten, eingetragenen Ware. Dem Benutzungszwang ist diese Bezogenheit der Benutzung auf eine Ware hin eigen. Die Benutzung kommt nicht dem Warenzeichen als solchem zugute, sondern allein bezüglich der eingetragenen Waren, für die der Zeichengebrauch erfolgt[48]. Die übrigen Waren unterliegen der Teillöschung. Dieses Zuordnungsverhältnis ist nicht ein lediglich formales. Die innere Rechtfertigung der Begrenzung der Rechtsfolgen der Benutzung liegt gerade in der Warenbezogenheit, in der das Warenzeichen seine Aufgabe erfüllt. Die Zeichenfunktionen müssen sich in der Relation Benutzung und Ware realisieren. Die warenmäßige Beschränkung der Reichweite der Benutzung ist nur dann verständliche Konsequenz der Benutzung eines Zeichens für eine bestimmte Ware, wenn sich die Zeichenfunktion in und gerade auf Grund dieser konkreten Beziehung entfaltet. Die warenmäßige Zuordnung der Zeichenbenutzung ist notwendige Voraussetzung und Grundlage der relevanten Realisation von Zeichenfunktionen im Rahmen des Benutzungszwangs.

An dieser Warenbezogenheit fehlt es gerade bei der Entfaltung der Suggestivfunktion. Sie verwirklicht den Eigenwert der Marke, losgelöst von einer bestimmten Ware, sei es, daß der Zeichengebrauch tatsächlich auf eine bestimmte Ware bezogen ist — wie etwa bei dem gleichzeitig herkunftskennzeichnenden oder dem bloß beschreibenden Gebrauch —, sei es, daß der Zeichengebrauch in keinem unmittelbaren Bezug zu einer Ware steht — wie etwa bei dem rein firmenmäßigen Gebrauch. Die Suggestivfunktion realisiert sich warenunabhängig. Setzt aber der Benutzungszwang voraus, daß das Warenzeichen seine Funktion auf Grund der Zuordnung zu einer Ware verwirklicht und hierdurch seine Aufgabe im Sinne des Benutzungszwangs erfüllt, dann kann sich auf die Realisierung der Suggestivfunktion keine funkionsgerechte Benutzung gründen, die dem Zweck dieses Rechtsinstituts entspricht.

Aus diesen Überlegungen folgt als Ergebnis bisher: Eine funktionsgerechte Benutzung im Sinne des Benutzungszwangs kann nur dann vorliegen, wenn der Gebrauch des Warenzeichens für eine bestimmte Ware die Herkunftsfunktion des Warenzeichens realisiert. Notwendig ist

---

[48] Vgl. oben § 3 D.

ein herkunftsbestimmender Gebrauch[49]. Diese Auffassung beruht auf der Analyse, welche Relevanz den Zeichenfunktionen im System des Benutzungszwangs zukommt. Auf diese Weise konnte die dem Zweck des Benutzungszwangs entsprechende Funktionserfüllung des Warenzeichens ermittelt werden. Es wurde gezeigt, daß weder das Recht der Zeichenverletzung und mithin die Frage nach den Voraussetzungen zeichenrechtlicher Ansprüche, noch der Bereich rechtlich geschützter Zeichenfunktionen zwingend Aufschluß zur Bestimmung des Benutzungsbegriffs im Sinne des Benutzungszwangs ergeben.

IV. Der objektive Beurteilungsmaßstab

1. Eigene Auffassung

Der Begriff des herkunftsbestimmenden Gebrauchs ist nicht identisch mit dem Begriff der warenzeichenmäßigen Benutzung, wie er als Voraussetzung zeichenrechtlicher Ansprüche entwickelt wurde. Dies zeigt schon die bisherige Gedankenführung. Dennoch wurde — eine Folge des unrichtigen oder nicht näher bestimmten Ansatzpunktes — überwiegend auf die Definition des warenzeichenmäßigen Gebrauchs zurückgegriffen[50], um das Moment der Herkunftsbestimmung zu erfassen.

Dieser Begriff wurde aber im Hinblick darauf entwickelt, dem Zeichenverletzer den Einwand des nicht warenzeichenmäßigen Gebrauchs in weitem Umfang abzuschneiden. Das Vorliegen eines warenzeichenmäßigen Gebrauchs bestimmt sich — mit dieser Zweckrichtung zu Recht — nach der Verkehrsauffassung, wobei die Beurteilung des unbefangenen und flüchtigen Durchschnittsabnehmers den Ausschlag geben kann. Die diese Ansicht stützenden Motive treffen aber für den Benutzungszwang nicht zu. Ob ein Warenzeichen vom Zeicheninhaber selbst entsprechend den Anforderungen des Benutzungszwangs benutzt wird, entscheidet sich nicht nach der Auffassung der angesprochenen Verkehrskreise. Der herkunftsbestimmende Gebrauch ist im Rahmen des Benutzungszwangs objektiv zu bestimmen[51]. Ausschlaggebend ist,

---

49 Ein derartiges Verständnis des Benutzungszwangs wird auch in der Amtl. Begr. deutlich. Dort wird ausgeführt, es widerspreche dem Grundgedanken eines Benutzungszwangs, die Benutzung eines Zeichens für bestimmte Waren als Benutzung für alle mit diesen Waren gleichartigen Waren anzusehen, weil ansonsten eine zu weitgehende Sperrmöglichkeit des Zeicheninhabers gegenüber Eintragungen übereinstimmender Zeichen Dritter geschaffen werde. In die berechtigten Interessen des Zeicheninhabers werde deshalb nicht eingegriffen, weil das Warenzeichen den Zweck habe, auf die Herkunft der Ware aus einem bestimmten Betrieb hinzuweisen. (Amtl. Begr., a.a.O., S. 42.)

50 Vgl. oben § 6 B I.

51 Auch *Nastelski*, MA 1968, 319/328 spricht von einer objektiv geeigneten Benutzungshandlung, deren Vorliegen er von der Prüfung der Ernsthaftigkeit der Benutzung unterscheidet.

ob das Warenzeichen nach der Art und Weise seiner Verwendung objektiv als Herkunftskennzeichen dient. Der Verwendungszweck, den der Zeicheninhaber mit dem Zeichengebrauch verfolgt, ist angemessen zu berücksichtigen. Wohl ist kein subjektiver Maßstab in dem Sinne anzulegen, daß lediglich der Wille des Zeicheninhabers das Vorliegen eines herkunftsbestimmenden Gebrauchs begründet. Der subjektive Verwendungszweck kann nur insofern Beachtung finden, als er sich in der konkreten Art der Verwendung tatsächlich manifestiert und somit objektiv zu erfassen ist.

2. *Die Auffassung des BGH in der „Epigran II"-Entscheidung*

Auch der Bundesgerichtshof dürfte den Begriff der Benutzung nach objektiven Maßstäben bestimmen, wie sich aus der schon in anderem Zusammenhang zitierten Entscheidung „Epigran II"[52] ergibt. Wohl betrifft die Entscheidung nicht den Benutzungsbegriff im Sinne des Benutzungszwangs; doch befaßt sich der BGH mit dem insofern gleichgelagerten Problem, unter welchen Voraussetzungen ein Warenzeichen als benutzt anzusehen ist, so daß es nicht mehr als Vorratszeichen zu werten ist mit der Folge, daß die für die Schutzfähigkeit von Vorratszeichen geltenden einschränkenden Rechtsgrundsätze nicht anzuwenden sind. Die Ausführungen des BGH zur Frage, unter welchen Voraussetzungen die Bezeichnung von Warenbestandteilen mit einem eingetragenen Warenzeichen als Benutzung des Warenzeichens anerkannt werden kann, können in diesem Zusamenhang unberücksichtigt bleiben, da es sich hierbei um ein Problem des Warenbegriffs handelt[53].

Der BGH nahm jedoch zu dem — nicht entscheidungserheblichen — Problem Stellung, ob es für die Frage der Benutzung als Warenzeichen von Bedeutung ist, daß der Zeicheninhaber bei dem Zeichengebrauch dem Warenzeichen „Epigranul" den von einem Kreis umzogenen Buchstaben R hinzufügt. Hierzu führte der BGH aus: „Auch wenn dieser Zusatz die angesprochenen Verkehrskreise darauf hinweisen sollte, daß ‚Epigranul' ein eingetragenes Warenzeichen ist, wird dieses allein dadurch nicht zu einem benutzten Warenzeichen, weil es insofern nicht auf die Auffassung der angesprochenen Verkehrskreise, sondern auf die objektive Art der Verwendung ankommt." Diese Ausführungen legen

---

[52] GRUR 1971, 355/356.

[53] Dies übersieht *Ullrich*, GRUR 1971, 204/205 in seiner Anmerkung zu dieser Entscheidung. Die Auffassung des BGH, es erscheine bedenklich, die Bezeichnung eines nicht selbständig in den Verkehr gelangenden Bestandteils mit einem Warenzeichen als Benutzung des Zeichens anzusehen, läßt nicht den Schluß auf das Erfordernis eines warenzeichenmäßigen Gebrauchs zu. Diese Auffassung berührt lediglich den zeichenrechtlichen Warenbegriff.

den Schluß nahe, daß der sich nach der Verkehrsauffassung bestimmende warenzeichenmäßige Gebrauch als Voraussetzung eines zeichenrechtlichen Anspruchs gegen die Zeichenbenutzung eines Dritten bei Verwendung dieses Zusatzes anzunehmen ist, ohne daß bei entsprechender Verwendung durch den Zeicheninhaber selbst eine Benutzung als Warenzeichen und somit ein objektiv herkunftsbestimmender Gebrauch notwendigerweise vorliegt. Ob ein Warenzeichen benutzt worden ist, dürfte auch der BGH nach objektiven Maßstäben bestimmen.

V. Keine weiteren generellen Kriterien des Begriffs der Benutzung

Verschiedentlich wird versucht, weitere Kriterien des Benutzungsbegriffs aufzuzeigen, die als generelle Voraussetzungen einer relevanten Benutzungshandlung bezeichnet werden könnten. Es handelt sich hierbei nicht um das Problem der in jedem Einzelfall zu entscheidenden Frage, ob der funktionsgerechten, d. h. der Herkunftskennzeichnung dienenden Benutzungshandlung ein wirtschaftlicher Sachverhalt zugrunde liegt, dessen Gesamtwürdigung das Urteil zuläßt, dem Zweck des Benutzungszwangs werde entsprochen. Wohl werden auch für diese Einzelfallfragen Bewertungsmaßstäbe an Hand spezieller Kriterien zu entwickeln sein. Doch handelt es sich bei diesen Einzelfallmerkmalen, die noch aufzuzeigen sind, um Umstände, die nur unter Abwägung sämtlicher beteiligter Interessen im konkreten Fall den Benutzungsnachweis begründen oder widerlegen können, die sich aber nicht als generelle Kriterien darstellen lassen. Ob die funktionsgerechte Benutzungshandlung im Einzelfall die Wertung der „Ernsthaftigkeit“ verdient, macht erforderlich, die Benutzungshandlung in bezug auf den gesamten — je nach Einzelfall differierenden — Wirtschaftsprozeß zu sehen, in dem das Warenzeichen seine Funktion erfüllen soll[54].

Es bleibt nun zu untersuchen, ob sich der Begriff der Benutzungshandlung außer durch das Merkmal der objektiven Herkunftsbestimmung durch weitere generelle Kriterien, die in jedem Fall die Benutzungshandlung charakterisieren, näher bestimmen läßt.

1. Erscheinen der Ware auf dem Markt und räumliche Beziehung zur Ware

Insbesondere von Bökel wird die Meinung vertreten, Zeichen und Ware müßten gleichzeitig und gemeinsam dem Publikum entgegentreten[55]. Wohl sei im Anschluß an die „Strumpf-Zentrale“-Entscheidung

---

[54] Auch *Schwanhäuser*, Mitt. 1969, 1/4 und *Schulze zur Wiesche*, Mitt. 1970, 61 deuten an, daß der Begriff der Benutzungshandlung zu trennen ist von der umfassenden Würdigung des Benutzungssachverhalts, kommen jedoch zu anderen Ergebnissen.

[55] Diss., S. 97 ff.; GRUR 1970, 391/394.

des BGH[56] die körperliche Verbindung von Ware und Zeichen nicht erforderlich, doch könne die Ware nur dann Bindeglied zwischen Käufer und Ware sein, wenn eine räumliche Beziehung des Zeichens zur Ware besteht. Elemente einer rechtserheblichen Benutzungshandlung sind nach dieser Ansicht das Erscheinen der Ware auf dem Markt, sowie der räumliche Bezug des Warenzeichens zur Ware. Eine ähnliche Auffassung vertritt Heiseke[57]. Entscheidend solle sein, daß das Warenzeichen im Zusammenhang mit der benutzten Ware innerhalb der Frist im Geschäftsverkehr in Erscheinung getreten sei. Es müsse ein unmittelbarer Bezug zur Ware gegeben sein. Im Gegensatz zu Bökel sieht Heiseke das Problem im Zusammenhang mit der Ernsthaftigkeit der Benutzung. Dies zeigt, daß diese Auffassung letztlich von dem Gedanken motiviert ist, durch einen weiten Benutzungsbegriff Gefahr zu laufen, den Zeicheninhabern einen leichten Weg zur Umgehung des Benutzungszwangs zu ebnen. Diese Gefahr läßt sich aber sinnvoll durch eine interessenabwängende Wertung bei Prüfung der Ernsthaftigkeit im Einzelfall bannen. Hierdurch kann dem Zweck des Benutzungszwangs entsprochen werden, ohne daß durch das Aufstellen genereller Erfordernisse an den Begriff der Benutzungshandlung umgekehrt die Gefahr wirtschaftlich unvernünftiger und vom Zweck des Benutzungszwangs nicht gebotener Ergebnisse besteht.

Die Konsequenz von Bökels Auffassung, etwa den Zeichengebrauch in der Werbung in keinem Fall als Benutzungshandlung anzuerkennen[58], führt zu Ergebnissen, die mit dem Zweck des Benutzungszwangs nicht zu vereinbaren sind. So soll — vom Ausgangspunkt her konsequent — einerseits auch die Hinweiswerbung selbst dann keine Benutzungshandlung darstellen, wenn der Produktionsprozeß wohl schon vor Ablauf der Benutzungsfrist begonnen wurde, eine Auslieferung der Waren jedoch noch nicht erfolgt ist[58]; andererseits soll ein auch nur geringer Vertrieb der mit der Marke gekennzeichneten Ware vor Ablauf der Benutzungsfrist dann als ernsthafte Benutzung anerkannt werden, wenn die zuvor betriebene Werbung die Ernsthaftigkeit indiziert[59]. Die differierenden Ergebnisse lassen sich sachlich kaum damit rechtfertigen, daß eben in einem Fall in geringem Umfange Ware und Marke gemeinsam dem Publikum entgegengetreten sind, auch wenn dieser Umfang allein die Ernsthaftigkeit der Benutzung nicht zu begründen vermag.

---

[56] GRUR 1962, 647/648.

[57] DB 1968, 1655/1659. *Nastelski*, a.a.O., S. 328 verlangt wohl auch die unmittelbare Beziehung zu einer Ware, läßt jedoch offen, ob hierunter zu verstehen sei, daß sich die Marke auf der Ware befinden müsse.

[58] Diss., S. 102 ff.; GRUR, a.a.O., S. 394 f.

[59] Diss., S. 112.

Dieser Auffassung kann schon im Ansatzpunkt nicht gefolgt werden: Die Wirkungsweise der Herkunftsfunktion wird verkannt, wenn angenommen wird, die Marke könne nur dann als Bindeglied zwischen Käufer und Ware dienen, wenn sich die gekennzeichnete Ware auf dem Markt befindet. Das Warenzeichen entfaltet seine Herkunftsfunktion auch bezüglich einer in der Werbung beschriebenen Ware. Der Verkehr erfährt eine bestimmte Ware, ohne daß ihm diese Ware konkret entgegengetreten ist, auch auf Grund der Werbung als aus einem bestimmten Betrieb stammend. „Die gedankliche Beziehung zu der mit der Ware gekennzeichneten Marke“[60] ist in Anbetracht der tatsächlichen Bedeutung der Werbung häufig alleinige Grundlage des Kaufentschlusses für die der Herkunft nach individualisierte Ware. Faßt man das Wesen der Marke als einen Erfahrungswert einzelner Rechtssubjekte in bezug auf eine Ware auf[61] und ist dieser Erfahrungswert für die Frage der funktionsgerechten Benutzung im Sinne des Benutzungszwangs inhaltlich auf die Realisation der Herkunftsfunktion beschränkt, dann kann nicht entscheidend sein, wie dem einzelnen Rechtssubjekt diese Erfahrung vermittelt wird. Inhalt der gedanklichen Beziehung, die der Zeichengebrauch zur Ware herstellt, muß allein objektiv die Herkunftsbestimmung sein. Der Zweck des Benutzungszwangs erfordert nicht, bestimmte Verwendungsmöglichkeiten des Warenzeichens, die der Individualisierung der Ware ihrer Herkunft nach dienen, nicht als relevante Benutzungshandlungen anzuerkennen. Es ist daher für den Begriff der Benutzungshandlung weder relevant, ob das Warenzeichen in einem räumlichen Bezug zur Ware steht, noch ob die Ware sich bereits im Verkehr befindet[62]. Doch wird das Erscheinen der Ware auf dem Markt bei der Prüfung der Ernsthaftigkeit eine Rolle spielen.

2. Die Außenwirkung der Zeichenverwendung und innerbetrieblicher Gebrauch

Nach Schricker soll eine Benutzungshandlung jedenfalls dadurch gekennzeichnet sein, daß sie nach außen in Erscheinung tritt. Er gelangt zu dieser Ansicht, indem er vom Warenvertrieb als dem „Prototyp der Benutzung“ ausgeht; jede nach außen hervortretende Verwendung der Marke, die mit einer solchen Benutzungshandlung, wirtschaftlich be-

---

60 *Heydt*, Festschrift für Hefermehl, S. 82; von gedanklicher Beziehung spricht auch *Schulze zur Wiesche*, Mitt. 1970, 61/62; *Heiseke*, WRP 1973, 185/186.

61 Vgl. oben § 1 B a. E.

62 Der Versuch *Bökels*, a.a.O., unmittelbar aus § 5 Abs. 7 S. 3 WZG abzuleiten, daß die Ware in den geschäftlichen Verkehr gelangt sein müsse, geht fehl; diese Vorschrift bestimmt lediglich, daß das Patentamt nur die Waren zu berücksichtigen hat, für die eine Benutzung glaubhaft gemacht worden ist. Die Frage, ob eine Benutzung für Waren möglich ist, die sich noch nicht im geschäftlichen Verkehr befinden, läßt diese Vorschrift offen.

trachtet, in einem unmittelbaren Zusammenhang steht, könne als Benutzung gelten[63]. Schon Heydt[64] hat darauf hingewiesen, daß diese Auffassung letztlich auf der Prämisse beruht, daß nur ein warenzeichenmäßiger Gebrauch, dessen Vorliegen sich nach der Verkehrsauffassung beurteilt, eine Benutzung darstelle. Bestimmt sich die funktionsgerechte Benutzung aber danach, ob die Zeichenverwendung objektiv der Realisierung der Herkunftsfunktion dient, dann muß die Außenwirkung der Zeichenverwendung kein generelles Element des Begriffs der Benutzungshandlung sein. Eine funktionsgerechte Betrachtungsweise hat sich nicht formal an einem „Prototyp der Benutzung" zu orientieren, die nur eine von mehreren Gebrauchsmöglichkeiten darstellt, sondern hat inhaltlich das jeder Benutzungshandlung funktional Wesentliche zu erfassen.

Das Erfordernis der Außenwirkung soll dazu dienen, innerbetriebliche Vorgänge als Benutzungshandlungen auszuscheiden[65]. Die Benutzungshandlung soll im geschäftlichen Verkehr erfolgen[66]. Doch wird mit dieser Abgrenzung nicht das Entscheidende getroffen. Wohl kann das Zeichen seine Herkunftsfunktion nur im geschäftlichen Verkehr realisieren, erfüllt seine Aufgabe nur, wenn es Außenwirkung entfaltet. Die Realisation der Herkunftsfunktion ist jedoch lediglich der mit der Benutzungshandlung objektiv bezweckte Erfolg, dessen Eintritt jedoch zeitlich nicht mit der Benutzungshandlung zusammenfallen muß. Schon das Versehen der Ware mit dem Zeichen stellt eine objektiv funktionsgerechte Benutzung dar, sofern die Ware im geschäftlichen Verkehr vertrieben werden soll[67]. Da das Warenzeichen seine objektiv herkunftsbestimmende Funktion nur erfüllen kann, wenn es in den geschäftlichen Verkehr gelangt, ist entscheidend, daß dieser Erfolg bezweckt wird. Die Benutzungshandlung, die ihrer Art nach objektiv der Herkunftsbestimmung der Ware dient, muß notwendigerweise in der Absicht erfolgen, eine Ware im geschäftlichen Verkehr zu vertreiben, die durch das verwendete Zeichen ihrer Herkunft nach individualisiert wird. Dies ergibt sich unmittelbar aus dem Verständnis der Benutzungs-

---

[63] a.a.O., S. 20; zust. *Uekermann*, Diss., S. 63; wohl auch *Miosga*, Benutzungszwang für Warenzeichen, S. 42. *Schulze zur Wiesche*, NJW 1968, 1809/1812 verlangt nicht generell, daß die Zeichenverwendung Außenwirkung entfaltet. Seine Ausführungen beziehen sich lediglich auf den Zeichengebrauch auf Werbeträgern im Rahmen der Prüfung der Ernsthaftigkeit der Benutzung.

[64] Festschrift für Hefermehl, S. 78.

[65] *Schricker*, a.a.O., S. 20.

[66] *Böckel*, Diss., S. 95 f.; ders., GRUR, a.a.O., S. 393; auch die im Einzelfall großzügige holländische Rechtsprechung verlangt, daß die Marke außerhalb des Betriebs in Erscheinung getreten ist, vgl. *Beier*, GRUR Ausl. 1956, 523/528.

[67] Ebenso *Heydt*, a.a.O., S. 78; *Heiseke*, WRP 1973, 185/186; wohl auch *Kraft*, GRUR 1968, 123/124.

handlung als einer objektiv der Herkunftsbestimmung dienenden Zeichenverwendung. Der Benutzungsbegriff setzt aber unmittelbar an der objektiv der Herkunftsbestimmung dienenden Benutzungshandlung an.

Zusammenfassend läßt sich eine relevante Benutzungshandlung, die Grundlage einer ernsthaften Benutzung des Warenzeichens sein kann, folgendermaßen charakterisieren: Der Zeichengebrauch muß der objektiven Art seiner Verwendung nach der betrieblichen Herkunftsbestimmung einer bestimmten Ware dienen. Die gedankliche Beziehung zwischen Marke und Ware ist ausreichend. Der herkunftskennzeichnende Gebrauch setzt notwendigerweise den Zweck voraus, im geschäftlichen Verkehr eine Ware ihrer Herkunft nach zu individualisieren. Im Zeitpunkt der Benutzungshandlung muß sich die Ware selbst noch nicht im geschäftlichen Verkehr befinden. Die Benutzungshandlung muß noch nicht außerhalb der betrieblichen Sphäre in Erscheinung getreten sein, sofern sie nur nicht lediglich innerbetrieblichen Zwecken dient. Von der Frage der generell relevanten Benutzungshandlung ist das Problem des ausreichenden Benutzungssachverhalts entsprechend dem Zweck des Benutzungszwangs zu trennen. Dies ist ein Problem der Ernsthaftigkeit der Benutzung, das eine Würdigung des gesamtwirtschaftlichen Sachverhalts auf seine Schutzwürdigkeit hin im Einzelfall voraussetzt.

C. Einzelne Fallbeispiele

An Hand einiger Beispiele soll der Begriff der objektiv herkunftsbestimmenden Benutzungshandlung verdeutlicht werden.

I. Warenzeichen als Entwertungsvermerk auf Steuerbanderolen

In der Zigaretten- und Tabakindustrie ist zu beobachten, daß ein Teil der Hersteller bislang unbenutzte Warenzeichen als Entwertungszeichen auf Steuerbanderolen der einzelnen Zigarettenpackungen gebraucht. Nach § 29 Abs. 1 der Durchführungsbestimmungen zum Tabaksteuergesetz vom 24. Juli 1969 besteht für die Hersteller die Möglichkeit, ihre eingetragenen Warenzeichen als Entwertungsvermerk auf Steuerbanderolen zu verwenden. Diese Art der Verwendung dient objektiv nicht der Herkunftskennzeichnung der Ware, sondern bezweckt die Entwertung der Steuerbanderole. Ein dem Benutzungszwang entsprechender funktionsgerechter Zeichengebrauch liegt nicht vor.

Würde man, statt eine objektive Betrachtung anzustellen, auf die Verkehrsauffassung abstellen, dann dürfte man grundsätzlich zum gleichen Ergebnis gelangen: Denn auch die angesprochenen Verkehrskreise werden wohl in einem derartigen Zeichengebrauch keinen Herkunftshinweis erblicken. Denkt man jedoch an eine Beeinflussung der Verkehrsauffassung durch den Zeicheninhaber, der etwa in Form von erläuternden Werbehinweisen die Aufmerksamkeit auf dieses Zeichen lenkt, dann ist die Möglichkeit nicht ausgeschlossen, daß ein Teil der Verkehrskreise auch diesen Gebrauch eines eingetragenen Zeichens als Herkunftshinweis wertet. Die objektive Art der Verwendung ändert sich jedoch hierdurch nicht. Durch das Einwirken auf die Verkehrsauffassung kann ein objektiv nicht herkunftsbestimmender Zeichengebrauch nicht zu einer funktionsgerechten Benutzung werden, wie auch das Beispiel der Verwendung des Symbols für eingetragenes Warenzeichen in der „Epigran II“-Entscheidung zeigt. Das sich zusätzlich ergebende Problem des Gebrauchs mehrerer Zeichen auf einer Ware wird an anderer Stelle untersucht.

II. Der beschreibende Gebrauch

Mit dem beschreibenden Gebrauch eines Warenzeichens bezweckt der Zeicheninhaber lediglich auf bestimmte Eigenschaften seiner Ware hinzuweisen. Die Ware wird nicht ihrer Herkunft nach gekennzeichnet, so daß keine funktionsgerechte Benutzungshandlung vorliegt[68]. Daß auch dieser Zeichengebrauch die Suggestivfunktion realisieren kann, ist nicht entscheidend. Selbst der beschreibende Gebrauch eines Warenzeichens, dem das Symbol für eingetragenes Warenzeichen hinzugefügt wird, kann nicht anders beurteilt werden, da es auf die Verkehrsauffassung nicht ankommt.

III. Der firmenmäßige Gebrauch

Ob die Verwendung eines Warenzeichens als Firma oder Firmenbestandteil — Entsprechendes gilt für den Gebrauch als Geschäftsabzeichen — eine relevante Benutzungshandlung darstellt, wird in der Literatur unterschiedlich beantwortet. Schricker verneint diese Frage mit dem Hinweis, die Zuordnung der Zeichenbenutzung zu bestimmten Waren würde gelockert, wenn der firmenmäßige Gebrauch ausreichen würde[69]. Das Gesetz gehe aber von einer strengen Beurteilung der Zu-

---

[68] dazu Vgl. schon oben § 6 B III 2 und die in § 6 Fußn. 45 Genannten.

[69] a.a.O., S. 19 f., Fußn. 54; gl. A. *Baumbach - Hefermehl*, WZG, § 5, Anm. 18; *Bökel*, Diss., S. 94; ders., GRUR 1970, 391/393; *Uekermann*, Diss., S. 71; eine rein firmenmäßige Benutzung stehe nicht in Beziehung zur Ware. Das weitere Argument *Schrickers*, a.a.O., Fußn. 54, die Anerkennung der firmenmäßigen Benutzung führe zu einer unerwünschten Aufweichung des Benutzungszwangs, ist kein Problem des Begriffs der Benutzungshandlung, sondern der Ernsthaftigkeit der Benutzung, so zutreffend *Schulze zur Wiesche*, Mitt. 1970, 61/62.

ordnung aus. Dieser Ansatzpunkt stimmt mit den bisherigen Überlegungen überein, die Herkunftsbestimmung müsse gerade auf dem konkreten Zuordnungsverhältnis beruhen. Andererseits soll die Verwendung eines Firmenzeichens auf der Ware selbst deshalb ausreichen, weil ein warenzeichenmäßiger Gebrauch vorliege.

Letztere Begründung trifft jedoch nicht das Entscheidende und beruht auf der zurückgewiesenen These, Element des Benutzungsbegriffs sei der warenzeichenmäßige Gebrauch, wie er als Voraussetzung zeichenrechtlicher Ansprüche verstanden wird. Im Verletzungsrecht ist anerkannt, daß die Verwendung eines fremden Warenzeichens als Bestandteil einer Firma einen zeichenmäßigen Gebrauch darstellt, da die Firma wohl unmittelbar die Person des Kaufmanns in bezug auf das von ihm betriebene Geschäft kennzeichnet, mittelbar aber auch die angebotenen und vertriebenen Waren ihrer Herkunft nach individualisiert[70]. Für den zeichenmäßigen Gebrauch kommt es daher gerade nicht darauf an, daß das Zeichen auf der Ware angebracht wird. Hierauf stützt nun Schulze zur Wiesche[71] seine Auffassung, auch der firmenmäßige Gebrauch stelle eine relevante Benutzungshandlung dar. Heydt[72, 73] hat ferner darauf hingewiesen, diese Begründung widerspreche § 16 WZG, der ausdrücklich vom rein firmenmäßigen Gebrauch des Zeichens auf der Ware selbst ausgehe, der nicht als warenzeichenmäßiger Gebrauch zu werten sein müsse. Dieses Argument beruht jedoch auf dem Verständnis Heydts vom warenzeichenmäßigen Gebrauch im Sinne des § 16 WZG[74], wonach warenzeichenmäßiger Gebrauch nur bei der Verwendung des Zeichens „als Marke" vorliegen soll, demgegenüber die überwiegende Meinung den Gebrauch der Firma auf der Ware wohl als warenzeichenmäßigen Gebrauch ansehen muß, jedoch § 16 WZG korrigierend dahin auslegt, daß der Gebrauch sich im Rahmen des lauteren Wettbewerbs zu halten hat.

Gerade das Problem des firmenmäßigen Gebrauchs zeigt deutlich, daß die funktionsgerechte Benutzung im Rahmen des Benutzungszwangs nicht nach Grundsätzen beurteilt werden kann, die im Ver-

---

70 *Baumbach - Hefermehl*, WZG, § 15, Anm. 10; *v. Gamm*, WZG, § 16, Anm. 23; *Tetzner*, WZG, § 15, Anm. 11; BGH GRUR 1966, 495/496 (UNIPLAST); OLG Köln, GRUR 1970, 606/607 (Sir); st. Rspr.

71 NJW 1968, 1809/1810 f.; im Anschluß hieran *Heiseke*, WRP 1973, 185/186; gl. A. ohne nähere Begründung *A. Ullrich - Th. Ullrich*, WRP 1969, 57/58.

72 a.a.O., S. 79.

73 *Heydt*, a.a.O., will aus praktischen Erwägungen den Gebrauch als Firma uneingeschränkt als Benutzung gelten lassen; doch kann allein die Tatsache, daß sich aus dem Firmenrecht die Möglichkeit anderweitigen Rechtsschutzes ergibt, nicht zu einer anderen Beurteilung der Normen über den Benutzungszwang führen.

74 Vgl. oben § 6 B I 2 b.

letzungsrecht zur Regelung von Kollisionsfällen entwickelt worden sind. Der firmenmäßige Gebrauch stellt nur dann eine relevante Benutzungshandlung dar, wenn er der objektiven Art seiner Verwendung nach der Herkunftsbestimmung einer Ware dient. Ob die Firma mittelbar auch die Waren kennzeichnet, ist nicht entscheidend. Ausschlaggebend ist der objektive Zweck des Zeichengebrauchs. Kennzeichnet der Zeicheninhaber seine Ware mit seinem Firmenzeichen — etwa neben einem weiteren Warenzeichen — dann dient auch das Firmenzeichen der Herkunftskennzeichnung. Doch beschränkt sich die Berücksichtigung des firmenmäßigen Gebrauchs als relevante Benutzungshandlung nicht auf den Fall, daß der Zeicheninhaber seine Ware mit dem Firmenzeichen versieht. Auch der Gebrauch des Firmenzeichens in der Werbung kann eine funktionsgerechte Benutzungshandlung darstellen, sofern er der Herkunftsbestimmung einer konkreten Ware dient, deren Anpreisung Zweck dieser Werbung ist. Der Gebrauch der Firma in einer Werbekampagne, die etwa allgemein über das Unternehmen informiert, kann dagegen nicht als Benutzungshandlung für sämtliche Waren des Unternehmens angesehen werden. Ebensowenig stellt, wenn ein Warenhaus das Warenzeichen über die Eingangstür seines Geschäfts anbringt, dieser firmenmäßige Gebrauch eine relevante Benutzungshandlung für das gesamte Warensortiment dar, das in dem Warenhaus angeboten wird[75].

IV. Der Gebrauch eines Slogans

Der Slogan dient der objektiven Art seiner Verwendung nach nicht der Herkunftskennzeichnung, sondern der werblichen Anpreisung einer Ware. Der Slogan ist kein Herkunftskennzeichen, sondern lediglich ein Werbemittel ohne echten Markencharakter. Dies gilt gleichermaßen für reine Werbesprüche, wie auch für solche, die ein selbständig geschütztes Warenzeichen enthalten, für den übrigen Teil des Slogans. Zu Recht stellt Bußmann[76] fest, daß dieser in dem Slogan neben der Marke enthaltene Aussageteil wohl in der Werbung benutzt werde, aber nicht, um auf die Herkunft der Ware hinzuweisen, somit werblich von Bedeutung, aber nicht kennzeichnender Natur sei.

Auch wenn das Patentamt derartige mit einem selbständig schutzfähigen Bestandteil kombinierte Werbesprüche eingetragen hat[77], kann deren Verwendung in der Werbung nach Einführung des Benutzungs-

[75] a. A. *Schulze zur Wiesche*, Mitt. 1970, 61/62; *Tergau*, MA 1972, 44/45; im Ergebnis wie hier *Schricker*, a.a.O.; *Bökel*, a.a.O.; *Heil*, GRUR 1973, 170/175 = MA 1973, 59/65; *Uekermann*, Diss., S. 62.

[76] *Bußmann*, Festschrift für Wilde, S. 35 = GRUR 1971, 392/395.

[77] Vgl. die Aufzählung bei *Baumbach - Hefermehl*, WZG, § 4, Anm. 34.

zwangs nicht als funktionsgerechte Benutzung angesehen werden[78]. Diese Betrachtungsweise hindert nicht, daß sich ein Slogan nach der Auffassung des Verkehrs entgegen seiner objektiven Verwendung dennoch als Herkunftshinweis durchsetzen und für bestimmte Waren als solcher verstanden werden kann[79]. Der Benutzungszwang steht dem Entstehen von Ausstattungsschutz kraft Verkehrsdurchsetzung nicht entgegen.

V. Der Zeichengebrauch auf nicht zu kennzeichnenden Gegenständen (Werbegegenstände)

Werden mit dem Warenzeichen Gegenstände versehen, deren Herkunftskennzeichnung das Zeichen selbst nicht dient, zumindest es dem Zeicheninhaber hierauf nicht entscheidend ankommt, so bei Werbegeschenken, dann liegt keine funktionsgerechte Benutzungshandlung vor, sofern es sich nicht um den Abdruck einer Anzeige handelt, die einen konkreten Bezug zu einer der Herkunft nach individualisierten Ware aufweist. Der bloße Abdruck des Zeichens auf Notizblöcken, Kalendern, Festtags- und Jubiläumskarten, Geschenkgegenständen etc. stellt keine relevante Benutzungshandlung für andere eingetragene Waren dar[80].

VI. Anderweitiger Gebrauch

Keine funktionsgerechte Zeichenbenutzung ist auch die Verwendung des Zeichens in der Literatur, in Nachschlagewerken etc., der private und der amtliche Gebrauch, insbesondere der Zeichengebrauch im Anmelde- und Widerspruchsverfahren oder in amtlichen Warenprüfungsverfahren[81]. Das Zeichen dient nicht als Kennzeichnungsmittel, um die Ware im geschäftlichen Verkehr von anderen Waren nach ihrer Herkunft zu unterscheiden.

---

[78] gl. A. *Bußmann*, a.a.O.; a. A. *Heydt*, a.a.O., S. 80/81, von seinem Ausgangspunkt her konsequent, daß die Realisation der Werbefunktion eine funktionsgerechte Benutzungshandlung begründen kann.

[79] Vgl. *Baumbach - Hefermehl*, WZG, § 25, Anm. 69 ff.

[80] Anders die niederländische Rechtsprechung, Arrondissements-Rechtbank te Utrecht, B.I.E. 1962, 25 (teakol/tikol), Kurzbericht GRUR Ausl. 1962, 329 Nr. 1038 (der Verkauf der gekennzeichneten Ware sei nicht erforderlich); Hoge Raad, B.I.E. 1957, 95 („Trading"), Kurzbericht GRUR Ausl. 1957, 570 Nr. 1980 (das Gesetz verlange nicht, daß die Gebrauchshandlung ein unmittelbares Angebot einer individualisierten Ware betreffe).

[81] Vgl. *Heydt*, a.a.O., S. 76; *Bökel*, Diss., S. 95; ders., GRUR 1970, 391/393; *Schulze zur Wiesche*, NJW 1968, 1809/1811; *Baumbach - Hefermehl*, WZG, § 5, Anm. 18.

§ 7 Die Gesamtwürdigung des Benutzungssachverhalts: Die Ernsthaftigkeit der Benutzung

A. Beurteilungskriterien im Einzelfall

Das Vorliegen einer Benutzungshandlung, wie sie oben beschrieben wurde, ist notwendige Grundlage zur Erfüllung der Anforderungen des Benutzungszwangs, bedingt jedoch nicht den Schluß, das Warenzeichen sei entsprechend dieser Anforderungen benutzt worden. Ein abschließendes Urteil erlaubt allein die Würdigung des gesamten wirtschaftlichen Sachverhalts, innerhalb dessen die Benutzungshandlung erscheint. Auf Grund der Vielfalt der im Einzelfall möglichen und differierenden Beurteilungskriterien kann man lediglich von dem Erfordernis einer ernsthaften Benutzung sprechen. Der Gesetzgeber hat zu Recht davon abgesehen, den Benutzungsbegriff durch eine Umfang und Dauer der Benutzung betreffende Umschreibung näher zu konkretisieren[1]. Wie ausführlich dargelegt wurde, ist der Begriff der funktionsgerechten Benutzungshandlung über das Merkmal der objektiven Herkunftsbestimmung hinaus durch keine weiteren generellen Elemente gekennzeichnet. Umfang und Dauer der Benutzung sind neben weiteren, die Benutzung begleitenden Umständen keine Merkmale des Benutzungsbegriffs, sondern Beurteilungskriterien zur Feststellung der Ernsthaftigkeit der Benutzung im Einzelfall[2]. Je nach der konkreten Gestaltung des Einzelfalls kommt ihnen ein unterschiedliches Gewicht im Rahmen dieser Gesamtwürdigung zu. Generelle Aussagen lassen sich nicht treffen. Das einzelne Ergebnis ist am Zweck des Benutzungszwangs zu messen.

Die Trennung zwischen einzelner funktionsgerechter Benutzungshundlung und der Würdigung des gesamten Benutzungssachverhalts, eine Unterscheidung, die in verschiedenen Abhandlungen zum Benutzungszwang nicht konsequent durchgeführt wird, hat zur Folge, daß die Prüfung der Ernsthaftigkeit nicht schon bei der einzelnen Benutzungshandlung ansetzt, sondern eine den gesamten Benutzungssachverhalt wertende, interessenorientierte Beurteilung der Schutzwürdigkeit erfordert. Somit wird es in erweitertem Maße möglich, dem Zweck des Benutzungszwangs entsprechende Benutzungshandlungen zu berücksichtigen, zugleich aber in Form einer wirtschaftlichen

---

1 Amtl. Begr., a.a.O., S. 41.

2 *Schwanhäusser,* Mitt. 1969, 1/4; *Heydt,* a.a.O., S. 77; *Baumbach - Hefermehl,* WZG, § 5, Anm. 16; *Miosga,* Benutzungszwang für Warenzeichen, S. 44; *Uekermann,* Diss., S. 81.

Gesamtbetrachtung die Sachverhalte der Scheinbenutzung zu erfassen und auszuschalten. Eine wertende und interessenabwägende Betrachtung muß auf Grund des gesamten Benutzungssachverhalts die Benutzung im Lichte des Benutzungszwangs als schutzwürdig ansehen können.

Grundsätzlich kann es dem Zeicheninhaber nicht verwehrt sein, das Zeichen nur zu dem Zwecke in Gebrauch zu nehmen, die Rechte aus seinem Zeichen aufrechtzuerhalten[3]. Ausschlaggebend ist jedoch, ob dem Zeichengebrauch ein wirtschaftlich ernst zu nehmendes Umsatzgeschäft zugrunde liegt, das nicht lediglich symbolischen Charakter hat[4]. Doch ist dies nicht immer schon dann ausgeschlossen, wenn aus der Sicht des Zeicheninhabers dem Zeichengebrauch kein ernsthaftes wirtschaftliches Interesse zugrunde liegt[5]; ebensowenig wie der wirtschaftliche Mißerfolg kann die bewußte Inkaufnahme wirtschaftlicher Verluste die Ernsthaftigkeit generell ausschließen[6]. Jedoch wird in solchen Fällen der Verdacht der Scheinbenutzung näherliegen, insbesondere wenn zusätzliche weitere Umstände, etwa ein geringer Umsatz eines Massenartikels, die bewußte Begrenzung des Vertriebs gegen eine ernsthafte Benutzung sprechen.

Als ferner zu berücksichtigende Umstände seien beispielhaft aufgezählt: Anzahl und Umfang der Benutzungshandlungen, insbesondere der Umsatz der gekennzeichneten Ware, die Begrenzung des Vertriebs und die Zahl der Abnehmer der gekennzeichneten Ware, sowie die Aufnahmebereitschaft des Marktes; die Dauer der Benutzung und der Umstand der fortgesetzten, ständigen Benutzungstätigkeit; Branchen- und Betriebsüblichkeit der Benutzungshandlungen als Vergleichsmaßstab; die Art der Ware und ihr Abstand zu den übrigen Waren des Zeicheninhabers; das Zusammentreffen verschiedener Benutzungshandlungen, ihr Verhältnis zueinander, wie vor allem das Verhältnis zum Produktions- und Vertriebsprozeß; Größe und Charakter des Unternehmens; die Eigenschaft des benutzten Zeichens als ursprüngliches Vorratszeichen und die Zahl der auf gleiche Weise in Benutzung genommenen Vorratszeichen.

B. Die Benutzungsarten als Grundlage des Benutzungssachverhalts

I. § 15 WZG als Ausgangspunkt

Bei einer näheren Analyse des Begriffs der Ernsthaftigkeit geht man am besten von den einzelnen Möglichkeiten der Verwendung des Waren-

---

[3] *Schulze zur Wiesche*, NJW 1968, 1809/1813; *Heydt*, a.a.O., S. 76; *Uekermann*, Diss., S. 82.
[4] *Heydt*, a.a.O., S. 77.
[5] Vgl. hierzu die Schweizer Rechtsprechung BGE 81 II 284/286.
[6] gl. A. *Schulze zur Wiesche*, NJW 1968, 1809/1814.

zeichens aus, die als Benutzungshandlungen in Betracht kommen. § 15 WZG umschreibt die wesentlichen Benutzungsarten. Das Versehen der Ware oder ihre Verpackung oder Umhüllung mit dem Warenzeichen, das Inverkehrsetzen der gekennzeichneten Ware und die Anbringung des Warenzeichens auf Ankündigungen, Preislisten, Geschäftspapieren, Empfehlungen, Rechnungen oder dergleichen sind Benutzungsarten, die — sofern eine Benutzungshandlung im oben beschriebenen Sinne, d. h. ein objektiv herkunftsbestimmender Gebrauch vorliegt — jede für sich Grundlage eines Benutzungssachverhalts sein können, der das Prädikat ernsthaft verdient. Ebensowenig wie eine den Erfordernissen der Benutzungshandlung genügende Zeichenverwendung nach § 15 WZG per se einen ausreichenden Benutzungssachverhalt begründet[7], kann man umgekehrt bestimmte Benutzungsarten generell als untauglich ansehen, dem Benutzungszwang zu genügen. Jede dieser Benutzungsarten kann Grundlage einer ernsthaften Benutzung sein. Darüber hinaus wird bei jeder nicht von § 15 WZG erfaßten Zeichenverwendung zu prüfen sein, ob, sofern ein objektiv herkunftsbestimmender Gebrauch (Benutzungshandlung) vorliegt, unter Berücksichtigung sämtlicher Begleitumstände des Einzelfalls ein ernsthafter Zeichengebrauch (Benutzungssachverhalt) angenommen werden kann[8].

Ist die Benutzung unzweifelhaft gegeben, dann wird regelmäßig eine Vielzahl von Benutzungsarten zusammentreffen. Doch auch bei zweifelhaften Benutzungsverhältnissen werden in vielen Fällen gleichzeitig verschiedene Benutzungsarten vorliegen. Wenn im folgenden versucht wird, an Hand einzelner Benutzungsarten Beurteilungsmaßstäbe zum Problem der ernsthaften Benutzung, d. h. des ausreichenden, dem Benutzungszwang genügenden Benutzungssachverhalts zu entwickeln, darf nicht übersehen werden, daß das Urteil über die Ernsthaftigkeit letztlich eine Einzelfallentscheidung darstellt und sich daher beim Zusammentreffen mehrerer Benutzungsarten andere Ergebnisse ergeben können als bei gesonderter Betrachtung.

II. Das Versehen der Ware mit dem Zeichen

1. Die Kennzeichnung der Ware

Das Versehen der Ware mit dem Zeichen stellt eine funktionsgerechte Benutzungshandlung dar, sofern der Zeichengebrauch der objektiven

---

[7] Ähnlich *Schricker*, GRUR Ausl. 1969, 14/19; *Bökel*, Diss., S. 92; ders., GRUR 1970, 391/392, die jedoch schon den Begriff der Benutzungshandlung enger sehen und aus diesem Grunde der Prüfung der Ernsthaftigkeit im Einzelfall nicht mehr die gleiche Bedeutung zukommt.

[8] a. A. *Miosga*, Benutzungszwang für Warenzeichen, S. 38, der den Benutzungsbegriff im Sinne des Benutzungszwangs als durch § 15 WZG festgelegt erachtet.

Herkunftsbestimmung der Ware im geschäftlichen Verkehr dient[9]. Dem steht, wie schon gezeigt wurde, nicht entgegen, daß sich dieser Vorgang noch in der betrieblichen Sphäre des Zeicheninhabers abspielt und im Zeitpunkt der Benutzungshandlung noch keine Außenwirkung entfaltet. Dem Begriff der objektiven Herkunftsbestimmung ist allein immanent, daß der Zeichengebrauch nicht lediglich zu innerbetrieblichen Zwecken erfolgt, wie etwa das Versehen einer Testware mit dem Warenzeichen im Entwicklungsstadium des Produktionsprozesses. Sofern die gekennzeichnete Ware im Verkehr vertrieben werden soll, dient die Benutzungshandlung der Individualisierung der Ware ihrer Herkunft nach, auch wenn dieser Erfolg im geschäftlichen Verkehr erst später eintritt. Schon an das Kennzeichnen der Ware anzuknüpfen, kann entscheidend sein für die Einhaltung der Benutzungsfrist.

Erst eine sorgfältige Analyse des gesamten wirtschaftlichen Sachverhalts ergibt Aufschluß über die Ernsthaftigkeit dieser Benutzungshandlung. Wohl setzt auch die Ernsthaftigkeit nicht voraus, daß die Ware auf dem Markt erschienen ist; doch kann das Nichterscheinen ein starkes Indiz für eine Scheinbenutzung darstellen. Der Zeicheninhaber hat die Gründe darzulegen, die zum Unterlassen des Warenvertriebs führten. Wurde etwa die Produktion nach Herstellung einer bestimmten Warenmenge eingestellt, und ist die Ware nicht auf dem Markt erschienen, dann wird der Zeicheninhaber nur in extremen Ausnahmefällen die Ernsthaftigkeit belegen können. Doch ist dies nicht generell ausgeschlossen. Erfolgte die Zeichenbenutzung jedoch lediglich auf der Produktionsstufe, dann sind, um eine Umgehung des Benutzungszwangs zu vermeiden, gesteigerte Anforderungen an die Ernsthaftigkeit, etwa den Produktionsumfang, zu stellen. Doch darf dem Benutzungszwang jedenfalls kein Strafcharakter für wirtschaftlichen Mißerfolg zukommen. Es genügt selbstverständlich nicht, daß sich der Zeicheninhaber zum Erhalt des Zeichenrechts lediglich entsprechende Vorräte gekennzeichneter Waren hält.

Anders wäre jedoch folgender „Messe"-Fall zu entscheiden: Der Zeicheninhaber hat vor Ablauf der Benutzungsfrist mit der Produktion seiner Ware, die er mit dem Zeichen kennzeichnet, begonnen und setzt die Herstellung auch fort: die Ware soll aber erst auf dem Markt erscheinen, nachdem sie auf der nächsten Messe vorgestellt wurde, die zeitlich erst nach Ablauf der Benutzungsfrist stattfindet. Eine ernsthafte Benutzung muß man in diesem Fall konzedieren. Setzt der Warenvertrieb auch erst nach Ablauf der Benutzungsfrist ein, so hat der Zeicheninhaber doch im Zeitpunkt der Kennzeichnung seiner Ware die Frist gewahrt.

---

[9] gl. A. *Heydt,* a.a.O., S. 78; a. A. *Schricker,* a.a.O., S. 20; *Bökel,* Diss., S. 95 f.; ders., GRUR a.a.O., S. 394; *Schulze zur Wiesche,* a.a.O., S. 1812.

Da es sich bei den Gründen für das Nichterscheinen der Ware auf dem Markt innerhalb der Benutzungsfrist um Vorgänge in der betrieblichen Sphäre des Zeicheninhabers handelt, wird man an die Prüfung der Ernsthaftigkeit strenge Anforderungen stellen und stichhaltige Gründe verlangen müssen. Die Gefahr der Umgehung des Benutzungszwangs kann dann nicht höher veranschlagt werden als etwa bei einem Scheinvertrieb.

2. Die Kennzeichnung der Verpackung

Auch das Versehen der Verpackung oder Umhüllung der Ware mit dem Zeichen stellt eine relevante Benutzungshandlung dar. An der Ernsthaftigkeit der Benutzung fehlt es aber dann, wenn die Ware dem Letztverbraucher unverpackt angeboten wird, auch wenn erst der Händler das Verpackungsmaterial entfernt[10]; denn der Zeicheninhaber verhindert bewußt, daß das Zeichen im geschäftlichen Verkehr umfassend seine Herkunftsfunktion entfaltet.

III. Der Vertrieb der gekennzeichneten Ware

1. Schutzverkäufe und echtes Umsatzgeschäft

Bringt der Zeicheninhaber die gekennzeichnete Ware in den wirtschaftlichen Verkehr, dann liegt hierin eine weitere, nach der Kennzeichnung erfolgte funktionsgerechte Benutzungshandlung. Kriterien der Ernsthaftigkeit sind hier vor allem der Umfang der vertriebenen Waren, die regelmäßige und fortgesetzte Vertriebstätigkeit, die Zahl der belieferten Abnehmer. Sämtliche Umstände können aber nicht absolut gesehen werden, sondern stehen unter dem Vorbehalt, daß sich im Einzelfall, insbesondere auf Grund der Warenart, eine andere Beurteilung ergeben kann.

So ist der Entscheidung des Schweizer Bundesgerichts[11] zuzustimmen, das es als für den Fortbestand des Zeichenrechts ausreichende Benutzung ansah, wenn das Zeichen nur zur Kennzeichnung von 21 Exemplaren eines umfangreichen und kostspieligen Spezialnachschlagewerks verwendet wurde, die innerhalb eines Zeitraums von 3 Jahren verkauft wurden. Die spezielle Art der Ware und der begrenzte Interessentenkreis rechtfertigen diese Entscheidung. Jedoch wird man nicht generell jeden Zeichengebrauch bei nur geringem Absatz als ausreichend ansehen und eine vergleichende Berücksichtigung des üblichen Absatzes als Wert-

---

[10] *Baumbach - Hefermehl*, WZG, § 5, Anm. 18; *Heiseke*, DB 1968, 1655/1659; *Nastelski*, MA 1968, 320/328; a. A. *Heydt*, Festschrift für Hefermehl, S. 80.

[11] BGE 81 II 284/286 f.

maßstab ablehnen können[12]. Ferner fallen bei der Prüfung der Ernsthaftigkeit auch weitere, nicht in räumlicher Verbindung mit der Ware stehende Benutzungshandlungen ins Gewicht, auf Grund deren die unmittelbar mit einem nur geringen Warenabsatz verbundenen Benutzungshandlungen ausgeglichen werden können[13].

In der generellen Aussage zu weitgehend ist das Urteil der Corte di Cassazione[14], nach dem keine fortgesetzte oder allgemeine Benutzung erforderlich sei, vielmehr eine Benutzung genüge, die ausschließe, daß das Zeichen keinerlei Produkt kennzeichne. (Die Entscheidung betraf Verhandlungen über den Vertrieb in Italien und das Versprechen des Versands kleinerer Partien.) Die regelmäßige und fortgesetzte Vertriebstätigkeit, etwa verbunden mit Werbemaßnahmen, kann ein starkes Indiz für die Ernsthaftigkeit des Benutzungssachverhalts auch bei geringem Umsatz sein. Umgekehrt kann dann aber auch der lediglich sporadische Warenvertrieb an nur einzelne Abnehmer die Ernsthaftigkeit widerlegen[15].

Die schwierige Abgrenzung unbeachtlicher Schutzverkäufe von echten Umsatzgeschäften nur geringen Umfangs liegt, wie Schulze zur Wiesche zu Recht betont, in der Natur der Sache[16]. Bloße Schutzverkäufe dienen nicht der Erzielung eines der Marktlage unter Berücksichtigung der möglichen und üblichen Kapazität des Zeicheninhabers entsprechenden Umsatzes. In der weitgehenden niederländischen Rechtsprechung werden sog. Warenschutzverkäufe von nur ganz geringem Ausmaße als ausreichend erachtet, etwa eine einzige Warensendung geringfügigen Umfangs an nur wenige Abnehmer[17] oder die Zusendung von mit dem Zeichen gekennzeichneten Warenmustern, selbst wenn die später gelieferte Originalware nicht mit dem Zeichen versehen ist[18]. Auch in dem von Schricker[19] zitierten Fall[20] wurde die Lieferung von zweimal je fünf Zigarettenpackungen unter der betreffenden Marke an 15 Einzelhändler in einem Zeitraum von drei Jahren als ausreichende Schutzverkäufe angesehen[21].

---

[12] So auch *Breitenmoser*, GRUR Ausl. 1965, 595/598 für das Schweizer Recht.

[13] Nach Schweizer Recht kommt als Benutzungshandlung nur das Anbringen der Marke auf der Ware oder deren Verpackung in Betracht, was sich aber unmittelbar aus Art. 1 MSchG ergibt.

[14] GRUR Ausl. 1964, 374.

[15] Auch *Hefermehl*, GRUR 1968, 486/490, Fußn. 36 sieht in der Fortdauer des Gebrauchs ein Kriterium der Ernsthaftigkeit.

[16] NJW 1968, 1809, 1813.

[17] Gerechtshof te 's-Gravenhage, B.I.E. 1936, 72.

[18] Hoge Raad, B.I.E. 1940, 53; vgl. hierzu *Beier*, GRUR Ausl. 1956, 523/528.

[19] a.a.O., S. 21.

[20] Hoge Raad, B.I.E. 1964, 195.

[21] Schon *Salomonson*, MuW 1917/1918, 80/81 verwies auf die einmalige Benutzung der Marke zur Aufrechterhaltung des Zeichenrechts.

Der Zweck des Benutzungszwangs wird jedoch nicht erreicht, wenn der Zeicheninhaber lediglich mit in Verbindung derartiger Schutzverkäufe erfolgten Benutzungshandlungen die Ernsthaftigkeit des Benutzungssachverhalts belegen kann. Der Grund für die Annahme einer Scheinbenutzung ist jedoch nicht allein in dem geringen Warenabsatz zu sehen; die Würdigung des gesamten wirtschaftlichen Sachverhalts erfordert die Berücksichtigung weiterer Umstände, wie etwa das Fehlen einer angemessenen Produktion, eines ständigen Angebots oder einer umfangreichen Werbung. Erst diese umfassende Einzelfallbetrachtung ermöglicht die Abgrenzung von Schutzverkäufen, die keine ernsthafte Benutzung darstellen, von echten Umsatzgeschäften.

Die Problematik echter Umsatzgeschäfte wird besonders beim Vertrieb von Spezialwaren deutlich, deren Umsatz auf Grund der beschränkten Verkaufsmöglichkeiten im Vergleich zu dem übrigen normalen Massenartikel-Sortiment des Herstellers für diesen kaum ins Gewicht fällt. Wird der Zeichengebrauch beim Absatz von Massenartikeln in nur geringem Umfang nicht als ernsthafte Benutzung anerkannt, sofern nicht weitere Benutzungshandlungen — etwa erhebliche Produktion der mit dem Zeichen versehenen Ware, umfangreiche Werbung — die Ernsthaftigkeit begründen, dann werden Hersteller von Massenartikeln versuchen, ihre unbenutzten Vorratszeichen für neu in das Sortiment aufzunehmende Spezialwaren einzusetzen. So könnten Zigarettenhersteller dazu übergehen, Zigaretten auf den Markt zu bringen, die sich durch eine besonders aufwendige, exklusive Verpakkung und Aufmachung, sowie durch einen weit höheren Preis von den üblichen Zigaretten unterscheiden[22]. Diese Zigaretten könnten — zur Unterstreichung des Exklusivcharakters — in nur wenigen ausgewählten Fachgeschäften einzelner Großstädte in besonderer Aufmachung angeboten werden (shop in the shop). Das gleichgerichtete Interesse mehrerer Hersteller von Massenartikeln verschiedener Branchen könnte gar zur Errichtung von vereinzelten „Spezial-Geschäften“ führen, in denen überwiegend derartige Exklusiv-Waren angeboten werden (special shops)[23]. Hierher gehört auch der Fall, daß eine Raucher-Spezialität, angeboten in einer mit entsprechend buntem Pop-Design

[22] Ob diese in exklusiver Aufmachung angebotene Zigarette sich in ihrer Qualität von der zu einem normalen Preis vertriebenen Zigarette unterscheiden muß, um eine Täuschung des Verkehrs und somit einen Verstoß gegen §§ 1, 3 UWG zu vermeiden, oder ob diese Zigarette allein wegen ihres besonderen Angebot-Charakters als eine andersartige und neue Ware anzusehen ist, sei in diesem Zusammenhang dahingestellt.

[23] Derartige Exklusiv-Geschäfte für den Verkauf von Raucherbedarf mit dem Zweck der Repräsentation und Image-Förderung finden sich auch schon heute, etwa die Raucherbedarfsgeschäfte der Alfred Dunhill GmbH, Düsseldorf, einer Tochtergesellschaft der britischen Dunhill-Gruppe; vgl. FAZ vom 15. 9. 1971, Nr. 213, Seite 18.

verzierten Packung, etwa nur im Vergnügungsviertel einer Großstadt auf den Markt gebracht wird[24].

Das Charakteristische dieser Fallgestaltungen ist das Motiv der Zeicheninhaber, wegen der besonderen Art der Waren die Ernsthaftigkeit der Benutzung auch bei geringem Warenumsatz und nur geringem Umfang weiterer Benutzungshandlungen, etwa in der Werbung, nachweisen zu können. Bei der Abgrenzung zwischen ernsthafter Benutzung und Scheinbenutzung bei Benutzungshandlungen im Zusammenhang mit dem Vertrieb derartiger „Prestige-Produkte" ist sorgfältig zu untersuchen, ob im Einzelfall eine lediglich symbolische Zeichenbenutzung, allein die formale Erfüllung der gesetzlichen Voraussetzungen zum Zwecke der Aufrechterhaltung der Rechte aus dem Zeichenrecht, gegeben ist, oder ob die Ware, deren Kennzeichnung das Zeichen dient, einem normalen Wirtschaftsverkehr zugeführt werden soll.

Eine Scheinbenutzung liegt nicht allein deshalb vor, weil primäres Ziel des Zeicheninhabers der Erhalt seiner bisher unbenutzten Vorratszeichen ist, selbst wenn er seine Zeichen deshalb zu besonderen unüblichen Zwecken einsetzt und einen eventuell hiermit verbundenen wirtschaftlichen Verlust in Kauf nimmt[25]. Diese Gesichtspunkte sind aber starke Indizien für eine Umgehung des Benutzungszwangs. Ein echtes Umsatzgeschäft wird man in derartigen Fällen nur dann annehmen können, wenn sich aus dem Gesamtverhalten des Zeicheninhabers auf dessen ernste Absicht schließen läßt, diesen gegenüber seinem normalen Warensortiment unüblichen Markt tatsächlich zu erschließen. Bei entsprechender ständiger und fortgesetzter Werbetätigkeit und Verkaufsförderung, die ein Markt mit solchermaßen beschränkter Verkaufsmöglichkeit voraussetzt, wird man dies annehmen können. Eine Scheinbenutzung liegt aber um so näher, je größer die Zahl der bislang unbenutzten, nunmehr für solche Spezialwaren eingesetzten Zeichen ist, und je weniger Fachgeschäfte diese Waren führen. Insbesondere kann kein ernsthafter Benutzungssachverhalt angenommen werden, wenn in nur ein oder zwei „special shops" eine Vielzahl derartiger mit bislang unbenutzten Vorratszeichen versehener Waren verschiedener Hersteller angeboten wird, sofern nicht ein erheblicher Umsatz erzielt wird[26].

---

24 Vgl. Die Zeit 1971, Nr. 49, S. 37.

25 Vgl. oben § 7 A; *Heydt*, a.a.O., S. 76.

26 Handelt es sich zudem, wie in dem von *Schwanhäusser*, Mitt. 1969, 113 gebildeten Fall des „Zusatzkaufhauses", in dem der Zeicheninhaber eine Vielzahl gegenüber seinem üblichen Sortiment zusätzlicher Waren anbietet, nicht um Spezialwaren, so kann schon wegen des vergleichbar geringen Umsatzes auf eine Scheinbenutzung geschlossen werden; weitergehend jedoch *Schwanhäusser*, a.a.O.

2. *Testverkäufe*

Bis zur unbeschränkten Einführung eines neuen Markenartikels unter Einsatz sämtlicher Werbemittel spielen Testverkäufe zur Ermittlung der Verbraucherreaktion und der Absatzchancen des Produkts eine entscheidende Rolle. Auch der Wareneinsatz im Rahmen von Testverkäufen stellt Benutzungshandlungen dar, an die zur Fristenwahrung schon angeknüpft werden kann, die jedoch für sich allein grundsätzlich keine ernsthafte Benutzung des Zeichens begründen können[27]. Ansonsten wäre es für jeden Zeicheninhaber ein Leichtes, vor der endgültigen Einführung eines neuen Produkts in Form von Testverkäufen in einer Reihe ausgewählter Handelsgeschäfte für bislang unbenutzte Vorratszeichen Benutzungssachverhalte zu schaffen. Gelangen Testverkäufe jedoch selbst zu einem erheblichen Warenumsatz, dann kann dieser Warenvertrieb ausnahmsweise schon die Ernsthaftigkeit begründen, so der vor einer bundesweiten Einführung des Produkts erfolgte Vertrieb in einem räumlich begrenzten größeren Verkaufsgebiet, etwa in einem Bundesland[28].

3. *Warenmuster und Einzelwaren*

Der Verteilung von gekennzeichneten Einzelwaren, die nicht im normalen Geschäftsverkehr umgesetzt werden, wie der Versendung gekennzeichneter Waren zu bestimmten Anlässen (Festtagen, Geschäftsjubiläum), liegt kein ernsthafter Benutzungssachverhalt zugrunde.

Ebenso verhält es sich grundsätzlich mit der bloßen Zusendung von Warenmustern. Etwas anderes kann dann gelten, wenn die Versendung von Warenproben lediglich dem eigentlichen Vertrieb vorangeht, die Ernsthaftigkeit der Benutzungsaufnahme sich aus dessen unmittelbarem Bevorstehen ergibt. Ferner kann die Einführung der Ware durch Versendung von Warenmustern durch die Art der Ware bedingt sein und selbst dann einen ausreichenden Benutzungssachverhalt begründen, wenn über den Vertrieb der Ware noch nicht entschieden und die Versendung der Warenmuster nicht vom Einsatz von Werbemitteln begleitet ist[29].

---

27 Noch weitergehend *Heiseke*, WRP 1973, 185/186.

28 Der bundesweiten Einführung eines Markenprodukts geht häufig der Vertrieb in einem der fünf Nielsen-Märkte voraus, in die das Bundesgebiet eingeteilt ist, und wobei schon ein erheblicher Umsatz erzielt werden kann.

29 Vgl. das Urteil des Handelsgerichts des Kantons Zürich, GRUR Ausl. 1963, 446/447 (Trenimon), in dem die in nur kleinen Mengen erfolgte Versendung von mit der Marke versehenen Gratis-Mustern eines Ärztemittels an Ärzte zur Erprobung in Krankenhäusern als ausreichend angesehen wurde; zustimmend *Schricker*, a.a.O., S. 20, Fußn. 55; a. A. *Uekermann*, Diss., S. 70. Bedenklich dagegen die niederländische Rechtsprechung, vgl. Hoge

4. *Konzernvertrieb*

Bei der Beurteilung des Konzernvertriebs kommt es im Rahmen des Benutzungszwangs entscheidend darauf an, genau zwischen der einzelnen relevanten Benutzungshandlung und der Ernsthaftigkeit des Benutzungssachverhalts im Einzelfall zu unterscheiden. Liefert eine Konzerngesellschaft bestimmte gekennzeichnete Waren nur an ein anderes konzerneigenes Unternehmen, das seinerseits derartige Waren nur von der Konzerngesellschaft bezieht, dann dient die Kennzeichnung der Waren objektiv nicht der Individualisierung der Waren ihrer Herkunft nach im freien Geschäftsverkehr[30]. Nach dem objektiven Verwendungszweck handelt es sich bei einem derartigen konzerninternen Vertrieb nicht um relevante Benutzungshandlungen im Sinne des Benutzungszwangs.

Innerhalb der wirtschaftlichen Einheit des Konzerns kann das Warenzeichen seine Herkunftsfunktion nur entfalten, wenn auf Grund weiterer Umstände ein Bezug zum allgemeinen Wirtschaftsverkehr hergestellt wird. Die ist insbesondere dann anzunehmen, wenn die konzernverbundene Lieferfirma bezüglich dieser Ware in Wettbewerb zu anderen Herstellern steht, sei es, daß sie ihre gekennzeichneten Waren nicht lediglich konzernintern vertreibt, sei es, daß — wie im „Colonia"-Fall[31] — das belieferte Konzernunternehmen derartige Waren auch von anderen Herstellern bezieht. Zu Recht hat der BGH für die letztere Fallgestaltung festgestellt[32], daß die Schutzfähigkeit eines Warenzeichens nicht dadurch ausgeschlossen wird, daß der Vertrieb der mit dem Warenzeichen versehenen Waren auf eine bestimmte Abnehmergruppe (Konzerngesellschaften) beschränkt wird, sofern die Kennzeichnung der Unterscheidung dieser Waren von den Waren dient, die andere Unternehmen an dieselben Gesellschaften liefern. Unter diesen Voraussetzungen kann auch für den Benutzungszwang ein objektiv herkunftsbestimmender Gebrauch und somit eine relevante Benutzungshandlung angenommen werden.

Hiermit ist jedoch noch nicht die Frage beantwortet, ob im Einzelfall ein ernsthafter Benutzungssachverhalt oder lediglich eine Scheinbenutzung gegeben ist. Die Begrenzung des Abnehmerkreises auf

---

Raad, B.I.E. 1940, 53, wo die Versendung von gekennzeichneten Warenmustern auch dann als ausreichend angesehen wurde, wenn die später gelieferten Waren nicht mit dem Zeichen versehen waren. Zu weitgehend auch Arrondissements-Rechtbank te Utrecht, B.I.E. 1962, 25 (teakol/tikol), Kurzbericht GRUR Ausl. 1962, 329 Nr. 1038, wo die Mustersendung eines Konservierungsmittels für Teakholz an ein Haager Möbeleinrichtungshaus als ausreichende Benutzung zum Erwerb des Markenrechts angesehen wurde.

30 *Hefermehl*, GRUR 1958, 548 Anm. zur „Colonia"-Entscheidung.

31 BGH GRUR 1958, 544.

32 a.a.O., S. 546.

Konzerngesellschaften ist ein Umstand, der eine sorgfältige Prüfung der Ernsthaftigkeit der Benutzung erfordert und bei Vorliegen weiterer Umstände den Schluß auf eine Scheinbenutzung nahelegen kann[33]. Insbesondere wird der Umfang der innerhalb des Konzerns erfolgten Lieferungen bei der Beurteilung des Konzernvertriebs heranzuziehen sein. Insoweit kann auch die vom BGH in der „Colonia"-Entscheidung vertretene Auffassung[31], daß die Rechtsbeständigkeit eines eingetragenen und benutzten Warenzeichens in jedem Fall unabhängig davon sei, in welchem Umfang der Zeicheninhaber am Wettbewerb teilnehme, nach Einführung des Benutzungszwangs nicht mehr gelten[34]. Ferner sind die Anzahl sowie der Abstand der konzernvertriebenen Waren von den übrigen durch diese Konzerngesellschaft im allgemeinen Geschäftsverkehr vertriebenen Waren Kriterien zur Beurteilung der Schutzwürdigkeit des Benutzungssachverhalts.

IV. Die urkundliche Zeichenbenutzung, insbesondere der Gebrauch des Zeichens in der Werbung

Auch der urkundliche Zeichengebrauch, d. h. das Anbringen des Zeichens auf Ankündigungen, Preislisten, Geschäftsbriefen, Empfehlungen, Rechnungen oder dergleichen, kann eine relevante Benutzungshandlung darstellen, wenn der Gebrauch seinem objektiven Verwendungszwecke nach eine konkrete Ware ihrer Herkunft nach individualisiert. Steht etwa der urkundliche Zeichengebrauch in Verbindung mit dem Angebot oder dem Vertrieb einer bestimmten Ware, dann ist ein konkreter, zumindest gedanklicher Warenbezug hergestellt, der es ermöglicht, sofern das Erfordernis der Herkunftskennzeichnung erfüllt ist, auch diese Benutzungshandlungen in den zu berücksichtigenden Benutzungssachverhalt einzubeziehen[35]. Ein derartiger Zeichengebrauch entspricht dem hier entwickelten Begriff der Benutzungshandlung. Es wurde gezeigt, daß die gedankliche Beziehung zwischen

---

[33] gl. A. *Nastelski*, MA 1968, 319, 328; zu eng *Schwanhäusser*, Mitt. 1969, 1/3; *Uekermann*, Diss., S. 68 f.; von *Schricker*, a.a.O., S. 21, wird ein Fall aus der italienischen Rechtsprechung zitiert (Tribunale di Milano, Riv. Dir. Ind. 1963 II 189/193 f.), in welchem der Konzernvertrieb als dem Benutzungszwang genügend anerkannt wurde. Allein aus der rechtlichen Selbständigkeit der einzelnen Konzerngesellschaften kann dieses Ergebnis jedoch nicht abgeleitet werden. Zu weitgehend auch *Schulze zur Wiesche*, NJW 1968, 1809/1811.

[34] gl. A. *Nastelski*, a.a.O.

[35] Vgl. auch *Baumbach - Hefermehl*, WZG, § 5, Anm. 18; *Heiseke*, DB 1968, 1655/1659; ders., WRP 1973, 185/186; *Nastelski*, a.a.O., S. 328; enger wohl *Schricker*, a.a.O., S. 20. *Breme*, GRUR 1950, 17/18 übersieht bei seinen Bedenken gegen einen Benutzungszwang, daß das einmalige Versehen eines Prospekts mit der Marke dem Benutzungszwang nicht genügen kann.

Marke und Ware ausreichende Grundlage zur Realisation der Herkunftsfunktion ist[36].

Der wichtigste Fall des urkundlichen Zeichengebrauchs dürfte die Benutzung des Zeichens in der Werbung sein. Der Gebrauch des Zeichens in Anzeigen, Zeitschriftenbeilagen, Katalogen, Postwurfsendungen, auf Plakatsäulen etc., der der Anpreisung einer bestimmten Ware dient und diese ihrer Herkunft nach kennzeichnet, kommt als rechtserhebliche Benutzungshandlung in Betracht. Auch Hefermehl[37] und Heydt[38] sehen in der Werbung unter dem Warenzeichen für eine bestimmte Ware eine rechtserhebliche Benutzungshandlung, selbst wenn die entsprechend gekennzeichnete Ware sich noch nicht im Verkehr befindet. Die Auffassung Bökels, der es strikt ablehnt, den Zeichengebrauch in der Werbung als relevante Benutzungshandlung anzuerkennen, beruht auf dessen grundlegender, schon zurückgewiesener Prämisse, nur eine in räumlicher Beziehung zur Ware stehende Benutzung könne dem Benutzungszwang genügen[39]. Andere Autoren wenden sich lediglich gegen eine zu weitgehende Anerkennung des Zeichengebrauchs in der Werbung, lehnen diese aber nicht prinzipiell ab[40]. Den vorgebrachten Bedenken ist dadurch Rechnung zu tragen, daß bei der Wertung des gesamten Benutzungssachverhalts in bezug auf die Ernsthaftigkeit der Benutzung diejenigen in der Werbung erfolgten, an sich relevanten Benutzungshandlungen an Hand der schon angeführten Beurteilungskriterien als Scheinbenutzung auszu-

---

36 Vgl. hierzu oben § 6 B V 1. Ferner BGH GRUR 1958, 610 (Zahnrad), eine Entscheidung, die allerdings zum Begriff des warenzeichenmäßigen Gebrauchs eines Zeichens im Verletzungsrecht ergangen ist, die aber für den Fall der Verwendung eines Zeichens in Katalogen und Geschäftsbriefen die Realisation der Herkunftsfunktion durch eine logische Schlußfolgerung des Verkehrs und somit durch eine gedankliche Beziehung verdeutlicht.

37 *Baumbach - Hefermehl*, WZG, § 5, Anm. 18.

38 Festschrift für Hefermehl, S. 80 ff.; zust. *Heil*, GRUR 1973, 170/175 = MA 1973, 59/65; Heydt geht jedoch von einem anderen Ausgangspunkt aus. Für ihn ergibt sich die Relevanz des Zeichengebrauchs in der Werbung aus der Realisation der Werbefunktion des Zeichens.

39 *Bökel*, Diss., S. 101 ff.; ders., GRUR 1970, 391/394; vgl. die hierzu ablehnenden Äußerungen *Heydts*, a.a.O., S. 80/81. Die ausländische Rechtsprechung ist uneinheitlich; vgl. einerseits zum niederländischen Recht *Beier*, GRUR Ausl. 1956, 523/529; zum italienischen Recht Corte di Cassazione, Rass. Prop. ind. 1966, 68; Corte d'Apello di Milano, GRUR Ausl. 1959, 237; zum französischen Recht *Beier*, GRUR Ausl. 1957, 105/106; andererseits zur Rechtsansicht, der Zeichengebrauch in der Werbung stelle keine rechtserhebliche Benutzung dar, für das Schweizer Recht BGE 60 II 163 (diese Auffassung ergibt sich jedoch unmittelbar aus Art. 1 MSchG; vgl. *Troller*, Immaterialgüterrecht, Bd. I, S. 336/337) und für die USA vgl. *Callmann*, GRUR Ausl. 1958, 560/562.

40 *Schulze zur Wiesche*, NJW 1968, 1809/1813; *Nastelski*, MA 1968, 319/328; *Schwanhäusser*, Mitt. 1969, 1; für eine Anerkennung der Hinweiswerbung *Kraft*, GRUR 1968, 123/124; *Schricker*, GRUR Ausl. 1969, 14/20.

scheiden sind, die auf Grund einer wirtschaftlichen Gesamtbetrachtung keinen schutzwürdigen Benutzungssachverhalt ergeben.

Insbesondere ist das Verhältnis der Benutzungshandlungen in der Werbung zum Produktions- und Vertriebsprozeß zu bestimmen. Zu beachten ist, daß die Herstellung der Ware, wie der im Anschluß an die Werbung erfolgende Vertrieb wenn auch ausschlaggebende, so doch nicht allein entscheidende Indizien zur Begründung der Ernsthaftigkeit der Benutzungsaufnahme im Zeitpunkt der Werbung sein können. Eine solche Annahme würde einerseits verkennen, daß der in der Werbung erfolgte Zeichengebrauch für sich selbständig relevante Benutzungshandlungen und nicht eine Ausnahme eines auf die Herstellung oder Vertrieb gekennzeichneter Waren bezogenen Benutzungsbegriffs darstellt; zum anderen wird übersehen, daß sich die Ernsthaftigkeit dieses Benutzungssachverhalts in Anbetracht der wirtschaftlichen Bedeutung der Werbung nicht allein aus der Herstellung und dem Vertrieb der konkreten Waren messen läßt, sondern unter Umständen an sich wirtschaftlich schutzwürdig sein kann.

Aus diesen Gründen ist es auch nicht gerechtfertigt, als ernsthafte Benutzung allein den von Kraft als sog. Hinweiswerbung bezeichneten Gebrauch des Zeichens in der Werbung anzuerkennen, d. h. die kurz vor dem Erscheinen der gekennzeichneten Ware auf dem Markt schon einsetzende Werbung, sofern die Ware dann auch tatsächlich in den Verkehr gebracht wird[41]. Eine ernsthafte und somit schutzwürdige Benutzung des Zeichens in der Werbung kann auch dann vorliegen, wenn mit der Herstellung[42] der Ware noch nicht begonnen wurde, und selbst dann, wenn ein nachfolgender Vertrieb tatsächlich unterbleibt. Kriterium der Ernsthaftigkeit ist, ob dem Zeichengebrauch in der Werbung ein konkretes Angebot einer individualisierten Ware zugrunde liegt[43], und, sofern mit der Produktion der Ware noch nicht begonnen wurde, dieses unmittelbare Warenangebot mit einer konkreten Herstellungsabsicht korrespondiert. Indizien hierfür sind etwa Umfang und Dauer der Werbekampagne in bezug auf die Art der Ware und im Vergleich zu Werbemaßnahmen für entsprechende Waren, sowie die bereits getroffenen Vorbereitungshandlungen zu Herstellung und Vertrieb der angebotenen Ware. Ferner hat der Zeicheninhaber die Gründe anzuführen, die ihn dazu veranlaßt haben, die Ware nicht in den Verkehr zu bringen. Aus diesen Darlegungen des Zeicheninhabers

---

[41] *Kraft*, a.a.O., S. 124; zustimmend *Schricker*, a.a.O., S. 20; *Uekermann*, Diss., S. 66; wohl auch *Heiseke*, WRP 1973, 185/186; ablehnend *Bökel*, Diss., S. 102 ff.; ders., GRUR 1970, 391/394 f.; *Tergau*, MA 1972, 44/45.

[42] Die Kennzeichnung der Ware bei der Herstellung stellt im übrigen eine weitere relevante Benutzungshandlung dar.

[43] gl. A. *Heydt*, a.a.O., S. 81; *Heil*, GRUR 1973, 170,175 = MA 1973, 59/65 verlangt, daß die Ware auf dem Markt zumindest lieferbar ist.

ergibt sich auch, ob es sich etwa nur um eine Scheinbenutzung in Form des Angebots einer fiktiven Ware handelte. Gründet sich der Benutzungssachverhalt allein auf in der Werbung erfolgte Benutzungshandlungen, ist, um eine Umgehung des Benutzungszwangs auszuschließen, ein strenger Maßstab bei der Prüfung der Ernsthaftigkeit anzulegen.

Die jahrelange Werbung für eine Spezialmaschine, die üblicherweise nicht auf Vorrat gehalten, sondern nur auf Bestellung hergestellt wird, kann eine erhebliche Benutzung auch dann darstellen, wenn mangels Nachfrage die Produktion unterblieben ist[44]. Das Interesse Dritter am Erwerb entsprechender Warenzeichen rechtfertigt keine andere Bewertung der Schutzwürdigkeit des Warenzeichens des Zeicheninhabers[45]. Der Benutzungszwang dient lediglich dazu, die Zeichenrolle von nicht benutzten Warenzeichen freizumachen, bezweckt jedoch keine Sanktionen für wirtschaftlichen Mißerfolg[46].

Dagegen ist die nicht von dem gleichzeitigen Warenvertrieb begleitete Werbung für ein Massenprodukt, etwa eine Zigarette, regelmäßig als Scheinbenutzung zu werten, sofern die Ware nicht nachträglich in den Verkehr gelangt. Doch kann sich auch hier in seltenen Ausnahmefällen eine andere Beurteilung ergeben: Plant ein ausländischer Kraftfahrzeughersteller mit einem lediglich im Ausland hergestellten und vertriebenen Modell erstmals auf dem deutschen Markt zu erscheinen, beginnt er zu diesem Zweck in der Bundesrepublik ein entsprechendes Vertriebsnetz einzurichten und führt er eine großangelegte Werbekampagne für dieses Kraftfahrzeug unter der auch im Inland eingetragenen Marke durch, dann kann allein dieser Zeichengebrauch in der Werbung als eine ernsthafte Benutzung gewertet werden, selbst wenn er den Plan, dieses Modell in Deutschland zu vertreiben, nachträglich — etwa zugunsten eines anderen mit einer anderen Marke gekennzeichneten Modells — aufgibt.

Allein die Berücksichtigung sämtlicher Einzelfallumstände ermöglicht es, ein dem Zweck des Benutzungszwangs entsprechendes und wirtschaftlich vernünftiges Ergebnis zu erzielen und die Sachverhalte der Scheinbenutzung festzustellen. So liegt schon mangels eines unmittelbaren Warenangebots, bzw. einer konkreten Herstellungsabsicht etwa

---

[44] So *Schulze zur Wiesche*, a.a.O., S. 1813, der zu Recht darauf hinweist, daß man den Zeicheninhaber nicht zu Investitionen drängen kann, die einer vernünftigen Geschäftspolitik zuwiderlaufen; a. A. *Bökel*, a.a.O.

[45] a. A. *Bökel*, a.a.O.

[46] Vgl. *Hefermehl*, GRUR 1968, 486/490, Fußn. 36. Zu Unrecht kennzeichnet *Bökel*, a.a.O., diesen Fall als eine Rechtfertigung der Nichtbenutzung wegen technischer oder wirtschaftlicher Schwierigkeiten. Von Nichtbenutzung kann man aber nur dann sprechen, wenn keine Benutzungshandlungen vorliegen, oder die Benutzung nicht ernsthaft ist. Das hier zu beurteilende Problem ist das der Ernsthaftigkeit des Benutzungssachverhalts und somit der Schutzwürdigkeit eines benutzten Warenzeichens.

dann keine ernsthafte Benutzung vor, wenn ein ausländischer Zeicheninhaber Werbeunterlagen und Warenmuster an inländische Interessenten verschickt, um diese zu einer lizenzierten Herstellung dieser Waren unter dem auch im Inland eingetragenen Zeichen zu veranlassen, er selbst aber nicht die Herstellung dieser Waren im Inland beabsichtigt.

V. Der mündliche Zeichengebrauch

Auch der mündliche Zeichengebrauch, der eine bestimmte Ware ihrer Herkunft nach kennzeichnet, ist als relevante Benutzungshandlung bei der Bewertung des gesamten Benutzungssachverhalts zu berücksichtigen[47]. Hierbei ist nicht entscheidend, wie der mündliche Zeichengebrauch eines fremden Zeichens nach § 15 WZG zu bewerten ist[48], denn der Kreis der objektiv herkunftsbestimmenden Benutzungshandlungen wird jedenfalls nicht durch die in § 15 WZG aufgezählten Verwendungsmöglichkeiten des Zeichens begrenzt[49].

Entscheidend ist, ob der konkrete Zeichengebrauch die an eine rechtserhebliche Benutzungshandlung zu stellenden Anforderungen erfüllt. Für die Bewertung der Ernsthaftigkeit des Benutzungssachverhalts gelten die angeführten Beurteilungskriterien. So wird jedenfalls die Benutzungsfrist durch die Aufnahme der Rundfunk- und Fernsehwerbung gewahrt, wenn nach Fristablauf etwa die gekennzeichnete Ware auf dem Markt vertrieben wird.

---

[47] So zu Recht *Heydt*, a.a.O., S. 82; *Heiseke*, WRP 1973, 185/186; a. A. *Schulze zur Wiesche*, a.a.O., S. 1811; *Bökel*, Diss., S. 101; ders., GRUR 1970, 391/394; a. A. auch die niederländische Rechtsprechung, vgl. *Beier*, GRUR Ausl. 1956, 523/528.

[48] Vgl. hierzu oben § 6 B I 2 und *Heydt*, a.a.O., S. 82; zum Problem des mündlichen Gebrauchs im Verletzungsrecht vgl. einerseits BGH GRUR 1958, 343 (Bohnergerät), der den mündlichen Gebrauch nicht als zeichenmäßigen Gebrauch anerkennt; gl. A. *Baumbach - Hefermehl*, WZG, § 15, Anm. 25; *Tetzner*, WZG, § 15, Anm. 27; gegenteiliger Ansicht *Reimer - Trüstedt*, 27. Kap. Rdz. 15; *Reimer - Heydt*, 43. Kap. Rdz. 4; *Bußmann*, GRUR 1952, 313/315.

[49] So auch *Heiseke*, DB 1968, 1655/1659; ders., WRP 1973, 185; a. A. *Miosga*, Benutzungszwang für Warenzeichen, S. 38; *Uekermann*, Diss., S. 60. Dennoch wollen aber auch *Miosga*, a.a.O., S. 42 und *Uekermann*, a.a.O., S. 66 die mündliche Benutzung der Marke in der Rundfunkwerbung als rechtserhebliche Benutzung anerkennen.

§ 8 Die Unzumutbarkeit der Benutzung

Ist das Warenzeichen nicht benutzt worden, sei es, daß überhaupt keine Benutzungshandlungen vorliegen, sei es, daß der Benutzungssachverhalt nicht als ernsthafte Benutzung gewertet werden kann, dann bleibt dem Zeicheninhaber noch die Möglichkeit, die Umstände darzulegen, unter denen ihm die Benutzung des Zeichens nicht zumutbar war, § 11 Abs. 1 Nr. 4 WZG. Anders als im Widerspruchsverfahren kann der Zeicheninhaber die Nichtbenutzung gegenüber einer Klage auf Löschung seines Zeichens rechtfertigen, ferner im Rahmen einer auf die Löschungsreife des im Widerspruchsverfahren erfolgreichen Widerspruchszeichens gestützten Eintragungsbewilligungsklage des im Widerspruchsverfahren unterlegenen Anmelders (§ 6 Abs. 2 WZG), sowie bei der Vorrangklage des Zeicheninhabers gegenüber dem Einwand der Löschungsreife (§ 11 Abs. 1 Nr. 1 WZG). Der Nachweis der Unzumutbarkeit der Benutzung ist somit nur in den Verfahren vor den ordentlichen Gerichten möglich. Hierdurch wird auch Art. 5 C Abs. 1 PVÜ(Liss)[1] genügt[2], der die Ungültigerklärung einer Marke nur dann zuläßt, wenn der Berechtigte nicht seine Untätigkeit rechtfertigt. Daß der deutsche Gesetzgeber den Begriff der Zumutbarkeit gewählt hat, bedeutet gegenüber der in der PVÜ gebrauchten Formulierung von der Rechtfertigung der Untätigkeit keinen sachlichen Unterschied, sondern lediglich eine Anpassung an die deutsche Gesetzessprache[3].

Nach der Amtlichen Begründung ist Zweck dieser Ausnahmeklausel, den besonderen Verhältnissen im Einzelfall Rechnung tragen zu können, wenn die ausnahmslose Anwendung des Benutzungszwangs zu einer ungerechtfertigten Härte für den Warenzeicheninhaber oder zu einem wirtschaftlich nicht vernünftigen Ergebnis führen würde; es wird jedoch ausdrücklich hervorgehoben, die Unzumutbarkeit könne nur durch „schwerwiegende Gründe" belegt werden[4]. Beispielhaft erwähnt

---

[1] BGBl. 1961 II, S. 274.

[2] *Schricker*, a.a.O., S. 25, Fußn. 87.

[3] Amtl. Begr., a.a.O., S. 45; *Baumbach -Hefermehl*, WZG, § 11, Anm. 48.

[4] a.a.O., S. 45/46; hiergegen *Heydt*, GRUR 1972, 290/292, der sich für eine „weitherzige Ausdehnung" des Begriffs der Unzumutbarkeit ausspricht. Stichhaltige Gründe für die Nichtbenutzung sollen genügen, wobei jedoch das schutzwürdige Interesse an der Aufrechterhaltung des Zeichenschutzes von Vorratszeichen nicht ausreichen, jedoch bei der Prüfung der zur Rechtfertigung der Nichtbenutzung vorgetragenen Gründe mitzuberücksichtigen sei.

die Begründung die Fälle der in der Bundesrepublik eingetragenen Warenzeichen von Unternehmen in der DDR, denen der Vertrieb ihrer Waren in der BRD nicht möglich ist, ferner in der DDR oder den Ostgebieten enteigneter oder stillgelegter Unternehmen, deren Warenzeichen solange nicht gelöscht werden sollen, als Absicht und Möglichkeit der Wiederaufnahme vorhanden sind[5]; ferner soll die Nichtbenutzung gerechtfertigt sein, wenn etwa das amtliche Prüfungsverfahren für ein Arzneimittel, das unter dem Warenzeichen vertrieben werden soll, noch nicht abgeschlossen ist[6].

Die Prüfung der Unzumutbarkeit setzt eine Interessenabwägung voraus, bei der aber, wie Kraft[7] zu Recht betont, die gesetzliche Wertung, daß grundsätzlich die Benutzung zu entscheiden habe, den Ausnahmecharakter der Vorschrift begründet. Der Grundsatz von Treu und Glauben dürfte jedoch mangels jeder rechtlichen Sonderverbindung nicht der richtige Maßstab zur Konkretisierung der Unzumutbarkeit sein[8]. Zum einen wird man davon auszugehen haben, daß die zur Rechtfertigung der Nichtbenutzung herangezogenen Umstände sich aus einer Situation ergeben müssen, die gegenüber den normalen wirtschaftlichen Verhältnissen eine Ausnahmeerscheinung darstellt. Denn nur in einer derartigen besonderen Lage des Zeicheninhabers trifft die durch den Benutzungszwang vorweggenommene gesetzgeberische Interessenbewertung nicht mehr zu. Die Vorschrift kann nur als Härteklausel für besonders gelagerte Ausnahmetatbestände aufgefaßt werden, die außerhalb dessen liegen, womit ein Zeicheninhaber üblicherweise zu rechnen und wofür er deshalb Vorsorge zu treffen hat. Daher genügt es auch nicht, lediglich darauf abzustellen, ob der zur Zeichenbenutzung erforderliche wirtschaftliche Aufwand außer Verhältnis zum Ergebnis steht[9], da ein derartiges Mißverhältnis seinen Grund auch in verfehlter Geschäftspolitik des Zeicheninhabers finden kann. Die zur Rechtfertigung vorgetragenen Umstände müssen vielmehr außerhalb der Einflußsphäre des Zeicheninhabers liegen; sie dürfen nicht lediglich technische oder wirtschaftliche Schwierigkeiten darstellen, die

---

[5] Kritisch hierzu *Bökel*, Diss., S. 125/126; ders., GRUR 1970, 391/398; vgl. aber auch die Entscheidung des Schweizer Bundesgerichts, GRUR Ausl. 1958, 129/133 (Koh-i-noor), in der die Enteignung eines Unternehmens in der Tschechoslowakei als ein die Nichtbenutzung rechtfertigender Umstand anerkannt wurde.

[6] Zum Problem der ebenfalls in der Amtl. Begr. aufgeführten Basiszeichen vgl. unten § 11 B III.

[7] *Kraft*, GRUR 1968, 123/127; zustimmend *Bökel*, Diss., S. 122; ders., GRUR 1970, 391/397.

[8] So wohl aber *Kraft*, a.a.O.; *Bökel*, a.a.O.

[9] Vgl. zu diesem Kriterium *Schricker*, a.a.O., S. 26.

voraussehbar und kalkulierbar waren und deshalb dem Zeicheninhaber zugerechnet werden können[10].

In Betracht kommen objektive, äußere, wie auch subjektive, in der Person des Zeicheninhabers begründete Umstände[11]. Notwendig ist, daß die angeführten Rechtfertigungsgründe tatsächlich für die Nichtbenutzung des Zeichens für die eingetragenen Waren kausal geworden sind.

In erster Linie ist an die Fälle höherer Gewalt, wie an Naturkatastrophen, Krieg und Kriegsfolgen zu denken. Derartige Umstände können auch mittelbar die Unzumutbarkeit begründen, etwa wenn aus diesen Gründen Rohstoffmärkte ausfallen und eine rechtzeitige Umstellung dem Zeicheninhaber nicht möglich oder nicht zumutbar ist[12].

Allgemeine wirtschaftliche Schwierigkeiten in Produktion und Absatz eines Produkts, bedingt etwa durch den Mangel an Arbeitskräften oder finanziellen Mitteln, können im allgemeinen nicht genügen[13]. Auch das in der Amtlichen Begründung angeführte Beispiel der Verzögerung des amtlichen Prüfungsverfahrens für Arzneimittel wird nur dann ausnahmsweise die Nichtbenutzung rechtfertigen können, wenn mit einer derartigen Verzögerung nicht gerechnet werden mußte und der Zeicheninhaber sich deshalb nicht darauf einstellen konnte. Zu Recht warnt Schricker[14] davor, für ganze Wirtschaftszweige, die sich durch überdurchschnittlich lange Entwicklungszeiten für die Produktentwicklung auszeichnen, so insbesondere die pharmazeutische Industrie, leichthin pauschale Entschuldigungsgründe hinzunehmen.

Langdauernde Krankheit des Zeicheninhabers kann in Kleinbetrieben den Nichtgebrauch rechtfertigen, wenn die Einstellung ersatzweiser Arbeitskräfte nicht zumutbar ist[15].

---

[10] Zum Gesichtspunkt der Zurechenbarkeit vgl. auch *Nastelski*, a.a.O., S. 324. Nach *Miosga*, MA 1965, 533/540 sind beachtliche Rechtfertigungsgründe im allgemeinen nur solche Gründe, die vom Willen des Zeicheninhabers unabhängig sind und außerhalb seines Vermögens liegen; anders wohl ders., Benutzungszwang für Warenzeichen, S. 60. Vgl. auch Art. 114 II des Entwurfs eines Europäischen Markenrechts. Hiergegen *Schricker*, a.a.O., S. 26, Fußnote 92. Auch das Schweizer Recht stellt auf außerhalb der Verfügungsmacht des Zeicheninhabers liegende Umstände ab, vgl. *Breitenmoser*, GRUR Ausl. 1965, 595/599. Auch nach *Uekermann*, Diss., S. 256 soll maßgebend sein, ob ein umsichtiger Geschäftsmann den Störungen des Unternehmens, auf denen die Nichtbenutzung beruht, Rechnung tragen konnte.

[11] *Baumbach - Hefermehl*, WZG, § 11, Anm. 48; *Heiseke*, a.a.O., S. 1660; ders., WRP 1973, 185/188; *Schluep*, Markenrecht, S. 207.

[12] Vgl. hierzu *Schricker*, a.a.O., S. 26; *Uekermann*, Diss., S. 253.

[13] *Schricker*, a.a.O.; *Bökel*, Diss., S. 123; ders., GRUR 1970, 391/397. Deshalb kann auch die durch einen Modewechsel verursachte Produktionseinstellung nicht genügen, a. A. für die Schweiz *Matter*, MSchG, S. 150; *Breitenmoser*, a.a.O.; hiergegen *Schricker*, a.a.O., Fußn. 95.

[14] a.a.O., S. 27; zust. *Uekermann*, Diss., S. 225.

[15] *Schricker*, a.a.O., S. 26; *Uekermann*, Diss., S. 256 f.; für das Schweizer Recht weitergehend *Schluep*, Markenrecht, S. 207; *Matter*, MSchG, S. 150.

Wird bei unzulässiger Warenzeichenlizenz die Drittbenutzung nicht zugerechnet, dann ist die mangelnde Eigenbenutzung gerechtfertigt, sofern der Zeicheninhaber die Unzulässigkeit nicht kennen konnte[16]. Ist bei zulässiger Warenzeichenlizenz die Benutzung des Zeichens nicht zumutbar, dann entsteht das Problem, ob der Zeicheninhaber sich auf die Rechtfertigungsgründe in der Person des Lizenznehmers berufen kann. Bökel[17] verneint diese Frage mit dem Hinweis auf den notwendigen eigenen Geschäftsbetrieb des Zeicheninhabers[18] und den Ausnahmecharakter der Drittbenutzung gegenüber der Eigenbenutzung durch den Zeicheninhaber; der Zeicheninhaber könne sich nur dann auf die Rechtfertigungsgründe, die dem Dritten den Zeichengebrauch unzumutbar machen, berufen, wenn ihm selbst aus den gleichen Gründen die Benutzung seines Zeichens nicht möglich ist. Diese Auffassung kann nicht überzeugen. Der mit Zustimmung des Zeicheninhabers erfolgte Zeichengebrauch eines Dritten ist in bezug auf die Aufrechterhaltung des Zeichenschutzes dem Eigengebrauch des Zeicheninhabers vollkommen gleichwertig. Der Zeicheninhaber kann sich grundsätzlich auf den Zeichengebrauch des Dritten verlassen und sich hierauf einrichten. Dann muß es ihm auch möglich sein, sich auf die bei dem Dritten vorliegenden Rechtfertigungsgründe zu berufen, ohne den Nachweis führen zu müssen, daß ihm aus den gleichen Gründen die Benutzung seines Zeichens nicht zumutbar war[19]. Die Berufung des Zeicheninhabers auf die in der Person des Dritten auftretende Unzumutbarkeit kann jedoch rechtsmißbräuchlich sein, wenn es dem Zeicheninhaber leicht möglich gewesen wäre, die den Zeichengebrauch hindernden Umstände zu beheben, oder wenn die Zeichenlizenz nur dazu diente, dem Zeicheninhaber die in der Person des Dritten auftretenden Rechtfertigungsgründe nutzbar zu machen. Der Einwand der unzulässigen Rechtsausübung (§ 242 BGB) wird durch den Ausschluß der Löschungsreife wegen Unzumutbarkeit der Benutzung nicht ausgeräumt[20].

Über den Einfluß des Zeitraums, während dessen die Benutzung des Zeichens unzumutbar ist, auf die Berechnung der Fünfjahresfrist scheint Einigkeit zu bestehen: Während des Zeitraums der Unzumutbar-

---

16 Vgl. oben § 3 E III a. E.

17 Diss., S. 123/124; ders., GRUR 1970, 391/398; insoweit zust. *Uekermann*, Diss., S. 260.

18 Vgl. hierzu oben § 3 E I 2.

19 Eine Rechtfertigung der eigenen Nichtbenutzung durch den Zeicheninhaber dürfte im allgemeinen jedoch noch nicht allein darin gesehen werden, daß der Zeicheninhaber sich lediglich erfolglos um den Zeichengebrauch durch den Lizenznehmer bemüht, der Nichtgebrauch durch den Lizenznehmer aber selbst nicht durch Unzumutbarkeitsgründe gerechtfertigt ist, so wohl auch *Wunderlich*, in: Die Warenzeichenlizenz, S. 229/257; a. A. *Heldt*, Diss., S. 51.

20 *Baumbach - Hefermehl*, WZG, § 11, Anm. 49.

keit ist die Benutzungsfrist gehemmt; entfallen die die Unzumutbarkeit begründenden Umstände und wird die Aufnahme des Zeichengebrauchs wieder zumutbar, dann beginnt keine neue Benutzungsfrist zu laufen[21], sondern die begonnene Frist setzt sich fort[22]. Diese Auffassung ist jedoch nicht zweifelsfrei. Die Unzumutbarkeitsklausel könnte auch dahin verstanden werden, daß auch bei gegebener Unzumutbarkeit der Benutzung die Benutzungsfrist weiterläuft, der Zeicheninhaber sich jedoch nach Ablauf der Frist auf die Unzumutbarkeit berufen kann, sofern diese noch anhält[23]. Die Vorschrift hätte dann praktisch nur Bedeutung für die Fälle, in denen während des gesamten Zeitraums der Benutzungsfrist oder zumindest im Zeitpunkt des Ablaufs der Benutzungsfrist die Benutzung unzumutbar ist. Nach Beseitigung der die Unzumutbarkeit begründenden Umstände müßte die Benutzung unverzüglich[24], zumindest in angemessener Frist[25], wieder aufgenommen werden. Zwischenzeitliche Unzumutbarkeit bliebe außer Betracht, da die Benutzungsaufnahme vor Ablauf der Frist zumutbar wurde.

Der Gesetzeswortlaut läßt sich weder für die eine noch für die andere Auslegung des § 11 Abs. 1 Nr. 4 WZG anführen. Für letztere Auffassung spricht, daß nicht jeder zwischenzeitliche Unzumutbarkeitszeitraum zu einer Verlängerung der Fünfjahresfrist führt und diese nur dann überschritten werden kann, wenn zumindest im Zeitpunkt des Fristenablaufs die Benutzung unzumutbar ist. Durch diese rein zeitliche Begrenzung des Schutzes nicht benutzter Warenzeichen erhält das Allgemeininteresse, die Zeichenrolle von fünf Jahre lang nicht benutzten Warenzeichen zu befreien, das entscheidende Gewicht. Dennoch dürfte der bislang vertretenen Auffassung der Vorzug zu geben sein. Die mit dem befristeten Benutzungszwang verbundene zeitliche Begrenzung des Warenzeichenschutzes ist letztlich nur deshalb gerechtfertigt, weil dieser Zeitraum als ausreichend für den Zeicheninhaber angesehen wird, die Benutzungsaufnahme vorzubereiten und einzuleiten. Aus diesem Grund wird man auch darauf abzustellen haben, daß dem

---

[21] Eine Fristenunterbrechung, verbunden mit dem Beginn einer neuen Frist, kann nach der gesetzlichen Wertung allein die erfolgte Benutzung begründen, nicht jedoch die entschuldigte Nichtbenutzung, zutr. *Schricker*, a.a.O., S. 27.

[22] *Baumbach - Hefermehl*, WZG, § 11, Anm. 49; *Schricker*, a.a.O., S. 27; *Bökel*, Diss., S. 129 f.; ders., GRUR 1970, 391/399; *Miosga*, Benutzungszwang für Warenzeichen, S. 58; *Uekermann*, Diss., S. 260.

[23] Dem käme der Fall gleich, daß der Zeichengebrauch erst kurzfristig vor Ablauf der Benutzungsfrist zumutbar wurde, der für die Benutzungsaufnahme zuzubilligende Zeitraum jedoch noch nicht verstrichen ist.

[24] Vgl. für die Schweiz *Schluep*, Markenrecht, S. 207; *David*, MSchG, S. 183, Anm. 8; *Matter*, MSchG, S. 150.

[25] BGH GRUR 1958, 78/79 (Stolper Jungchen).

Zeicheninhaber die Benutzung auch tatsächlich während eines Zeitraums von insgesamt fünf Jahren zumutbar war. In Anbetracht der notwendigerweise strengen Auslegung der Unzumutbarkeitsklausel ist auch nach dieser Auffassung keine häufige Ausdehnung der Benutzungsfrist und somit eine Vielzahl unterschiedlich lange andauernder Benutzungsfristen zu erwarten.

3. Kapitel

Ausgewählte Einzelprobleme

§ 9 Der Gebrauch des Zeichens in abgewandelter Form

A. Allgemeine Problematik

Häufig gebrauchen Zeicheninhaber ihre Zeichen in einer gegenüber dem Rollenstand abgewandelten Form. Der Anlaß für Zeicheninhaber, ihr Zeichen nicht in der eingetragenen Form zu verwenden, sondern abgewandelte Zeichenformen zu gebrauchen, kann vielfältig sein: Modernisierungen alter Zeichen durch Anpassung an den Zeitgeschmack und an neue Werbeformen, Wandel in der Verkehrsübung, Notwendigkeiten im Hinblick auf eine andersartige Verwendung des Zeichens, etwa auch Ausrichtung des Zeichens auf die Art der Ware, für die das Zeichen neu in Gebrauch genommen werden soll. Im Rahmen des Benutzungszwangs stellt sich das Problem, inwieweit das tatsächlich benutzte Zeichen mit dem eingetragenen Warenzeichen übereinstimmen muß, um von einer Benutzung des eingetragenen Zeichens sprechen zu können. Dem Zeicheninhaber droht mit Ablauf der Benutzungsfrist der Verlust des Zeichenschutzes auf Grund der Eintragung, wenn der Gebrauch des Zeichens in der konkreten abgewandelten Form nicht als Benutzung des eingetragenen Warenzeichens angesehen werden kann.

Wohl kann der Zeicheninhaber zwischenzeitlich Ausstattungsschutz (§ 25 WZG) auf Grund intensiver Benutzung erworben haben. Dieser setzt jedoch Verkehrsgeltung der benutzten Zeichenform voraus, die aber regelmäßig zu einem späteren Zeitpunkt als dem der Eintragung erreicht werden dürfte, was zumindest zu einem Prioritätsverlust gegenüber dem eingetragenen Warenzeichen führt[1]. Auch ohne Bestehen von Verkehrsgeltung von der Stärke, wie sie Voraussetzung für den Ausstattungsschutz ist, kann der Zeicheninhaber nach der Rechtsprechung[2] schon dann, wenn er einen wertvollen und schutz-

---

[1] Vgl. auch *Schulze zur Wiesche*, GRUR 1970, 166. Auch in anderer Hinsicht sind Ausstattung und Zeichenrecht in ihren rechtlichen Wirkungen nicht völlig identisch, vgl. *Baumbach - Hefermehl*, WZG, § 25, Anm. 90.

[2] BGH 21, 66/78 ff.; GRUR 1958, 143/147 (Schwardmann); 1958, 606/608 (Kronenmarke); 1958, 610/611 (Zahnrad); 1960, 137/141 (Astra); 1969, 694/697 (Brillant); vgl. hierzu *Baumbach - Hefermehl*, UWG, Einl. Anm. 347.

würdigen Besitzstand an der benutzten Abwandlungsform erworben hat, gegen eine zeichenrechtliche Klage auf Unterlassung des Gebrauchs des abgewandelten Zeichens sich möglicherweise mit dem Verwirkungseinwand verteidigen. Dieser erfordert allerdings eine längere Zeit andauernder Untätigkeit des Verletzten, auf Grund deren die verspätete Rechtsverfolgung gegen Treu und Glauben verstößt[3, 4]. Zur Erhaltung eines umfassenden Rechtsschutzes wird aber das Problem des erforderlichen Maßes an Übereinstimmung zwischen tatsächlich benutzter Zeichenform mit dem eingetragenen Warenzeichen für den Zeicheninhaber von entscheidender Bedeutung.

B. Die Maßgeblichkeit der eingetragenen Zeichenform

Für den Benutzungszwang ist die Zeichenbenutzung das notwendige Erfordernis zur Aufrechterhaltung des Zeichenschutzes nach Ablauf der Benutzungsfrist. Objekt der Zeichenbenutzung und Objekt des Zeichenschutzes müssen sich daher grundsätzlich decken. Wenn sich Inhalt und Umfang des Zeichenrechts nach der Eintragung in der Zeichenrolle bestimmen, der Schutz des Warenzeichens sich allein auf die eingetragene Zeichenform bezieht, dann ist es im Grundsatz gerechtfertigt, als zur Aufrechterhaltung des Zeichenschutzes notwendige Benutzung die Benutzung des Zeichens in der eingetragenen Form zu verlangen.

Daß Gegenstand des Zeichenschutzes das Warenzeichen in seiner eingetragenen Form ist, ist in Rechtsprechung und Schrifttum anerkannt. Die Rechtsprechung bestätigte diesen zeichenrechtlichen Grundsatz mehrfach in anderem Zusammenhang. Nachträgliche Änderungen[5] des eingetragenen Warenzeichens, so die Teillöschung in Form der Streichung eines Zeichenbestandteils, sind grundsätzlich unzulässig,

---

[3] Vgl. *Baumbach - Hefermehl*, UWG, Einl. Anm. 350.

[4] Besteht der Verwirkungseinwand gegenüber dem Unterlassungsanspruch auf Gebrauch der abgewandelten Zeichenform, dann erstreckt sich der Verwirkungseinwand grundsätzlich nicht auch auf den Anspruch auf Unterlassung der Ingebrauchnahme des Zeichens in der eingetragenen Form, wenn diese nicht infolge der Benutzung der Abwandlungsform als benutzt angesehen werden kann. Denn der Verletzer hat nicht das Recht, sich auszudehnen (*Baumbach - Hefermehl*, UWG, Einl. Anm. 359). Ausnahmsweise kann sich der Zeicheninhaber aber auch gegenüber dem Unterlassungsanspruch auf Ingebrauchnahme der eingetragenen Zeichenform dann auf den Verwirkungseinwand berufen, wenn der Gebrauch des Zeichens in der eingetragenen Zeichenform nur in minderem Umfang das fremde Zeichenrecht verletzt, etwa weil die eingetragene Zeichenform nur ein geringeres Maß an Verwechslungsgefahr begründet.

[5] RG 144, 233/235 (Antimott/Mott-Nie); GRUR 1937, 221/227 (Mampe); 156, 355/362 (Pivako/Pavyco); BGH GRUR 1958, 185/186 (Wyeth); 1958, 610/611 (Zahnrad); 1966, 35/38 (Multicord); 1967, 89/91 (Rose); *Baumbach - Hefermehl*, WZG, § 2, Anm. 28; § 3, Anm. 4; vor §§ 9—11, Anm. 4; *Reimer - Richter*, 12. Kap. Anm. 19; *Reimer - Trüstedt*, 31. Kap. Anm. 10.

da mit der Eintragung des Zeichens das Schutzrecht festgelegt wird, und sich nicht übersehen läßt, inwieweit durch nachträgliche Änderungen in bestehende Rechte Dritter eingegriffen wird. Doch schon vom Zeitpunkt der Anmeldung eines Zeichens an verbieten sich Änderungen des angemeldeten Zeichens. Ein Warenzeichen ist bereits von seiner Anmeldung an eine unteilbare und unveränderliche Einheit. Wird nachträglich etwa ein Teil eines zusammengesetzten Zeichens gestrichen, so wird im Ergebnis ein neues Zeichen geschaffen, bezüglich dessen nicht übersehen werden kann, ob es in bestehende Rechte Dritter eingreift. Inhaber prioritätsälterer Zeichen können nicht auf Grund der Bekanntmachung über die Einlegung eines Widerspruchs entscheiden, wenn nachträgliche Zeichenänderungen zugelassen werden.

Ferner ist der zeichenrechtliche Grundsatz, daß sich der Zeichenschutz nach der eingetragenen Zeichenform bestimmt, bei der Prüfung der Verwechslungsgefahr von Bedeutung. Vergleichsobjekt ist grundsätzlich das Warenzeichen in der eingetragenen und nicht in der hiervon abweichenden, benutzten Form, die bei der Prüfung der Verwechslungsgefahr im allgemeinen außer Betracht zu bleiben hat[6].

Der zeichenrechtliche Grundsatz, daß sich Inhalt und Umfang des Zeichenrechts nach der Eintragung in der Zeichenrolle bestimmen, war auch Ausgangspunkt der Überlegungen in der „Cheri"-Entscheidung des BGH[7] bei der Prüfung, ob das eingetragene Warenzeichen „Cheri" als Abwehrzeichen oder als infolge des Gebrauchs des Hauptzeichens „Mon Cheri" benutztes Zeichen anzusehen war. Der BGH führte aus[8], es könne nur, „soweit eine Zeichenbenutzung zur Aufrechterhaltung des Zeichenrechts notwendig ist, eine der eingetragenen Zeichenform entsprechende Benutzung die für den Fortbestand des Zeichenrechts erforderlichen Rechtswirkungen erzeugen. Die Benutzung einer von der Rolleneintragung abweichenden Zeichenform genügt daher grundsätzlich nicht als Benutzungshandlung für das eingetragene Warenzeichen". Für den Benutzungszwang muß aus diesen Gründen auch davon ausgegangen werden, daß grundsätzlich nur der Gebrauch des Zeichens in der Form, in der es eingetragen ist, als Benutzung des eingetragenen Zeichens gelten kann[9].

---

6 RG 115, 235/239 (Bandmaster); GRUR 1935, 894/897 (Wellenbänder); BGH GRUR 1967, 89/91 (Rose); BPatG 1, 186/187 (jura-mont); 1, 203/204 (Pei/Rei); vgl. zu diesen Grundsätzen im einzelnen, *Baumbach - Hefermehl*, WZG, § 31, Anm. 31; *Reimer*, 15. Kap. Anm. 11.

7 GRUR 1972, 180 (Cheri).

8 a.a.O., S. 182.

9 Allg. Meinung; *Baumbach - Hefermehl*, WZG, § 5, Anm. 17; *v. Gamm*, WZÄndG, Ergänzungen Rdz. 47; *Hefermehl*, GRUR 1968, 486/489; von diesem Grundsatz gehen wohl auch aus *Kraft*, GRUR 1968, 123/125; *Nastelski*, MA 1968, 319/328; *Schricker*, GRUR Ausl. 1969, 14/22; *Schwanhäusser*, WRP 1969, 178 ff.; *Schulze zur Wiesche*, GRUR 1970, 166 ff.; *Miosga*, MA 1970, 56/59;

C. Die Berücksichtigung abgewandelter Benutzungsformen

Der Grundsatz, daß der Benutzungszwang den Gebrauch des Warenzeichens in der mit der Eintragung identischen Gestaltungsform erfordert, kann nicht ausnahmslos gelten. Der Zweck des Benutzungszwangs, die Warenzeichenrolle von unbenutzten, d. h. ihrer Funktion als Herkunftskennzeichen nicht gerecht werdenden Warenzeichen zu befreien, wird auch dann noch erreicht, wenn der Gebrauch bestimmter Zeichenabwandlungen der Aufrechterhaltung des Zeichenschutzes genügt. Dient auch das grundsätzliche Erfordernis der identischen Benutzung der wirkungsvollen Durchsetzung des Benutzungszwangs, so darf dieser Grundsatz doch nicht dazu führen, den Zeicheninhaber, der sein eingetragenes Warenzeichen lediglich in abgewandelter Form verwendet, leichthin schutzlos zu stellen. Dieser Gesichtspunkt darf nicht unberücksichtigt bleiben, wenn die Grenzen abzustecken sind, innerhalb deren Abwandlungen des Zeichens unschädlich sind. Allein die unterschiedlichen Motive des Zeicheninhabers und die Notwendigkeiten aus praktischen Erwägungen[10], die zum Gebrauch einer Zeichenabwandlung führen können, bieten jedoch allein, mögen sie auch sachlich geboten und nicht willkürlich sein, keine ausreichende Rechtfertigung.

I. Die Auffassungen in der Literatur

1. Überblick

Das Problem, inwieweit Zeichenabwandlungen als Benutzung des eingetragenen Zeichens gewertet werden können, wird nicht einheitlich beantwortet. Ausgangspunkt der Überlegungen[11] ist in diesem Zusammenhang meist Art. 5 C Abs. II PVÜ, wonach der Gebrauch die Ungültigkeit der Eintragung dann nicht nach sich ziehen und den der Marke gewährten Schutz nicht schmälern soll, wenn der Zeichengebrauch von der Eintragung nur in Bestandteilen abweicht, ohne daß dadurch die Unterscheidungskraft der Marke beeinflußt wird. Eine in der Art der Abgrenzung entsprechende Vorschrift stellt Art. 6^{quinquies} C Abs. 2 PVÜ dar; hiernach dürfen in anderen Verbandsländern Fabrik- oder Handelsmarken nicht allein deshalb zurückgewiesen werden, weil sie von den im Ursprungsland geschützten

---

Bökel, Diss., S. 113; *Uekermann*, Diss., S. 174 ff.; *Heydt*, Festschrift für Hefermehl, S. 83/84.

10 Vgl. hierzu oben A.

11 *Schricker*, a.a.O., S. 23; *Nastelski*, a.a.O., S. 328; *Bökel*, Diss., S. 114; *Uekermann*, Diss., S. 174; *Miosga*, a.a.O., S. 59; ders., Benutzungszwang für Warenzeichen, S. 52; *Baumbach - Hefermehl*, a.a.O.; anders jedoch *v. Falck*, GRUR 1972, 184 f., der seine Ausführungen an der „Cheri"-Entscheidung des BGH orientiert, vgl. hierzu unten III.

Marken nur in Bestandteilen abweichen, die gegenüber der im Ursprungsland eingetragenen Form die Unterscheidungskraft der Marken nicht beeinflussen und ihre Identität nicht berühren. Zweck des Art. 5 C Abs. II PVÜ ist es, eine zu strenge Anwendung der den Benutzungszwang betreffenden Vorschriften zu verhindern[12].

Schricker[13] empfiehlt die „konventionskonforme" Auslegung des Benutzungszwangs im deutschen Recht. Diese Auffassung dürfte inhaltlich im wesentlichen mit den Formulierungen übereinstimmen, wonach „die Abwandlung die wesentlichen Elemente des Zeichens beibehalten" müsse[14], die „Wesensgleichheit" zwischen Abweichung und eingetragenem Zeichen nicht verlassen werden dürfe[15], die veränderte Benutzungsform nur in unwesentlichen Bestandteilen von der eingetragenen Form abweichen dürfe[16]. Als wesentlich bezeichnet Kraft[17] die kennzeichnungsskräftigen Elemente des eingetragenen Zeichens; unwesentliche Bestandteile sind hiernach solche, „die zur Unterscheidungskraft nichts beitragen"[18]. V. Gamm[19] und wohl auch Miosga[20] stellen zusätzlich auf die Verkehrsüblichkeit der Abweichung oder auf Anpassungen im Hinblick auf die Verwendbarkeit in der Praxis ab[21].

2. *Die am Schutzbereich orientierte Auffassung*

Am ausführlichsten hat sich Schulze zur Wiesche mit diesem Problemkreis befaßt. Im Anschluß an Kraft[22] geht Schulze zur Wiesche[23] davon aus, daß der Zweck des Benutzungszwangs nur dann erreicht werde, wenn sich der Schutzbereich der eingetragenen und der tatsächlich benutzten Zeichenform decken. Die Verteidigungsmöglichkeiten des

---

12 Vgl. *Miosga,* Internationaler Marken- und Herkunftsschutz, S. 38.
13 a.a.O., S. 23.
14 *Nastelski,* a.a.O., S. 328.
15 *Miosga,* MA 1970, 56/59; ders., Internationaler Marken- und Herkunftsschutz, S. 39.
16 *Baumbach - Hefermehl,* WZG, § 5, Anm. 17; hiergegen *Uekermann,* Diss., S. 177.
17 a.a.O., S. 125.
18 *Schwanhäusser,* a.a.O., S. 180. Beispielhaft zählt Schwanhäusser aus bloßen Linien und Kreisen bestehende Ornamentik oder glatte Beschaffenheitsangaben auf.
19 WZÄndG, Erg. Rdz. 47.
20 MA 1970, 56/59; ders., Benutzungszwang für Warenzeichen, S. 52. Nach *Uekermann,* Diss., S. 177 sollen Verkehrsüblichkeit und praktische Verwendbarkeit abweichende Benutzungsformen rechtfertigen können im Gegensatz zu willkürlich gewählten Abwandlungen. Motiv und Ursache der Abwandlung sind jedoch nicht geeignet, das Maß der zulässigen Abwandlung zu bestimmen. Ansonsten sollen nach *Uekermann,* Diss., S. 182 auch unwesentliche Abweichungen nicht als Benutzung der eingetragenen Form angesehen werden können.
21 Hiergegen *Schulze zur Wiesche,* a.a.O., Fußn. 17 a.
22 a.a.O., S. 125.
23 a.a.O., S. 167 f.

Zeicheninhabers würden erweitert, wenn man trotz des unterschiedlichen Schutzbereichs das eingetragene Zeichen als benutztes ansehen wollte und dem Zeicheninhaber auch aus dieser Zeichenform Verbietungsrechte gegenüber Dritten gewähren würde. Der Schutzbereich sei auf Grund des bloßen Rollenstandes zu vergleichen, wobei die benutzte Zeichenform als ebenfalls eingetragen zu denken sei. Benutzt der Zeicheninhaber nur einen Teil des eingetragenen Gesamtzeichens, also weniger als eingetragen, dann soll es darauf ankommen, ob der weggelassene Zeichenbestandteil den Gesamteindruck des eingetragenen Zeichens mitbestimmt, und daher den Schutzbereich des Zeichens beeinflußt[24]. Auch für sich allein schutzunfähige Bestandteile sollen als den Schutzbereich mitbestimmende Zeichenelemente angesehen werden, sofern sie auf Grund ihrer besonderen Verwendungsart den Gesamteindruck des Zeichens beeinflussen[25]. Benutzt der Zeicheninhaber dagegen mehr als eingetragen, fügt somit dem benutzten Zeichen einen Bestandteil hinzu, dann soll auch bei unterschiedlichem Schutzbereich das eingetragene Zeichen als benutzt gelten, sofern nur der Bestandteil, in dem das eingetragene mit dem tatsächlich benutzten Zeichen übereinstimmt, bei dem tatsächlich benutzten Zeichen selbständig geschützt ist[26].

3. *Kritik dieser Auffassung*

Zuzustimmen ist Schulze zur Wiesche und Kraft darin, daß der Zeichenvergleich der eingetragenen und benutzten Zeichenform derart zu erfolgen hat, daß beide Zeichen als in der Zeichenrolle eingetragen anzusehen und auf ihre Übereinstimmung abstrakt zu untersuchen sind. Ob jedoch der unterschiedliche Schutzbereich das entscheidende Kriterium zur Abgrenzung der nur unwesentlich abweichenden Benutzungsform ist, erscheint fraglich.

Schulze zur Wiesche gewinnt sein Ergebnis, insbesondere für die Benutzung eines Teils des eingetragenen Warenzeichens, vor allem aus einem Vergleich des Benutzungszwangs mit der schon zitierten Rechtsprechung zur Unzulässigkeit von Zeichenänderungen nach der Anmeldung oder Eintragung des Zeichens. Von diesem Grundsatz werden nur in engen Grenzen Ausnahmen zugelassen, nämlich dann, wenn die Änderung lediglich einen unwesentlichen Bestandteil des Zeichens betrifft und eine Unrichtigkeit beseitigt[27]. Insbesondere dürfe

---

[24] a.a.O., S. 171 f.

[25] Im Anschluß an die Rechtsprechung des BGH, vgl. GRUR 1965, 183 (derma); 1963; 163 (formfit); 1966, 436/437 (Vita-Malz); 1966, 676/678 (Shortening); 1967, 485/487 (badedas); Mitt. 1968, 196 (Jägermeister); vgl. hierzu *Baumbach - Hefermehl,* WZG, § 31, Anm. 62.

[26] a.a.O., S. 173. Auch *v. Falck,* GRUR 1972, 184 vertritt eine im Ergebnis ähnliche Auffassung, allerdings mit unterschiedlicher Begründung.

[27] Vgl. PA MuW 1936, 341 (Patended all over the world).

die Zeichenänderung in keiner Hinsicht in bestehende Rechte Dritter eingreifen, was vor allem dann nicht ausgeschlossen ist, wenn die Verwechslungsgefahr mit anderen Zeichen durch die Zeichenänderung beeinflußt werden könnte[28]. Dieser am Schutzbereich orientierten Auffassung ist deshalb für die Fälle nachträglicher Zeichenänderungen zuzustimmen, weil eine den Schutzbereich beeinflussende Änderung der eingetragenen Zeichenform zu einer Erweiterung, zumindest Veränderung der Verbietungsrechte aus der Eintragung führt. Bei der Frage, inwieweit eingetragene und benutzte Warenzeichen zum Nachweis der Benutzung übereinstimmen müssen, bestehe, wie Schulze zur Wiesche ausführt[29], eine ähnliche Interessenlage, da es auch im Rahmen des Benutzungszwangs darum gehe, eine nachträgliche Veränderung des Schutzbereichs durch einen gegenüber der Eintragung abgewandelten Zeichengebrauch zu verhindern.

Eine nähere Betrachtung der Bedeutung der Benutzung im Rahmen des Benutzungszwangs zeigt jedoch, daß sich die Interessenlage wesentlich von derjenigen im Zusammenhang mit der nachträglichen Zeichenänderung unterscheidet[30]. Bei der nachträglichen Änderung der eingetragenen Zeichenform handelt es sich um die Änderung des Objektes des Zeichenschutzes selbst und somit um eine unmittelbare Einwirkung auf den Schutzbereich des Zeichens. Bei dem Gebrauch eines gegenüber der Eintragung abgewandelten Zeichens bleibt jedoch das Schutzobjekt unverändert; der Zeichenschutz richtet sich weiterhin nach der ursprünglich eingetragenen Zeichenform, die von der abgewandelten Benutzung unberührt bleibt. Im Rahmen des Benutzungszwangs ist lediglich die Frage zu entscheiden, ob der Gebrauch des abgewandelten Zeichens der Aufrechterhaltung des Zeichenschutzes aus der eingetragenen Form genügt. Von einer mittelbaren Erweiterung der Verbietungsrechte könnte nur insofern gesprochen werden, als der Zeicheninhaber neben dem Zeichenschutz aus der Eintragung ein Ausstattungsrecht an der abweichend benutzten Form erwerben kann[31]. Diese mögliche Folge einer abgewandelten Zeichenbenutzung rechtfertigt es jedoch nicht, bei der Frage nach der Aufrechterhaltung des Zeichenschutzes aus der Eintragung sich an einer anderweitigen Erweiterung der Verteidigungsrechte zu orientieren, zumal auch nach der hier vertretenen Auffassung, wie sich noch zeigen wird, eine ins Gewicht fallende Inkongruenz der Verbietungsrechte ausgeschlossen ist. Für

---

28 BGH GRUR 1958, 185/186 (Wyeth); PA Bl. 1959, 11/12; 1957, 123 (Dr. Oetker-Packung).

29 a.a.O., S. 169.

30 Vgl. auch *Bauer*, GRUR 1970, 447, jedoch mit zu weitgehendem Ergebnis.

31 Vgl. ferner zum Problem der Verwirkung von Unterlassungsansprüchen oben § 9 A und § 9, Fußn. 4.

die ganz andere Frage jedoch, ob die benutzte, von der Eintragung abweichende Zeichenform bei der Prüfung der Verwechslungsgefahr mit zu berücksichtigen ist, ist auch weiterhin die schon angeführte Rechtsprechung maßgebend, daß bei der Prüfung der Verwechslungsgefahr Vergleichsobjekt grundsätzlich das Warenzeichen in der eingetragenen Form ist. Weiterhin gelten die von diesem Grundsatz anerkannten Ausnahmen, daß die benutzte Zeichenform, sofern sie nicht willkürlich, sondern bestimmungsgemäß, verkehrsüblich oder durch die praktische Verwendbarkeit bedingt ist, bei der Prüfung der Verwechslungsgefahr mit heranzuziehen ist[32]. Diese Rechtsprechung behält ihre selbständige, von der hier im Rahmen des Benutzungszwangs zu erörternden Problematik unabhängige Bedeutung. Hieraus ergibt sich: Sowohl die Rechtsprechung zum Problem der Berücksichtigung der benutzten Zeichenform bei der Prüfung der Verwechslungsgefahr als auch die Rechtsprechung zur ausnahmsweisen Zulässigkeit nachträglicher Zeichenänderungen kann wegen der verschiedenen Problemstellung nicht zur Beurteilung der Frage herangezogen werden, welche abgewandelte Zeichenform der Aufrechterhaltung des Zeichenschutzes aus der Eintragung dient[33].

Doch nicht allein die Anlehnung an eine von einer anderen Interessenkonstellation geprägten Rechtsprechung spricht gegen die Auffassung von Schulze zur Wiesche. Bedenken ergeben sich vor allem deshalb, weil sich unter Zugrundelegung dieser Auffassung im Zeitpunkt der Benutzungsaufnahme gerade in den Grenzfällen keine endgültige Entscheidung dahin treffen läßt, ob die Benutzung des Zeichens in abgewandelter Form als Benutzung des eingetragenen Zeichens gelten kann. Stellt man bei der Benutzung eines Teils des eingetragenen Zeichens in Anlehnung an die Rechtsprechung zur Verwechslungsgefahr[34] darauf ab, ob der weggelassene, an sich schutzfähige Bestandteil den Gesamteindruck des Zeichens beeinflußt, oder ob es sich lediglich um eine vom Verkehr als solche erkannte, rein beschreibende oder glatte Beschaffenheitsangabe handelt[35], dann kann das gewonnene Ergebnis je nach dem Zeitpunkt der Prüfung differieren. Zu Recht hat der BGH festgestellt, daß allein die Art der Wortbildung noch nicht dazu führen muß, daß der Verkehr den beschreibenden Teil des zusammengesetzten Wortzeichens nicht mehr lediglich als Bestim-

---

32 Vgl. die in § 9, Fußn. 6 zitierte Rechtsprechung; gl. A. *Schwanhäusser*, a.a.O., S. 179.

33 gl. A. *Miosga*, MA 1970, 56/59 (zur Rechtsprechung bez. nachträglicher Zeichenänderungen); a. A. *Schulze zur Wiesche*, a.a.O., S. 168/169; gl. A. jedoch bez. der Rechtsprechung zur Berücksichtigung des benutzten Zeichens bei Prüfung der Verwechslungsgefahr.

34 Vgl. § 9, Fußn. 25.

35 Vgl. *Schulze zur Wiesche*, a.a.O., S. 172.

mungsangabe auffaßt[36]. Dementsprechend müßte bei dem Zeichen „badedas" zumindest im Zeitpunkt der Benutzungsaufnahme eine Mitbestimmung des Gesamteindrucks des Zeichens durch die Bestimmungsangabe „bade" verneint werden. Der Gebrauch des Zeichens „das" oder — für den Fall der Auswechselung eines Bestandteiles — die Verwendung des Zeichens „duschdas" müßte dann als Benutzung des eingetragenen Zeichens „badedas" angesehen werden[37], eine schon vom Ergebnis her unter Berücksichtigung des Zwecks des Benutzungszwangs unbefriedigende Konsequenz. Andererseits ist anerkannt, daß ein zu Beginn des Zeichengebrauchs den Gesamteindruck des Zeichens nicht mitbestimmender Zeichenbestandteil diese Funktion auf Grund umfangreicher und langjähriger Benutzung[38], sowie durch einen entsprechenden, auf dieses Ergebnis zielenden Einsatz des Zeichens in der Werbung[39] erlangen kann. Inwieweit diese Möglichkeit gegeben ist, läßt sich für die Frage der dem eingetragenen Zeichen entsprechenden Benutzung zu Beginn der Benutzungsaufnahme weder für den weggelassenen noch für den etwa an dessen Stelle verwendeten Zeichenbestandteil bestimmen.

Ferner kann die starr am Schutzbereich der Zeichen orientierte Auffassung zu einer vom Zweck des Benutzungszwangs nicht notwendig geforderten Schutzversagung führen. Die Veränderung eines einzelnen Buchstabens bei reinen Wortzeichen hat in aller Regel auch eine Änderung des Schutzbereiches zur Folge. Deshalb verlangt Schulze zur Wiesche[40] auch, daß eingetragenes und verwendetes Zeichen grundsätzlich[41] in allen Buchstaben übereinstimmen. Dies führt konsequenterweise dazu, daß ein auch nur geringfügiges Auseinanderfallen des Schutzbereichs von eingetragenem und benutztem Zeichen zum Zeichenverlust führen kann. Es erscheint jedoch fraglich, ob es der Zweck des Benutzungszwangs erfordert, auch dann dem Zeicheninhaber den Schutz aus dem eingetragenen Zeichen zu nehmen, wenn die Schutzbereiche zwar nicht identisch sind, sich aber doch im wesentlichen decken, die Unterschiede kaum ins Gewicht fallen. Benutzt etwa der Inhaber des eingetragenen Zeichens „Annabella" lediglich „Annebella", dann scheint es kaum gerechtfertigt, ihn allein wegen dieser, den

---

36 GRUR 1967, 485/487 (badedas), eine der Entscheidungen, auf die sich Schulze zur Wiesche beruft.

37 Entsprechendes hätte beispielsweise für den Gebrauch des Zeichens „Römer-Pils" für ein Bierprodukt zu gelten, wenn das Zeichen „Frankfurter Römer-Pils" eingetragen ist.

38 BGH Mitt. 1968, 196/197 (Jägermeister/Järgerfürst).

39 BGH GRUR 1972, 180/182 (Cheri) mit Anm. v. Falck, vgl. hierzu unten III.

40 a.a.O., S. 170; gl. A. *Tergau,* MA 1972, 44/45.

41 Buchstabenänderungen dürften nach dieser Auffassung nur insoweit unschädlich sein, als sie den Schutzbereich in keiner Weise berühren.

Schutzbereich nur geringfügig beeinflussenden Zeichenabwandlung schutzlos zu stellen. Dieses Beispiel zeigt auch den Weg für eine nicht strikt am Schutzbereich orientierte Auffassung, wie sie im folgenden näher darzulegen ist.

II. Die Zeichenabwandlung im Identitätsbereich

Es hat sich gezeigt, daß sich das Problem der Berücksichtigung abgewandelter Benutzungsformen nicht dahin lösen läßt, daß auf die Veränderung des Schutzbereichs gegenüber der eingetragenen Zeichenform abgestellt wird. Mit der Prüfung des Einflusses abgewandelter Zeichenbestandteile auf die Unterscheidungskraft läßt sich das Problem rein beschreibender Zeichenbestandteile nicht erfassen; berücksichtigt man konkret die mögliche Mitbestimmung des Gesamteindrucks durch den entsprechenden Zeichenbestandteil in bezug auf die Verwechslungsgefahr, dann wird im Zeitpunkt der Benutzungsaufnahme eine endgültige Beurteilung unmöglich. Weder Unterscheidungskraft noch Kennzeichnungskraft[42] können relevante Abgrenzungskriterien zur Beurteilung zu berücksichtigender Zeichenabwandlungen sein.

Geht man vom Grundsatz der notwendigen identischen Zeichenbenutzung aus, d. h. des Zeichengebrauchs in der eingetragenen Gestaltungsform, dann läßt sich die zu berücksichtigende Zeichenabwandlung nur in Form einer wertenden Betrachtung in bezug auf die Zeichenidentität erfassen. Zu Recht gebraucht Hefermehl[43] als Beurteilungsmaßstab die Formulierung, das gebrauchte Zeichen müsse vom Verkehr „noch als identisch" mit dem eingetragenen Zeichen aufgefaßt werden. Dem Verkehr muß das benutzte Zeichen trotz seiner Abwandlungen noch als identisch mit dem eingetragenen Zeichen und nicht als ein anderes, weiteres Zeichen des Zeicheninhabers erscheinen. Maßgebend ist hierbei nicht der weite Bereich der Verwechslungsgefahr[44] oder der Bereich ähnlicher Zeichen[45], sondern der Identitätsbereich des Zeichens[46].

---

[42] Vgl. zum Unterschied dieser Begriffe *Baumbach - Hefermehl,* WZG, § 1, Anm. 17; § 31, Anm. 14, 95.

[43] *Baumbach - Hefermehl,* WZG, § 5, Anm. 17; *Miosga,* Benutzungszwang für Warenzeichen, S. 52, stellt darauf ab, ob „die Formen ohne besondere Aufmerksamkeit für identisch gehalten werden".

[44] Derart weitgehend lediglich *Bauer,* GRUR 1970, 447/448.

[45] Auf den Ähnlichkeitsbereich stellt Art. 42 Abs. 3 des italienischen Markengesetzes ab.

[46] Vgl. auch Sec. 30 Abs. 1 des englischen Trade Marks Act von 1938: Wo von den Vorschriften dieses Gesetzes der Beweis der Benutzung einer eingetragenen Marke zu irgendeinem Zweck verlangt wird, kann das Gericht, wenn und soweit es dies für richtig hält, die Benutzung einer verbundenen eingetragenen Marke als Äquivalent für die zu beweisende Benutzung genügen lassen oder die Benutzung einer Marke mit Zusätzen oder Änderungen, die ihre Identität nicht wesentlich berühren.

Hierbei handelt es sich nicht um einen funktionalen Begriff entsprechend dem der Verwechslungsgefahr, sondern um einen formalen Begriff, der sich lediglich nach dem äußeren Erscheinungsbild des Zeichens bestimmt. Bei der Prüfung, ob der Verkehr bei einem Zeichenvergleich davon ausgeht, daß die abgewandelte Form noch im Identitätsbereich des eingetragenen Zeichens liegt, die Abwandlung die Zeichenidentität daher nur geringfügig berührt, ist ein strenger Maßstab des sorgfältig urteilenden Verkehrs anzulegen. Entscheidend ist der Gesamteindruck des Zeichens. Zu weit geht Troller[47] bei der Auslegung von Art. 9 Abs. 3 des Schweizerischen Markenschutzgesetzes, wonach der Zeichengebrauch in einer von der Eintragung nur in unwesentlichen Bestandteilen abweichenden Form genügt. Nach Troller ist ausreichend, wenn das gebrauchte Zeichen in den charakteristischen Elementen mit der eingetragenen Zeichenform lediglich soweit übereinstimmt, „daß es bei flüchtiger Betrachtung als identisch erscheint". Bei der wertenden Erfassung des Identitätsbereiches ist einerseits zu berücksichtigen, daß es dem Zeicheninhaber jederzeit möglich ist, sich die Zeichenabwandlung selbst eintragen zu lassen, er deshalb nicht mit einer großzügigen Begrenzung des Identitätsbereichs rechnen kann; andererseits erfordert es der Zweck des Benutzungszwangs nicht, bei den Schutzbereich nur geringfügig berührenden Zeichenabwandlungen dem Zeicheninhaber den Zeichenschutz zu versagen. Generelle Grenzen lassen sich zur Beurteilung des Identitätsbereichs nicht ziehen. Geht man jedoch davon aus, daß eine Abwandlung grundsätzlich zur Heranbildung eines selbständigen weiteren Zeichens tendiert, dann bleiben unschädliche Abwandlungen Ausnahmetatbestände, das vom Verkehr nicht mehr als identisch gewertete Zeichen die Regel.

III. Die „Cheri"-Entscheidung des BGH

Der BGH hat in seiner „Cheri"-Entscheidung[48] in anderem Zusammenhang entschieden, daß in der Benutzung von „Mon-Cheri" nicht zugleich eine Benutzung von „Cheri" als vollständiges Warenzeichen liege, wenn für einen Geschäftsbetrieb die Warenzeichen „Mon-Cheri" und „Cheri" eingetragen sind. Die im Ergebnis — sofern die tatsächlichen Feststellungen in dem Urteil zutreffend sind — zu billigende Entscheidung bedarf an dieser Stelle deshalb einer näheren Untersuchung, weil Leitsatz, wie Begründung Anlaß für eine Auffassung sein könnten, die in bezug auf das hier behandelte Problem im Rahmen des Benutzungszwangs zurückzuweisen wäre[49].

---

[47] Immaterialgüterrecht, Bd. I, S. 324.

[48] Vgl. § 9, Fußn. 39.

[49] Bedenken gegen die Entscheidung bei *v. Falck*, GRUR 1972, 184, vgl. hierzu weiter unten im Text; *Heydt*, GRUR 1972, 290/302, Fußn. 40; *Heiseke*, WRP 1973, 185/189; *Heil*, GRUR 1973, 170/174 = MA 1973, 59/64.

Der BGH hatte zu entscheiden, ob es sich bei dem eingetragenen Warenzeichen „Cheri“ um ein unbenutztes Abwehrzeichen oder um ein infolge der Benutzung des ebenfalls eingetragenen Zeichens „Mon-Cheri“ mitbenutztes Zeichen handelt, aus dem selbständig Ansprüche abgeleitet werden können. Der BGH ging, wie schon ausgeführt, zu Recht von dem Grundsatz aus, daß, soweit eine Zeichenbenutzung zur Aufrechterhaltung des Zeichenrechts notwendig ist, auch nur eine der eingetragenen Zeichenform entsprechende Benutzung die für den Fortbestand des Zeichenrechts erforderlichen Rechtswirkungen erzeugen könne, die Benutzung einer von der Rolleneintragung abweichenden Zeichenform grundsätzlich nicht als Benutzungshandlung für das eingetragene Warenzeichen genüge. Die Frage jedoch, ob und in welchem Ausmaß geringfügige Abweichungen der Benutzungsform von dem eingetragenen Zeichen unschädlich sind, ließ der BGH ausdrücklich offen und stützte seine Entscheidung auf die in zweierlei Hinsicht besonderen Umstände des Einzelfalles. Zum einen sei davon auszugehen, „daß es sich ungeachtet der zwischen ‚Cheri‘ und ‚Mon-Cheri‘ bestehenden Gemeinsamkeiten im Gesamteindruck“ — im Anschluß an die Feststellungen der — „Mon-Cheri“ I — Entscheidung[50] — „um zwei selbständige Warenzeichen handelt“, d. h. — wie auch im Leitsatz ausdrücklich hervorgehoben wird — um zwei nebeneinander eingetragene Warenzeichen. Zum anderen habe die Zeicheninhaberin „durch ihre umfangreiche, diesbezügliche Werbung erreicht, daß der Verkehr ihr Warenzeichen ‚Mon-Cheri‘ als zusammengehörige, einheitliche Wortverbindung auffaßt, innerhalb deren der Zeichenbestandteil ‚Cheri‘ nicht mehr als allein kennzeichnend herausragt“. Demzufolge erscheine der Zeichenbestandteil „Cheri“ des benutzten Warenzeichens „Mon-Cheri“ dem Verkehr „nur als loser, unselbständiger Bestandteil der Gesamtbezeichnung ohne eigene Herkunftshinweisfunktion“, worin keine Benutzung „des an sich selbständigen Warenzeichens ‚Cheri‘ unter Ausnutzung von dessen eigener, selbständiger Herkunftshinweisfunktion“ liege.

Diese Begründung könnte, auf den Benutzungszwang übertragen, zu der Auffassung verleiten, die Problematik der Benutzung von abgewandelten Zeichenformen unterschiedlich danach zu behandeln, ob die Zeichenbenutzung lediglich der Aufrechterhaltung des Zeichenschutzes aus einem einzigen, nicht voll übereinstimmenden oder zusätzlich aus dem identischen, eingetragenen Zeichen dienen soll. Sind neben der identischen, noch weitere abgewandelte Zeichenformen eingetragen, dann — so wäre zu folgern — soll, selbst bei Vorliegen nur geringfügiger Abweichungen die Benutzung nur dann als Benutzung der weiteren eingetragenen Zeichen gelten, wenn diese als Bestandteil des

[50] BGH 34, 1/12.

unbenutzten Zeichens eine selbständige eigene Herkunftshinweisfunktion entwickeln. Dieses — gegenüber der Prüfung der geringfügigen Abweichung — zusätzliche Moment der Ausnutzung eigener Herkunftsfunktion entfiele lediglich, wenn für den Zeicheninhaber kein identisches Zeichen, sondern nur eine abgewandelte Zeichenform eingetragen ist. Die Rechtfertigung einer derart differenzierten Auffassung könnte darin gesehen werden, daß der Zeicheninhaber, für den ein identisches Zeichen eingetragen ist, ausreichend geschützt ist, und deshalb an die Zurechnung der Benutzung auf andere Eintragungen weitere Anforderungen zu stellen sind. Ist jedoch für den Zeicheninhaber nur eine abgewandelte Zeichenform eingetragen, dann entscheidet sich mit der Zurechnung der Benutzung auch, ob dem Zeicheninhaber überhaupt aus einem eingetragenen Warenzeichen Zeichenschutz zukommt.

Eine solche Betrachtungsweise verbietet sich aber schon deshalb, weil hierdurch der Zeicheninhaber schlechter gestellt würde, der sich ein identisches Zeichen hat eintragen lassen und somit gerade das getan hat, was der Benutzungszwang verlangt und jedem Zeichenbenutzer ohne weiteres möglich ist. Insbesondere bliebe unberücksichtigt, daß eine Zeichenbenutzung im Verkehr nicht für eine bestimmte Zeicheneintragung erfolgt. Sind für den Zeicheninhaber mehrere identische Zeichen eingetragen, dann genügt die Benutzung eines identischen Zeichens jeder dieser selbständigen Eintragungen[51]. Bei mehreren abgewandelten Zeicheneintragungen ist dann auch in bezug auf jede einzelne Eintragung die Frage nach dem Identitätsbereich gesondert zu stellen, ungeachtet einer daneben vorliegenden Eintragung. Die Ausführungen des BGH lassen sich allein unter Berücksichtigung der besonderen Fragestellung der Entscheidung erklären, ob nämlich „Cheri" ein Abwehrzeichen gegenüber dem Hauptzeichen „Mon-Cheri" darstellt, und sind auf die Problematik der Benutzung von Zeichenabwandlungen im Rahmen des Benutzungszwangs nicht übertragbar.

Hervorzuheben ist jedoch, daß der BGH das von ihm nicht entschiedene Problem, ob und in welchem Ausmaß geringfügige Abweichungen der Benutzungsform von dem eingetragenen Zeichen unschädlich sind, zumindest losgelöst sieht von der Herkunftshinweisfunktion einzelner Zeichenbestandteile. Dies entspricht der hier vertretenen Auffassung von einer nach dem äußeren Gesamteindruck des Zeichens wertenden Feststellung des Identitätsbereichs.

Aus diesen Gründen muß auch den Ausführungen v. Falcks in seiner Anmerkung zur „Cheri"-Entscheidung widersprochen werden. V. Falck überträgt die vom BGH für die spezielle Fallgestaltung gegebene Begründung im Wege des Umkehrschlusses auf die allgemeine Proble-

---

51 *Baumbach - Hefermehl*, § 5, Anm. 17.

matik im Rahmen des Benutzungszwangs. Da der BGH die Benutzung des Zeichens „Cheri" auf Grund des tatsächlichen Gebrauchs des Zeichens „Mon Cheri" mit der Begründung verneinte, die Bezeichnung „Cheri" erscheine als bloßer, unselbständiger Bestandteil der Gesamtkennzeichnung ohne eigene Herkunftshinweisfunktion, dem Verkehr trete allein das einheitliche Warenzeichen „Mon Cheri" mit seiner auf der einheitlichen Gesamtwirkung beruhenden Herkunftsfunktion entgegen, nimmt v. Falck an, die Benutzung der Gesamtkombination sei aber dann auch eine solche des selbständig eingetragenen Bestandteils, wenn diesem Bestandteil eine eigene Herkunftshinweisfunktion zukomme. Die Benutzung des Zeichens „Felina-Britta" sei daher auch eine solche des eingetragenen Zeichens „Britta"[52, 53].

Hierbei wird übersehen, daß der BGH die grundsätzliche Frage, wann die Benutzung einer von der Rolleneintragung abweichenden Zeichenform als Benutzungshandlung für das eingetragene Zeichen genüge, ausdrücklich nicht entschieden hat, sich seine weiteren, die selbständige Herkunftskennzeichnungsfunktion einzelner Zeichenbestandteile betreffenden Ausführungen nicht auf diesen Problemkreis beziehen. Im übrigen bestehen die gleichen, grundsätzlichen Bedenken, die gegen die Auffassung Schulze zur Wiesches erhoben wurden: Verliert, wie gerade der „Cheri"-Fall zeigt, der ursprünglich selbständige Bestandteil auf Grund intensiven Gebrauchs des Gesamtzeichens seine eigene Herkunftshinweisfunktion, dann entfiele zu diesem Zeitpunkt die Möglichkeit, die Benutzung dem selbständig eingetragenen Bestandteil zuzurechnen; die Benutzungszurechnung differiert je nach dem Zeitpunkt der Prüfung und der Verkehrsdurchsetzung des Gesamtzeichens[54]. Verneint man jedoch, wie dies anscheinend v. Falck vorschlägt, den Verlust der selbständigen Bedeutung des Bestandteils auf Grund der intensiven Benutzung und umfangreichen Werbung, um weiterhin auch eine Benutzung des selbständig als Warenzeichen eingetragenen Bestandteils annehmen zu können, dann muß man die den Zwecken des Benutzungszwangs zuwiderlaufende Konsequenz in Kauf nehmen, daß möglicherweise der Schutzbereich der im Verkehr bekannten Gesamtkombination

---

52 Diese Auffassung kommt, wenn auch mit anderer Begründung, im Ergebnis den Ausführungen Schulze zur Wiesches nahe, daß das eingetragene Zeichen dann als benutzt angesehen werden soll, wenn der Zeicheninhaber bei der Benutzung dem eingetragenen Zeichen einen weiteren Bestandteil hinzufügt, sofern der Bestandteil, in dem das eingetragene mit dem tatsächlich benutzten Zeichen übereinstimmt, bei dem tatsächlich benutzten Zeichen selbständig geschützt ist; vgl. hierzu oben I 2,3.

53 Zust. *Heiseke*, WRP 1973, 185/189. Auch *Heydt*, GRUR 1972, 290/302, Fußn. 40 erhebt Bedenken gegen die „Cheri"-Entscheidung. Die Benutzung eines eingetragenen Zeichens mit einem Zusatz sei als Benutzung im Sinne des Benutzungszwangs anzuerkennen.

54 Vgl. hierzu oben I 3 und speziell zu Kombinationszeichen unten D V.

enger zu beurteilen ist als der des eingetragenen Bestandteils. Dies lehrt gerade die „Cheri"-Entscheidung: Zwischen der Benutzungsform „Mon Cheri" und dem angegriffenen Zeichen „Cérisio" war die Verwechslungsgefahr zu verneinen, zwischen „Cheri" und „Cérisio" dagegen zu bejahen. Die Aufrechterhaltung der Verbietungsrechte aus dem selbständig eingetragenen Bestandteil kann somit zu einer Erweiterung des Schutzumfangs gegenüber der als eingetragen gedachten, bzw. meist auch zusätzlich eingetragenen Benutzungsform führen[55]. Bei Billigung dieses Ergebnisses[56] wird eine wirksame Eliminierung von Defensiv- und Vorratszeichen[57] aus der Zeichenrolle nicht erreicht, es würden im Gegenteil über den Benutzungszwang derartige Zeichen im Bereich von unbenutzten Hauptzeichen stabilisiert.

D. Beurteilung einzelner Zeichenarten

I. Wortzeichen

Bei reinen Wortzeichen muß nicht jede Abweichung in der Buchstabenfolge schaden. Zuzustimmen ist jedoch dem von Schricker[58] aus der amerikanischen Entscheidungspraxis zitierten Fall, in dem die Benutzung von „Ni-Tensyliron" als nicht genügend zur Aufrechterhaltung des eingetragenen Zeichens „Ni-Tensyl" angesehen wurde. Die Veränderung einzelner Silben — auch solcher rein beschreibenden Charakters — wird nur selten innerhalb des Identitätsbereichs liegen. Ausreichend ist dagegen der Zeichengebrauch in einer von der speziellen[59] Eintragung abweichenden Schreibweise[60], etwa in anderen Schrifttypen, in Groß- oder Kleinschreibung[61]; etwas anderes kann nur dann gelten, wenn die eigenartige Ausgestaltung des Zeichens den Gesamtcharakter entscheidend prägt[62]. Auch Ausschmückungen des Zeichens,

---

55 Dieses Ergebnis ist auch mit der am Schutzbereich orientierten Auffassung Schulze zur Wiesches nicht vereinbar, die sich gerade im Gegenteil darauf zu stützen versucht, der Zeicheninhaber würde durch die Benutzung eines Zeichens, das gegenüber der Rolleneintragung einen zusätzlichen Bestandteil aufweist, den Schutzbereich erweitern; vgl. oben I 2, 3.

56 *v. Falck*, a.a.O., S. 185 nimmt diese Konsequenz ausdrücklich in Kauf.

57 Vgl. hierzu § 12.

58 a.a.O., S. 23, Fußn. 69.

59 Vgl. *Baumbach - Hefermehl* WZG, § 2, Anm. 21.

60 *Uekermann*, Diss. S. 178.

61 Zu Recht anders BPatGE 1, 75 für die Beurteilung der Verwechslungsgefahr, bei der die benutzte Zeichenform „juno" nicht als verkehrsübliche Wiedergabeform des eingetragenen Zeichens „JUNO" berücksichtigt wurde. Dem Benutzungszwang genügen dürfte aber auch „iuno", sofern „juno" eingetragen ist.

62 Ähnlich *Schulze zur Wiesche*, a.a.O., S. 170.

Ornamente, Linien, Kreise können die Zeichenidentität, insbesondere im Falle besonderer Eigenart, wesentlich beeinflussen[63].

II. Bildzeichen

Bei Bildzeichen bestimmt sich die Wesentlichkeit der Abwandlung ebenfalls nach dem Gesamteindruck des abgewandelten Zeichens; jedoch dürften bei Bildzeichen geringfügige Abweichungen innerhalb des Identitätsbereichs häufiger anzutreffen sein als bei reinen Wortzeichen[64]. Das Zeichenmotiv (Sinngehalt) darf durch die Abwandlung jedenfalls nicht verändert werden[65], jedoch setzt nicht umgekehrt eine erhebliche Zeichenänderung eine Beeinflussung der Sinnwirkung voraus, sondern ist auch schon bei bloßer Umgestaltung der äußeren Bildwirkung möglich.

Da durch die Eintragung die farbliche Gestaltung des Zeichens nicht festgelegt wird, ist bei schwarz-weiß, wie auch bei farbig eingetragenen Zeichen grundsätzlich jede farbliche Wiedergabeform ausreichend. Etwas anderes hat dann zu gelten, wenn sich die Farbkomposition selbst durch eine den Gesamtcharakter des Zeichens wesentlich beeinflussende Eigenart auszeichnet, oder durch die farbliche Änderung bestimmte Zeichenteile zu charakteristischen, den Gesamtcharakter ändernden Elementen werden[66]. In beiden Fällen kommt der Farbgestaltung eine die Identität des Zeichens beeinflussende Funktion zu, sei es daß das Zeichenrecht allein durch den Gebrauch in der charakteristischen Farbgestaltung aufrechterhalten wird, sei es daß die Benutzung des Zeichens in der konkreten farblichen Ausgestaltung das Zeichen wesentlich verändert. Maßgebend sind die allgemeinen Grundsätze, ob nämlich der Verkehr das benutzte Zeichen nach seinem äußeren Erscheinungsbild noch als identisch mit dem eingetragenen Zeichen wertet[67]. Hat der Zeicheninhaber in einer der Anmeldung beigefügten Beschreibung den Schutzumfang seines Zeichens auf eine bestimmte Farbe beschränkt, dann ist der Zeichengebrauch auch in dieser Farbgestaltung erforderlich[68, 69].

---

[63] *Schulze zur Wiesche*, a.a.O., S. 172; weitergehend *Schwanhäusser*, a.a.O., S. 180.

[64] Zu Recht erwägt *Schulze zur Wiesche*, a.a.O., S. 170, für Bildzeichen Abweichungen in weiterem Umfang als bei Wortzeichen zuzulassen; gl. A. *Tergau*, MA 1972, 44/46; a. A. *Uekermann*, Diss., S. 178.

[65] gl. A. *Schulze zur Wiesche*, a.a.O., S. 171.

[66] Vgl. BGH GRUR 1956, 183 (Dreipunkt); 1957, 369/370 (rosa-weiß); 1957, 553 (Tintenkuli).

[67] Ähnlich *Müller*, GRUR 1972, 524/525.

[68] gl. A. *Schulze zur Wiesche*, a.a.O., S. 171; *Heiseke*, WRP 1973, 185/189.

[69] Mehr noch als das Problem der unwesentlichen Abwandlung wird bei reinen Bildzeichen im Rahmen des Benutzungszwangs bei zahlreichen Gebrauchsarten zweifelhaft und sorgfältig zu prüfen sein, ob die Art der

III. Wiedergabe des Zeichens in anderen Zeichenformen

Die Wiedergabe des Sinngehalts eines Bildzeichens in Form eines Wortzeichens, wie umgekehrt die Wiedergabe eines Wortzeichens in bildlicher oder plastischer Form stellt regelmäßig keine Benutzung des eingetragenen Zeichens dar[70]. Flächenzeichen können jedoch auch durch plastische (dreidimensionale) Wiedergabe ausreichend benutzt werden[71].

IV. Serienzeichen

Sind für den Zeicheninhaber mehrere Zeichen eingetragen, die sich durch einen gemeinsamen, im Verkehr auf dieselbe Herkunftsstätte hinweisenden Stammbestandteil auszeichnen, sog. Serienzeichen, dann kann grundsätzlich der Gebrauch eines Zeichens nicht auch als Benutzungsnachweis für die übrigen eingetragenen Zeichen der Serie gelten[72]. Auch aus der Auffassung Hefermehls[73] kann keine weitere Zurechnung der Benutzung abgeleitet werden, da auch bei Serienzeichen die Benutzung eines Zeichens nur dann als Benutzung der übrigen Zeichen gewertet werden soll, wenn die außerhalb des charakteristischen Stammbestandteils liegenden Zeichenelemente den Gesamteindruck des Zeichens nur unwesentlich beeinflussen. Es wird jedoch bei Serienzeichen nicht selten anzutreffen sein, daß nicht nur die Herkunftskennzeichnungsfunktion allein auf dem charakteristischen Stammbestandteil beruht, sondern dieser das äußere Erscheinungsbild des Zeichens derart beherrscht, daß die übrigen Zeichenbestandteile keinen wesentlichen Einfluß auf den Gesamteindruck ausüben, und sich deshalb andere Zeichenformen im Identitätsbereich ansiedeln können. Dies ist dann der Fall, wenn allein der Stammbestandteil als Kernbereich des Zeichens den Gesamteindruck prägt[74].

Verwendung des Bildzeichens als objektiv herkunftsbestimmender Gebrauch zu werten ist; vgl. hierzu die kritischen Anmerkungen von *Bußmann*, Festschrift für Wilde, S. 23/38.

70 *Baumbach - Hefermehl*, WZG, § 5, Anm. 17; *Heydt*, Festschrift für Hefermehl, S. 83; *Schricker*, a.a.O., S. 23; *Heiseke*, WRP 1973, 185/189; *Uekermann*, Diss., S. 178. Als Beispiel diene die von Schricker berichtete Entscheidung des Schweizerischen Bundesgerichts, Schw.Mitt. 1966, 138, wonach die Benutzung einer aus fünf Sternen zusammengesetzten Bildmarke nicht als Benutzung der Wortmarke „Fünfstern“ anerkannt wurde. Man denke ferner an die Wortmarken Blaupunkt, Krone, Napoleon etc.

71 *Kraft*, a.a.O., S. 125; *Schulze zur Wiesche*, a.a.O., S. 171.

72 *Schwanhäusser*, a.a.O., S. 179 f.; *Bökel*, Diss., S. 117 f.

73 GRUR 1968, 486/489; *Baumbach - Hefermehl*, WZG, § 5, Anm. 17; vgl. die Kritik bei *Schwanhäusser*, a.a.O., S. 179; *Schricker*, a.a.O., S. 23, Fußn. 71; *Schulze zur Wiesche*, a.a.O., S. 171, Fußn. 36; *Uekermann*, Diss., S. 180/181.

74 Eine noch strengere Auffassung vertritt *Miosga*, Benutzungszwang für Warenzeichen, S. 52 f., der bei Serienzeichen und Kombinationszeichen eine strikte Benutzung des Gesamtzeichens verlangt, auch wenn die Abweichung im Gesamteindruck zurücktritt.

V. Zusammengesetzte Zeichen und Mischzeichen

Aus verschiedenen Einzelbestandteilen zusammengesetzte Zeichen können grundsätzlich nur durch die Wiedergabe des Gesamtzeichens benutzt werden. Nur dann, wenn ein einzelner Bestandteil den Gesamteindruck des Zeichens nach dessen äußerem Erscheinungsbild nur geringfügig beeinflußt, kann dieser Bestandteil weggelassen oder verändert werden[75, 76]. Besteht das zusammengesetzte eingetragene Zeichen aus mehreren einzelnen, ebenfalls eingetragenen Zeichen, dann werden weder durch Benutzung des Gesamtzeichens auch die Einzelzeichen, noch wird durch den selbständigen Gebrauch beider Einzelzeichen das Gesamtzeichen benutzt, denn die einzelnen Zeichen können untereinander nicht als identisch angesehen werden[77].

Die Beurteilung des Identitätsbereichs nach dem durch das äußere Erscheinungsbild des Zeichens vermittelten Gesamteindruck hat nicht

---

[75] Vgl. *Schwanhäusser*, a.a.O., S. 178 f.; *Bökel*, Diss., S. 116 f. Die Abgrenzung *Schulze zur Wiesches*, a.a.O., S. 171 f., wonach entscheidend sein soll, ob der betreffende Bestandteil bei der Beurteilung der Verwechslungsgefahr mit zu berücksichtigen sei oder nicht, wurde schon oben erörtert, vgl. C I 2, 3.

[76] Es wurde schon ausgeführt, daß der Identitätsbereich wesentlich enger zu ziehen ist als der Bereich der Verwechslungsgefahr, vgl. oben C II. Auch hier zeigt sich, daß die im Verletzungsrecht entwickelten Grundsätze nicht auf die im Zusammenhang mit dem Benutzungszwang entstehenden Probleme übertragen werden können. Dies gilt nicht nur für den Begriff des warenzeichenmäßigen Gebrauchs, vgl. hierzu oben § 6 B I 2 c, sondern auch für das Problem der Verwechslungsgefahr bei der Benutzung eines Zeichenbestandteils durch einen Dritten. Übernimmt ein Dritter in seine Firma den Zeichenbestandteil „Charme+Chic“ eines eingetragenen Warenzeichens mit dem Wortbestandteil „Charme+Chic MÜNCHEN MARIENPLATZ“, dann verletzt er das Recht aus dem Gesamtzeichen des Zeicheninhabers, „wenn dieser Bestandteil den Gesamteindruck des Warenzeichens bestimmt und in die angegriffene Firmenbezeichnung nicht so eingegliedert ist, daß er nicht mehr die Erinnerung an das Warenzeichen hervorruft, BGH GRUR 1973, 265/266 (Charme+Chic); vgl. schon BGH GRUR 1954, 123/125 (Auto-Fox); GRUR 1958, 604 (Wella-Perla). Verwendet dagegen der Zeicheninhaber des Gesamtzeichens „Charme+Chic MÜNCHEN MARIENPLATZ“ selbst allein den Zeichenbestandteil „Charme+Chic“ — gegebenenfalls in Verbindung mit einem weiteren Zusatz —, dann stellt dieser Zeichengebrauch keine Benutzung des Gesamtzeichens im Sinne des Benutzungszwangs dar.

[77] Weitergehend *Hefermehl*, GRUR 1968, 486/489, Fußn. 26; *Baumbach-Hefermehl*, WZG, § 5, Anm. 17, wonach die Benutzung des Kombinationszeichens zugleich eine Benutzung der Einzelzeichen, wie umgekehrt die Benutzung der Einzelzeichen zugleich eine Benutzung des Gesamtzeichens darstellen kann. Nach *Uekermann*, Diss., S. 183 soll jedenfalls dann die Benutzung der Kombinationsmarke der ihrer selbständig geschützten Bestandteile gleichzusetzen sein, wenn der Verkehr die Einzelzeichen als Hinweis auf die Herkunft der Ware aus einem bestimmten Geschäftsbetrieb wertet. Die mögliche Erklärung des Zeicheninhabers bei der Anmeldung, die zusammengesetzten Zeichen nur zusammen als eine Einheit zu verwenden (Sammelzeichen), ist für das Problem der Anrechnung der Benutzung nicht rechtserheblich, sondern muß sich gleichermaßen beantworten für Zeichen, die ohne eine solche Erklärung eingetragen werden, gl. A. *Bökel*, Diss., S. 117; a. A. *Schwanhäusser*, a.a.O., S. 179; *Uekermann*, Diss., S. 179.

nur dann zu gelten, wenn nur Teile eines eingetragenen Zeichens benutzt werden, sondern auch für die Fälle, in denen die eingetragene Zeichenform mit zusätzlichen Zeichenelementen versehen wird. Die Hinzufügung von Zeichenbestandteilen soll nach Schulze zur Wiesche[78] dagegen unschädlich sein, wenn die eingetragene Zeichenform als Bestandteil des tatsächlich benutzten Zeichens bei diesem selbständig geschützt ist; denn dem Zweck des Benutzungszwangs stehe nicht entgegen, wenn sich der Zeicheninhaber durch die tatsächliche Benutzung zusätzliche Verbietungsrechte verschaffe. Diese Ausführungen sind auf der Grundlage einer am Schutzbereich orientierten Auffassung in sich konsequent, weisen aber auch in diesem Zusammenhang den schon mehrfach erwähnten Mangel auf, daß nach dieser Auffassung das Problem der Zurechnung der Benutzung in verschiedenen Zeitpunkten unterschiedlich beurteilt werden kann; auch der selbständig geschützte, das Gesamtzeichen beherrschende Zeichenbestandteil kann infolge intensiver diesbezüglicher Benutzung seinen Stellenwert innerhalb des zusammengesetzten Zeichens verlieren, die Kennzeichnungskraft des Zeichens sich auf die Zeicheneinheit verlagern[79]. Die Benutzung des eingetragenen Zeichens mit einem zusätzlichen Bestandteil kann daher grundsätzlich nicht anders behandelt werden als die Benutzung eines Teils des eingetragenen Zeichens. Der Gebrauch des eingetragenen Zeichens mit einem bloßen Zusatz kann nur dann als Benutzung der eingetragenen Zeichenform gelten, wenn diese als Teil des Zeichens derart beherrschend wirkt, daß auch im Hinblick auf die weitere Entwicklung der Kennzeichnungskraft des Zeichens dem Zusatz keine eigene Bedeutung beigemessen werden kann, vielmehr allein die eingetragene Zeichenform als Kernbereich der benutzten Zeichenabwandlung den Gesamteindruck des Zeichens prägt.

Auch die Teilbenutzung von aus Wort- und Bildelementen kombinierten Zeichen (Misch- oder Kombinationszeichen) beurteilt sich nach den gleichen Grundsätzen[80].

---

[78] a.a.O., S. 173; gl. A. im Anschluß an die „Cheri"-Entscheidung des BGH *v. Falck*, GRUR 1972, 184; vgl. auch *Uekermann*, Diss., S. 183.

[79] Vgl. hierzu die „Cheri"-Entscheidung des BGH, GRUR 1972, 180 und die Kritik im Rahmen der Auffassung von Schulze zur Wiesche, oben unter I 3 und von v. Falck, oben unter III.

[80] Auch Schulze zur Wiesche will für diese Zeichen formal auf den äußeren Gesamteindruck abstellen. Zur Veränderung von Zeichenausschmükkungen vgl. oben D I a. E.

§ 10 Mehrfachkennzeichnung und Mehrfacheintragung

A. Mehrfachkennzeichnung

I. Abgrenzung des Problems

Zeicheninhaber, die nicht sämtliche ihrer eingetragenen Warenzeichen einzeln zur Kennzeichnung einer bestimmten Ware verwenden, könnten versuchen, den Benutzungsnachweis dadurch zu erbringen, daß sie gleichzeitig mehrere Warenzeichen für eine Ware gebrauchen, etwa indem sie die einzelne Ware mit mehreren Warenzeichen versehen. Es stellt sich das Problem, ob und inwieweit durch eine derartige Mehrfachkennzeichnung einer einzelnen Ware für jedes selbständig eingetragene Warenzeichen ein genügender Benutzungssachverhalt begründet werden kann.

Das Charakteristische der Mehrfachkennzeichnung ist, daß das einzelne Warenzeichen für sich als selbständige Kennzeichnung der Ware erscheint. Dieser Sachverhalt unterscheidet sich daher grundlegend von dem Gebrauch zusammengesetzter Warenzeichen. Diese stellen eine einheitliche Bezeichnung der Ware dar. Auch wenn die einzelnen Bestandteile zusammengesetzter Warenzeichen selbständig als verschiedene Warenzeichen eingetragen sind, bilden sie nach dem äußeren Erscheinungsbild ihrer Verwendung eine Zeicheneinheit. Die Problematik zusammengesetzter Warenzeichen stellt sich unter dem schon behandelten Aspekt der Benutzung von abgewandelten Zeichen. Hierzu wurde schon ausgeführt, daß die Benutzung des Gesamtzeichens grundsätzlich nicht auch als Benutzung der als selbständige Warenzeichen eingetragenen Zeichenbestandteile gewertet werden kann[1].

---

[1] Vgl. hierzu oben § 9. Diese Unterscheidung wird bei *Schwanhäusser*, a.a.O., S. 181 im Rahmen seiner Kritik an der von *Schricker*, a.a.O., S. 23, Fußn. 69 zitierten Entscheidung aus der amerikanischen Praxis nicht genügend deutlich: Dort wurde zu Recht die Benutzung des Zeichens „Yankee Clipper Blended Whisky“ nicht als Benutzung der beiden Wortmarken „Yankee“ und „Clipper“, sondern lediglich als Benutzung der Wortmarke „Yankee Clipper“ gewertet. Desgleichen handelt es sich bei dem von *Schwanhäusser*, a.a.O., gebildeten Fall, daß eine Herstellerin von Wermut, die ihr Erzeugnis bisher als „Napoleon“ bezeichnete, sich nunmehr der für sie ebenfalls geschützten Marke „Bonaparte“ bedient und ihr Produkt deshalb in Zukunft „Napoleon Bonaparte“ nennt, um die einheitliche Kennzeichnung in Form eines zusammengesetzten Warenzeichens und somit um ein Problem der Benutzung einer abgewandelten Zeichenform und nicht um das der

Die Problematik der Mehrfachkennzeichnung ist eine andere: Hierbei geht es nicht darum, ob der Zeichenschutz aus den eingetragenen Einzelzeichen aufrechterhalten bleibt, obgleich sie als Einzelzeichen nicht hervortreten, sondern ob bei Gebrauch mehrerer Warenzeichen für eine Ware der Benutzungsnachweis für jedes einzelne Zeichen gerade deshalb geführt werden kann, weil sie als selbständige Warenzeichen in Erscheinung treten.

II. Beurteilung der Mehrfachkennzeichnung

1. *Objektiv herkunftsbestimmender Gebrauch*

Wie jede Benutzungshandlung muß die einzelne Kennzeichnung im Rahmen der Mehrfachkennzeichnung für sich die an eine Benutzungshandlung zu stellenden Erfordernisse erfüllen: Der Zeichengebrauch muß nach der objektiven Art seiner Verwendung der Realisation der zeichenrechtlichen Herkunftsfunktion dienen, um überhaupt als funktionsgerechte Benutzungshandlung angesehen werden zu können[2].

Der Benutzungsnachweis kann daher schon daran scheitern, daß die Verwendung des einzelnen Warenzeichens, isoliert betrachtet, keinen objektiv herkunftsbestimmenden Gebrauch darstellt. Dies ist, wie schon ausführlich dargelegt wurde[3], bei der Verwendung eines Warenzeichens als Entwertungsvermerk auf Steuerbanderolen oder bei beschreibendem Gebrauch der Fall.

Der Mangel an funktionsgerechtem Zeichengebrauch kann sich aber auch aus dem besonderen Verhältnis der mehreren Zeichen zueinander ergeben. Versieht der Zeicheninhaber eine Ware mit mehreren Zeichen in der Weise, daß das eine Zeichen als Kennzeichnungsmittel durch die Art seiner Verwendung neben dem anderen Zeichen nicht mehr ins Gewicht fällt, dann dient auch das Versehen der Ware mit jenem Zeichen nicht objektiv der Herkunftskennzeichnung; denn der subjektive Verwendungszweck, den der Zeicheninhaber verfolgt, findet nur insofern Berücksichtigung, als er sich in der konkreten Verwendungsform manifestiert. Durch das Verhältnis der Art und Weise der Verwendung der mehreren Zeichen zueinander kann die relevante Funktion eines Zeichens aufgehoben werden[4]. Das ist etwa anzunehmen, wenn eine in

---

Mehrfachkennzeichnung. Zu dem von Schwanhäusser angeführten Kriterium der begrifflichen Zuordnung vgl. unten II 2; vgl. aber auch *Schwanhäusser*, Mitt. 1969, 1/4.

[2] Vgl. hierzu oben § 6.

[3] Vgl. oben § 6 C I, II; ähnlich *Schwanhäusser*, Mitt. 1969, 1/4.

[4] Dem kann auch nicht entgegengehalten werden, dem Zeicheninhaber sei keine bestimmte Kennzeichnung vorgeschrieben, vgl. *Schwanhäusser*, WRP 1969, 178/181; *Bökel*, Diss., S. 120, denn aus dem Zweck des Benutzungszwangs ergibt sich gerade das Erfordernis einer funktionsgerechten Benutzungshandlung.

üblicher Form mit einem Warenzeichen gekennzeichnete Ware „an versteckter Stelle“ ein weiteres Warenzeichen aufweist; dieses Zeichen wird nicht funktionsgerecht benutzt.

2. *Sachliche Angemessenheit der Mehrfachkennzeichnung*

Stellt jeder einzelne Zeichengebrauch innerhalb der Mehrfachkennzeichnung eine an sich relevante Benutzungshandlung dar, dann ist weiterhin auf Grund einer Würdigung der gesamten Begleitumstände zu entscheiden, ob ein ernsthafter Benutzungssachverhalt gegeben ist, oder nur eine Scheinbenutzung vorliegt. Regelmäßig erfolgt die Herkunftsbestimmung einer Ware durch lediglich ein Warenzeichen[5], es sei denn, es liegen besondere Gründe für eine Mehrfachkennzeichnung vor. Wohl steht auch eine vom Standpunkt des Beurteilenden aus als unvernünftig betrachtete Warenkennzeichnung einer ernsthaften Benutzung nicht entgegen[6], doch kann die sachliche Angemessenheit der Mehrfachkennzeichnung als wesentliches Indiz gewertet werden, bei deren Fehlen eine Scheinbenutzung nahe liegt[7]. Insofern erhält auch die Branchen- und Betriebsüblichkeit als Beurteilungsmaßstab der Ernsthaftigkeit[8] Gewicht[9].

In der chemisch-pharmazeutischen Industrie, der Rundfunk-, Fernseh- und Fotoindustrie, wie auch der Automobilindustrie, ist die Übung weit verbreitet, neben einem Hauptzeichen, das gewöhnlich als Unternehmenskennzeichen auf sämtlichen Waren des Herstellers erscheint, verschiedene Zweitzeichen zusätzlich für die einzelnen Erzeugnisse zu verwenden. Eine derartige Mehrfachkennzeichnung ist sachlich gerechtfertigt; das einzelne Zeichen wird ernsthaft benutzt.

Schwanhäusser[10] hält es weiterhin für ausreichend, wenn sich die mehreren Zeichen begrifflich einander zuordnen lassen oder wenn ein selbständig eingetragenes Warenzeichen neben verschiedenen anderen Warenzeichen als Stammbestandteil einer Warenserie verwendet wird. Diese Beurteilung derartiger Fallgruppen erweckt aber dann Bedenken, wenn die mehreren Warenzeichen als einheitliche Kennzeichnung

---

[5] Hiervon scheinen auch *Nastelski*, MA 1968, 319/328 und *Schwanhäusser*, WRP 1969, 178/181 auszugehen.

[6] Vgl. *Bökel*, Diss., S. 120.

[7] *Gaul - Bartenbach*, NJW 1958, 1353/1359 sehen ohne weitere Einschränkungen in der Mehrfachkennzeichnung eine einfache Möglichkeit, den Benutzungszwang zu umgehen, und verweisen lediglich auf die Gefahr der Zeichenverwässerung; zu Recht weist *Schwanhäusser*, WRP 1969, 178/181 dieses Argument im Rahmen der hier zu behandelnden Problematik zurück.

[8] Vgl. hierzu oben § 7 A.

[9] gl. A. *Schwanhäusser*, WRP 1969, 178/181; *Nastelski*, a.a.O.; a. A. *Bökel*, Diss., S. 119 f.

[10] a.a.O.; vgl. auch § 10, Fußn. 1.

erscheinen; denn dann handelt es sich nicht mehr um das Problem der Verwendung mehrerer Warenzeichen als selbständige Herkunftsbezeichnungen für eine Ware, sondern es finden die Grundsätze über den Gebrauch von Zeichenabwandlungen, hier über zusammengesetzte Warenzeichen, Anwendung. Eine Abgrenzung läßt sich nicht an Hand allgemeiner Regeln, sondern nur im Einzelfall treffen.

Im übrigen kann zur Beurteilung der Ernsthaftigkeit das sonstige Verhalten des Zeicheninhabers in bezug auf die Mehrfachkennzeichnung einer bestimmten Ware mit herangezogen werden. Gebraucht etwa der Zeicheninhaber, der ohne sachliche Rechtfertigung eine Ware mit mehreren Zeichen versieht, in der Werbung, in Preislisten, auch Geschäftspapieren usw. nur eines der Warenzeichen zur Herkunftskennzeichnung der Ware, dann wird man von einer Scheinbenutzung ausgehen können.

B. Mehrfacheintragung

I. Der Grundsatz der rechtlichen Selbständigkeit mehrfach eingetragener Warenzeichen

Wird dasselbe Warenzeichen für den gleichen Zeicheninhaber mehrfach eingetragen[11], dann entstehen jeweils durch die Eintragung selbständige Warenzeichenrechte nebeneinander, die sich lediglich durch eine verschiedene Priorität und gegebenenfalls durch den Kreis der angemeldeten Waren[12] unterscheiden. Der Zeicheninhaber genießt mehrfachen Rechtsschutz. Die Selbständigkeit der einzelnen Zeichenrechte und ihre Unabhängigkeit voneinander gilt grundsätzlich auch im Rahmen des Benutzungszwangs. Für jedes Warenzeichen läuft eine

---

[11] Ein Zeicheninhaber kann mehrfachen Zeichenschutz auch dadurch erlangen, daß er etwa ein prioritätsälteres Warenzeichen zusätzlich zu seinem jüngeren, identischen Zeichen durch Übertragung erwirbt.

[12] Insofern kommt es für die weitere Problematik nur auf den Bereich der übereinstimmend eingetragenen Waren an. *Heil*, GRUR 1973, 170/171 f. = MA 1973, 59/61 ist daher insoweit zuzustimmen, daß bei der Anmeldung des in der Form identischen Zeichens mit differenzierendem Warenverzeichnis der Eintragung grundsätzlich nicht der Einwand unzulässiger Rechtsausübung entgegengehalten werden kann. Jedoch entsteht das Problem der Teilabweisung, sofern sich die Warenverzeichnisse, wenn auch nur teilweise, überschneiden. Eine Aufspaltung verschiedener Warenoberbegriffe zur Ermittlung des gemeinsamen Warendeckungsbereichs kann wohl schon aus praktischen Gründen nicht in extenso durchgeführt werden; sie ist jedoch insoweit vorzunehmen, als auch im Rahmen des § 5 Abs. 7 S. 3 WZG ein der Einzelware, für die das Warenzeichen benutzt worden ist, entsprechender, für die Ware charakteristischer Warenoberbegriff zuzuordnen ist, vgl. hierzu oben § 3 D II. Zum anderen bleibt, sofern eine Teilabweisung ausscheidet, die Beschränkung der Geltendmachung von Rechten aus dem Warenzeichen in bezug auf einzelne Waren im Einzelfall, vgl. hierzu unten § 10 B III.

eigene Benutzungsfrist[13]. Der Benutzungszwang bezieht sich allein auf das einzelne kraft Eintragung entstandene Zeichenrecht. Er bedeutet keinesfalls, daß die wegen fünfjähriger Nichtbenutzung eines Warenzeichens sich ergebenden Rechtsfolgen auch für daneben bestehende, identische Warenzeichen mit anderer Priorität gelten, für welche die Benutzungsfrist noch nicht abgelaufen ist. Jedes Warenzeichen erleidet grundsätzlich sein eigenes rechtliches Schicksal. Eine andere Frage ist jedoch, ob und inwieweit nicht in besonders gelagerten Einzelfällen sich ergeben kann, daß die Geltendmachung von Rechten aus solchen Warenzeichen, deren Benutzungsfrist noch nicht abgelaufen ist, auf Grund der Löschungsreife eines identischen Warenzeichens Einschränkungen erfährt[14].

Wird das mehrfach identisch eingetragene Warenzeichen in Benutzung genommen, dann erhält der Zeichengebrauch sämtliche eingetragenen Zeichenrechte[15]. Dies bedeutet andererseits, daß eine neue, einheitliche Benutzungsfrist zu laufen beginnt, sofern die Benutzung wieder aufgegeben wird, und somit künftig das rechtliche Schicksal der einzelnen Warenzeichen in bezug auf den Benutzungszwang nicht mehr differiert.

Der Grundsatz der rechtlichen Selbständigkeit auch identischer Zeichenrechte könnte Zeicheninhaber veranlassen, vor Ablauf der Benutzungsfrist eines Warenzeichens, sich dasselbe Warenzeichen nochmals eintragen zu lassen, um auf diese Weise Rechtsschutz aus der Neueintragung auch nach Ablauf der Benutzungsfrist des älteren Zeichens zu genießen[16]. Der Zeicheninhaber erhält wohl gegenüber seinem älteren, ursprünglichen Zeichenrecht ein lediglich prioritätsjüngeres Warenzeichen, aus dem er gegenüber einem zwischenzeitlich entstandenen, verwechselbaren, älteren Zeichen oder einer Ausstattung eines Dritten keine Rechte herleiten kann; diese mit dem Prioritätsverlust verbundene Gefahr ist jedoch umso geringer, je sorgfältiger der Zeicheninhaber sein ursprüngliches Zeichen verteidigte.

Es bleibt zu untersuchen, welche rechtlichen Möglichkeiten bestehen, eine Aushöhlung des Benutzungszwangs infolge derartiger Mehrfacheintragungen zu verhindern.

---

[13] *Baumbach - Hefermehl*, WZG, § 11, Anm. 60; *Heydt*, GRUR 1972, 290/292; vgl. auch Urteil des Handelsgerichts des Kantons Zürich, GRUR Ausl. 1963, 446 (Trenimon); *David*, MSchG, S. 181/182.

[14] Siehe hierzu unten III.

[15] *Baumbach - Hefermehl*, WZG, § 5, Anm. 17.

[16] Vgl. hierzu *Baumbach - Hefermehl*, WZG, § 11, Anm. 60; *Hefermehl*, GRUR 1968, 486/491; *Mitscherlich*, Festschrift für Wendel, S. 83; *Miosga*, MA 1970, 9/13; ders., GRUR 1970, 439/444; ders., GRUR 1968, 237/242; ders., MA 1967, 433/436. Ein derartiges Verhalten von Zeicheninhabern unbenutzter Warenzeichen wurde gerade in den letzten Monaten des Jahres 1972 beobachtet; vgl. hierzu *Heil*, GRUR 1973, 170/171 = MA 1973, 59/60 zur Anmeldung sog. Wiederholungszeichen.

II. Die Voraussetzungen der Mehrfacheintragung

1. Das Problem des Rechtsschutzbedürfnisses

Jedes Begehren einer Rechtsschutzhandlung setzt das Vorhandensein eines Rechtsschutzbedürfnisses des Antragenden voraus, oder besser negativ formuliert, das Begehren staatlicher Entscheidungs- oder Prüfungstätigkeit ist unzulässig, sofern es an einem Rechtsschutzbedürfnis hieran mangelt. Auch die Anmeldung eines Warenzeichens vor Ablauf der Benutzungsfrist eines eingetragenen Warenzeichens des Anmelders, das mit dem angemeldeten Zeichen vollständig übereinstimmt, setzt ein derartiges Rechtsschutzbedürfnis voraus.

In der „Immencron"-Entscheidung[17] hat das Bundespatentgericht die Anmeldung eines Zeichens wegen mangelnden Rechtsschutzbedürfnisses zurückgewiesen, da für den Anmelder bereits ein Zeichen eingetragen war, dessen Schutz die jüngere Anmeldung in jeder Hinsicht einschloß. Das mit dem angemeldeten Zeichen völlig übereinstimmende, eingetragene Zeichen war unter anderem auch für die gleichen Waren eingetragen und unterschied sich lediglich durch die farbige Eintragung. Da durch die farbige Eintragung der Zeichenschutz nicht auf die farbige Ausgestaltung des Zeichens beschränkt werde, gewähre das eingetragene Zeichen der Anmelderin alle Rechte, die sie durch die Eintragung des angemeldeten Zeichens erlangen könne. Da sich aus der Eintragung des angemeldeten Zeichens keine weiteren Rechtsvorteile ergeben könnten, die der Anmelderin nicht schon auf Grund des eingetragenen Zeichens zustünden, bestehe kein Interesse an der beantragten Eintragung. Das Bundespatentgericht wies daher die Anmeldung zurück, weil deren Weiterverfolgung in Ermangelung eines Rechtsschutzbedürfnisses unzulässig sei.

Ob diese Entscheidung dem Grundsatz der rechtlichen Selbständigkeit mehrfach eingetragener Warenzeichen hinreichend Rechnung trägt, insbesondere wenn unter Rechtsschutzbedürfnis verstanden wird, „durch die in Anspruch genommene gerichtliche oder behördliche Tätigkeit die eigene Rechtsstellung zu schützen oder zu verbessern", sei dahingestellt. Denn jedenfalls nach Einführung des Benutzungszwangs erlangt der Anmelder infolge der Neueintragung eine insoweit grundsätzlich verbesserte Rechtsposition, als für das neu eingetragene Warenzeichen eine eigene Benutzungsfrist zu laufen beginnt, die über den Zeitpunkt des Ablaufs der Benutzungsfrist des älteren Zeichens hinausreicht. Die verbesserte Rechtsposition zeigt sich dann umso deutlicher, wenn der Zeicheninhaber die Neueintragung nicht noch vor Ablauf der Benutzungsfrist des älteren Zeichens erwirkt, sondern erst nach deren Ab-

---

[17] BPatGE 6, 66.

lauf und somit im Zeitpunkt der Löschungsreife des älteren Zeichens. Die Neueintragung zielt gerade auf eine zeitliche Erweiterung der Verteidigungsmöglichkeiten. Dem steht die durch den Benutzungszwang normierte, zeitliche Schutzbeschränkung eines eingetragenen Warenzeichens nicht entgegen, da dieser Zweck im Wege der Eintragung eines neuen Zeichens mit unterschiedlicher Priorität erreicht werden soll. Die Anmeldung kann deshalb nicht wegen mangelnden Rechtsschutzbedürfnisses zurückgewiesen werden[18].

2. *Der Nachweis des Benutzungswillens*

Problematisch ist ferner, ob nach Ablauf der Benutzungsfrist des eingetragenen Zeichens die nunmehr eingetretene Löschungsreife des älteren Zeichens rechtliche Wirkungen in bezug auf eine erst zu diesem Zeitpunkt vorgenommene Neuanmeldung hervorruft. Der Grundsatz der rechtlichen Selbständigkeit mehrfach eingetragener Warenzeichen bewirkt, wie schon ausgeführt wurde[19], daß die mit dem Eintritt der Löschungsreife eines eingetragenen Warenzeichens verbundenen Rechtsfolgen nicht unmittelbar auch für identische Eintragungen, deren Benutzungsfrist noch nicht abgelaufen ist, gelten. Entsprechend diesem Grundsatz muß auch für die Neuanmeldung nach Ablauf der Benutzungsfrist des eingetragenen Warenzeichens angenommen werden, daß die Löschungsreife nicht ohne weiteres die Neuanmeldung unzulässig macht. Wohl kann daher die Neuanmeldung nicht lediglich mit dem Hinweis auf die Löschungsreife identischer eingetragener Warenzeichen verneint werden; der Löschungsreife kommt jedoch für die Beurteilung des Benutzungswillens des neu angemeldeten Zeichens Bedeutung zu. Der Ablauf der Benutzungsfrist kann als Indiz für den mangelnden Benutzungswillen in bezug auf das neu angemeldete Zeichen gewertet werden, so daß es nunmehr dem Anmelder obliegt, den konkreten Nachweis einer beabsichtigten Benutzung zu erbringen. Hierdurch wird die Neueintragung gegenüber der Ersteintragung erschwert, wenn auch nicht ausgeschlossen. Die bloße Behauptung des Gebrauchswillens kann unter verständiger Berücksichtigung der Löschungsreife eines identischen eingetragenen Zeichens und der hieraus fließenden Indizwirkung eine Neueintragung nicht rechtfertigen[20].

---

[18] gl. A. *Miosga*, MA 1970, 13; ders., Benutzungszwang für Warenzeichen, S. 56/57; vgl. aber auch *Mitscherlich*, a.a.O.; *Heil*, MA 1973, 59/61; *Uekermann*, Diss., S. 278.

[19] Vgl. oben B I.

[20] Vgl. *Baumbach - Hefermehl*, WZG, § 11, Anm. 59, der für den Fall der Löschung eines Warenzeichens die identische Neueintragung durch den bisherigen Zeicheninhaber für rechtsmißbräuchlich hält, wenn der Anmelder das Zeichen nicht benutzen will. In der „Zamek II"- Entscheidung, GRUR 1971, 309/311 wertet der BGH im Rahmen des § 11 Abs. 1 Nr. 2 WZG die

Dieser Auffassung steht die bisherige Rechtsprechung zur Zulässigkeit der Eintragung von Defensivzeichen nicht deshalb entgegen, weil diese den Nachweis des Benutzungswillens für die Erlangung eines Warenzeichens nicht voraussetzt[21]. In diesem Zusammenhang ist nicht entscheidend, daß diese Rechtsprechung im Schrifttum überwiegend als mit § 1 WZG unvereinbar angesehen wird, noch ob nach Einführung des Benutzungszwangs die von der Rechtsprechung gegebene Begründung zur Zulässigkeit von Defensivzeichen sich auch weiterhin aufrechterhalten läßt[22]. Der entscheidende Unterschied zur hier in Frage stehenden Problematik liegt darin, daß es sich nicht um die Beurteilung des Benutzungswillens im Rahmen einer Ersteintragung, sondern einer Neueintragung bei Vorliegen eines löschungsreifen, identischen Zeichens handelt. Der mit dem befristeten Schutz unbenutzter Warenzeichen verfolgte Zweck des Benutzungszwangs gebietet zumindest die angemessene Berücksichtigung löschungsreifer Warenzeichen bei Neueintragungen durch den Zeicheninhaber. Die Neuanmeldung ist als rechtsmißbräuchlich zurückzuweisen, wenn der Zeicheninhaber nicht den konkreten Nachweis des Benutzungswillens erbringen kann. Die Prüfung des Subjektiven ist gerechtfertigt, da dem Gebrauchswillen objektiv entgegenstehende Umstände vorliegen, und ist geboten, da bei Vorliegen eines identischen, löschungsreifen Zeichens unter Berücksichtigung des mit dem Benutzungszwang verfolgten Zwecks sich die einer Neuanmeldung zugrunde liegende Interessenlage wesentlich von der einer Ersteintragung unterscheidet[23]. Wird das neue Zeichen eingetragen, dann läuft für dieses Zeichen eine eigene Benutzungsfrist.

Tatsache, daß der Inhaber eines neu eingetragenen Zeichens eine in dessen Warenverzeichnis aufgeführte Ware schon vorher lange Jahre im Warenverzeichnis einer fast identischen, älteren Marke aufgeführt hat, ohne sie herzustellen und in den Verkehr zu bringen, als Beweisanzeichen dafür, daß er die Ware auch nach der Neueintragung nicht ernstlich in sein Produktions- und Vertriebsprogramm aufnehmen will, wenn seit der Neueintragung wiederum mehrere Jahre verstrichen sind.

[21] BGH 32, 133/139 (Drei-Tannen), wo insbesondere ausgeführt wird, daß „selbst wenn sich durch längeren Nichtgebrauch ein Beweiszeichen dafür ergibt, daß dem Zeicheninhaber der Benutzungswille fehlt, ... das als bloßes Abwehrzeichen erkannte Warenzeichen damit nicht gesetzwidrig (wird), sondern ... nur im Einzelfall die Frage auftauchen (kann), inwieweit die Geltendmachung des Ausschließungsrechts aus diesem Abwehrzeichen einen von der Rechtsordnung mißbilligten Rechtsmißbrauch darstellt".

[22] Vgl. hierzu unten § 12 A, insbesondere auch zur Bedeutung des Benutzungswillens nach Einführung des Benutzungszwangs.

[23] Nach *Heil*, MA 1973, 59/61 — der das Folgende jedoch unter dem Aspekt des Rechtsschutzbedürfnisses behandelt — soll die Neueintragung u. a. dann zulässig sein, wenn dem Zeicheninhaber die Unzumutbarkeit der Benutzung des eingetragenen Zeichens durch ein Gericht bestätigt wurde. Die Zumutbarkeit der Benutzung ist jedoch Voraussetzung der Löschungsreife des eingetragenen Zeichens. Im Falle der Unzumutbarkeit der Benutzung genießt das eingetragene Zeichen wohl weiterhin Rechtsschutz in den Verfahren vor den ordentlichen Gerichten, vgl. oben § 8,

III. Die Beschränkung der Geltendmachung von Rechten im Einzelfall

Wurde für den Zeicheninhaber schon vor Ablauf der Benutzungsfrist eines eingetragenen Zeichens ein identisches Zeichen eingetragen, dann stellt sich nach Eintritt der Löschungsreife des älteren Zeichens das Problem, ob nicht die Geltendmachung von Rechten aus dem weiteren eingetragenen Zeichen, dessen Benutzungsfrist noch läuft, Beschränkungen unterworfen ist. Wohl ist davon auszugehen, daß durch die weitere Eintragung ein vollwertiges Zeichen entstanden ist; unter dem Gesichtspunkt der Umgehung des Benutzungszwangs kann jedoch der Geltendmachung von Rechten aus diesem Zeichenrecht der Einwand des Rechtsmißbrauchs (§ 242 BGB) entgegengehalten werden[24, 25].

Wann der Einwand der unzulässigen Rechtsausübung Erfolg hat, läßt sich nur unter Berücksichtigung der Umstände des Einzelfalles an Hand einer Interessenabwägung ermitteln, die dem Zweck des Benutzungszwangs Rechnung zu tragen hat. Allgemeine Regeln lassen sich

---

wenn auch der Zeicheninhaber im Widerspruchsverfahren sich nicht auf die Unzumutbarkeit berufen kann, vgl. oben § 3 B. Aus dieser gesetzlichen Wertung ergibt sich jedoch, daß im Falle der Unzumutbarkeit nicht generell davon ausgegangen werden kann, daß dem Zeicheninhaber eine identische Neueintragung möglich sein soll, die ihm unbeschränkten Rechtsschutz innerhalb einer neuen Benutzungsfrist gewährt. Die die Unzumutbarkeit begründenden Umstände können, müssen jedoch nicht solche sein, aus denen sich der Nachweis des Benutzungswillens ergibt.

[24] gl. A. *Hefermehl*, GRUR 1968, 486/491; *Baumbach - Hefermehl*, WZG, § 11, Anm. 60; *Ulmer - Reimer*, Unl. Wettbew., Bd. III, S. 89; *Miosga*, MA 1970, 9/13; ders., Benutzungszwang für Warenzeichen, S. 57; *Uekermann*, Diss., S. 279; *Mitscherlich*, Festschrift für Wendel, S. 83. Der BGH stellt in der „Zamek II"-Entscheidung, GRUR 1971, 309/311 fest, § 11 Abs. 1 Nr. 4 WZG gehe ersichtlich davon aus, daß das Zeichen erstmalig für die verzeichnete Ware eingetragen ist. Rechte aus einer identischen Neueintragung in jedem Falle zu versagen, ginge jedoch m. E. zu weit; dies folgert aus der Entscheidung *Tergau*, MA 1972, 44/47; hiergegen zu Recht *Heydt*, GRUR 1972, 290/292, Fußn. 9, der darauf hinweist, die Entscheidung behandle allein das Problem der Unzumutbarkeit im Hinblick auf Vorratswaren.
Wie sich aus dem Zusammenhang der Entscheidung ergibt (vgl. § 10 Fußn. 20), scheint der BGH jedoch auch davon auszugehen, daß die Löschungsreife eines eingetragenen Zeichens die Geltendmachung von Rechten aus einer identischen Neueintragung lediglich im Einzelfall zu hindern in der Lage ist, da von der Ersteintragung als dem Normalfall auszugehen ist. Auch in der Schweizer Rechtsprechung wird bei fortlaufender Erneuerung auf den möglichen Rechtsmißbrauch verwiesen, vgl. das Urteil des Handelsgerichts des Kantons Zürich, GRUR Ausl. 1963, 446/447 (Trenimon), das von „Schleichweg" spricht; vgl. ferner *David*, MSchG, S. 182.

[25] Im Falle der Neueintragung nach Eintritt der Löschungsreife des älteren Zeichens wird dieser Einwand — wenn man davon ausgeht, daß die Eintragung den konkreten Nachweis des Benutzungswillens voraussetzt (vgl. oben § 10 B II 2) — insbesondere dann, aber auch nur dann Erfolg haben, wenn sich nachträglich herausstellt, daß tatsächlich keine Benutzungsabsicht vorgelegen hat, der Nachweis etwa durch Täuschung oder fingierte Angaben erreicht wurde.

hierzu nicht aufstellen. Als Beurteilungskriterien kommen etwa in Betracht: Die Dauer der Nichtbenutzung des löschungsreifen, identischen Zeichens; der Zeitpunkt der Neueintragung; die Kenntnis des Zeicheninhabers bei der Neueintragung von den Interessen des Dritten an einem verwechslungsfähigen Zeichen nach Ablauf der Benutzungsfrist; die Zahl der erfolgten Neueintragungen für den Zeicheninhaber.

§ 11 Inländischer Gebrauch und Berücksichtigung ausländischer Sachverhalte

A. Der Grundsatz von der Maßgeblichkeit inländischen Gebrauchs

I. Das Territorialitätsprinzip

Die Normen über den Benutzungszwang enthalten keine ausdrückliche Regelung darüber, in welchem Gebiet die Benutzung des Warenzeichens zu erfolgen hat. Von einer ausdrücklichen Normierung wurde bewußt abgesehen. Einer solchen bedurfte es nach der Amtlichen Begründung deshalb nicht, weil nach dem das Warenzeichenrecht beherrschenden Territorialitätsprinzip es sich von selbst verstehe, daß grundsätzlich nur eine Benutzung im Geltungsbereich des Warenzeichengesetzes als Benutzung im Sinne der neuen Vorschriften anzusehen sei[1].

Das Territorialitätsprinzip gibt jedoch keine hinreichende Begründung für den Grundsatz von der Maßgeblichkeit inländischer Benutzung[2]. Das Markenrecht wird heute auf internationaler Ebene vom Territorialitätsprinzip beherrscht[3], einem Begriff des internationalen Privatrechts, dessen Mehrdeutigkeit immer wieder betont wird[4]. Sein zeichenrechtlicher Inhalt ist der einer umfassenden Kollisionsnorm[5], die der Bestimmung der für das Zeichenrecht maßgeblichen nationalen Rechtsordnung dient[6]. Das nationale Recht des Landes, in dem Schutz für das Markenrecht begehrt wird, bestimmt die Voraussetzungen der Rechtsschutzgewährung. Entstehen, Bestand und Erlöschen des Warenzeichens,

---

[1] Amtl. Begr., a.a.O., S. 41.

[2] gl. A. *Bökel*, Diss., S. 82 ff.; vgl. auch *Troller*, Immaterialgüterrecht, Bd. I, S. 333, der diesen Begriff in diesem Zusammenhang ebenfalls vermeiden will; a. A. *Heiseke*, WRP 73, 185/187.

[3] Vgl. etwa *Beier*, GRUR Ausl. 1968, 8/12 f.; *Deutsch*, in: Die Warenzeichenlizenz, S. 463/470 ff.; *Riehle*, Markenrecht und Parallelimport, S. 29 ff.; *Loewenheim*, Warenzeichen und Wettbewerbsbeschränkung, S. 54 f.; *Miosga*, Warenzeichenrecht in neuerer Sicht, S. 193 ff.; *Troller*, Immaterialgüterrecht, Bd. I, S. 148 ff.; *Baumbach - Hefermehl*, WZG, § 15, Anm. 45; BGH 41, 84/89 (Maja); RG 118, 76/81; BGE 78 II 171 (Lux).

[4] *Steindorff*, Sachnormen im internationalen Privatrecht, S. 134; *Deutsch*, a.a.O.; *Beier*, a.a.O.

[5] *Troller*, Internationale Zwangsverwertung und Expropriation von Immaterialgütern, S. 94/139; *Leowenheim*, a.a.O., *Riehle*, a.a.O.

[6] *Baumbach - Hefermehl*, WZG, § 15, Anm. 45.

sowie Inhalt und Umfang des Zeichenschutzes richten sich nach der Rechtsordnung des Schutzlandes, auf dessen Gebiet sich die Wirkungen des gewährten Markenschutzes beschränken.

Mit der Abgrenzung der für das Zeichenrecht anwendbaren nationalen Rechtsordnung ist jedoch nicht notwendigerweise eine Entscheidung über die Maßgeblichkeit lediglich innerhalb des Gebiets dieser Rechtsordnung liegender Tatsachen verbunden. Ausfluß des Territorialitätsprinzips ist nicht das Verbot der Berücksichtigung auch ausländischer Sachverhalte. Bei internationalen Sachverhalten können inländische und ausländische tatsächliche Umstände eine Einheit bilden, die bei Anwendung der inländischen Rechtsordnung das Hinzuziehen und Mitberücksichtigen der ausländischen Sachverhaltsteile dem inländischen Recht angemessen erscheinen läßt. Es besteht weder ein zwingendes Verbot der Berücksichtigung ausländischer Sachverhalte, noch ein in jedem Falle eingreifendes Gebot der Gleichstellung inländischer und ausländischer Sachverhalte. Im Rahmen der einzelnen Rechtsfrage ist die der inländischen Rechtsordnung sachlich angemessene, interessengerechte Lösung zu finden[7].

II. Die dem Benutzungszwang angemessene Ausgestaltung des Grundsatzes

Kann das Territorialitätsprinzip nur unzureichend das Erfordernis eines inländischen Zeichengebrauchs begründen, so ergibt sich der Grundsatz von der Maßgeblichkeit inländischen Gebrauchs aus Überlegungen, die sich unmittelbar aus der Bedeutung des Benutzungszwangs im Rahmen einer nationalen Rechtsordnung ableiten lassen. Der Benutzungszwang beschränkt den Zeichenschutz nach Ablauf der Benutzungsfrist auf solche Warenzeichen, die ihrer Funktion entsprechend Verwendung gefunden, die sich den Warenzeichenschutz auch nach Ablauf der Benutzungsfrist „verdient" haben. Da der Zeichenschutz notwendigerweise auf den Geltungsbereich des Warenzeichengesetzes und

---

[7] *Steindorff*, a.a.O., S. 134/136 hat überzeugend nachgewiesen, daß es auch für den gewerblichen Rechtsschutz keinen Rechtssatz gibt, wonach Sachverhaltsteile im Ausland bei der Anwendung inländischen Rechts nicht berücksichtigt werden dürfen. *Beier*, GRUR Ausl. 1968, 8/12 f.; GRUR 1968, 492/494; GRUR 1964, 205/207 scheint darüber hinaus bei internationalen Sachverhalten von dem grundsätzlichen Gebot der Berücksichtigung ausländischer Sachverhaltsteile auszugehen und somit ausländische Sachverhaltsteile inländischen gleichzustellen; vgl. auch *Heydt*, GRUR 1969, 450/458; einschränkend *Kraft*, GRUR 1969, 120/123. Vgl. auch *Bökel*, Diss., S. 82 ff., der jedoch im Ergebnis zur Ablehnung der Berücksichtigung ausländischer Sachverhalte im Rahmen des Benutzungszwangs kommt. Gegen eine Berücksichtigung ausländischer Sachverhalte wohl auch *Troller*, GRUR Ausl. 1960, 244/246.

somit auf das Inland beschränkt ist, ist es auch gerechtfertigt, diesen Schutz grundsätzlich nur solchen Zeichen zu gewähren, welche die Schutzvoraussetzungen im Inland erfüllt haben. Es entspricht dem Zweck des Benutzungszwangs nach Ablauf der Benutzungsfrist den Zeichenschutz nur für solche Zeichen aufrechtzuerhalten, die diesen Schutz zuvor in Anspruch genommen haben[8]. Der Benutzungszwang kann folglich grundsätzlich nur durch den Nachweis eines inländischen Benutzungssachverhalts erfüllt werden[9].

Der Grundsatz von der Maßgeblichkeit inländischen Gebrauchs hindert jedoch nicht, bei internationalen Sachverhalten ausländische Tatsachen mit zu berücksichtigen, und ihnen im Rahmen des Benutzungszwangs angemessene Geltung zu verschaffen. Die Rechtsprechung ist in unterschiedlichem Zusammenhang vom Einfluß ausländischer Sachverhalte auf das inländische Warenzeichenrecht ausgegangen. In der „Maja"-Entscheidung[10] hat der Bundesgerichtshof zur Begründung für die Erschöpfung des inländischen Zeichenrechts auf das Inverkehrbringen der Ware durch den Zeicheninhaber im Ausland abgestellt. Die Einstellung des im Ausland liegenden Geschäftsbetriebs, zu dem das Warenzeichen gehört, führt in gleicher Weise zur Löschung des inländischen Warenzeichens (§ 11 Abs. 1 Nr. 2 WZG), als wenn es sich um einen Geschäftsbetrieb im Inland gehandelt hätte[11]. Im Zusammenhang mit dem Verwirkungseinwand im Zeichenrecht hat der BGH in der „Prince-Albert"-Entscheidung[12] bei der Entscheidung über die Schutzwürdigkeit des Besitzstandes im Inland auch als rechtlich erheblich angesehen, daß es sich bei dem Warenzeichen um eine im Ausland seit langem weit verbreitete und bedeutende Marke handelte. Auch für die Beurteilung der Schutzfähigkeit einer Marke im Eintragungsverfahren erhalten ausländische Tatsachen, wie Eintragung und Benutzung, Gewicht[13]. Desgleichen ist die Schwächung der Kennzeichnungskraft in-

---

[8] *Schricker*, a.a.O., S. 25; *Baumbach - Hefermehl*, WZG, § 5, Anm. 21; *Bökel*, Diss., S. 85; ders., BB 1971, 1033/1035.

[9] Vgl. neben den in § 11, Fußn. 8 Genannten ferner *Körner*, GRUR Ausl. 1970, 215/221 f.; *Schulze zur Wiesche*, NJW 1968, 1809/1811; *Nastelski*, MA 1968, 319/328; *Kraft*, GRUR 1968, 123/124; *Miosga*, GRUR 1968, 237/240; ders., Benutzungszwang für Warenzeichen, S. 47; *Heiseke*, DB 1968, 1655/1659; ders., WRP 1973, 185/187; *Hartgen*, WZG, § 11, Anm. 34; für die Schweiz *Troller*, Immaterialgüterrecht, Bd. I, S. 333; *David*, MSchG, Art. 9, Anm. 2; im einzelnen besteht jedoch lediglich Einigkeit im Grundsatz, Abweichungen ergeben sich jedoch bei der Frage, inwieweit ausländische Sachverhalte mit berücksichtigt werden können. Für eine Gleichstellung der Auslandsbenutzung *Lemmer - Kockläuner*, Mitt. 1965, 86/87.

[10] BGH 41, 84/88; Anm. *Beier*, GRUR Ausl. 1964, 205 ff.; Anm. *Hefermehl*, GRUR 1964, 375 f.

[11] BGH 41, 84/88 (Maja); *Beier*, GRUR Ausl. 1968, 8/12.

[12] GRUR 1966, 427 mit zust. Anm. v. Falck.

[13] Vgl. die ausführliche Darstellung von *Beier*, GRUR 1968, 492 ff.

ländischer Marken durch im Ausland benutzte Marken denkbar[14]. Wohl treffen die Entscheidungen „Siroset“[15] und „Modess“[16] des BGH nicht die Problematik zeichenrechtlicher Relevanz ausländischer Sachverhalte, da Rechtsschutz nicht über das Zeichenrecht, sondern nach § 826 BGB, bzw. § 1 UWG gewährt wurde[17]; sie verdeutlichen jedoch ebenfalls die Beachtlichkeit auch ausländischer Sachverhalte für das Schutzbedürfnis und den Schutz — wenn auch in diesen Fällen ausländischer Marken — im Inland. In diesen Fällen wurde ausländischen Marken, die nicht in Deutschland, wohl aber im Ausland benutzt wurden, Rechtsschutz gegen inländische Zeichenanmeldungen gewährt. Zeichenrechtlich relevant ist dagegen die „Umberto-Rosso“-Entscheidung[18], in der der BGH innerhalb des Problems der Schwächung unbenutzter Widerspruchszeichen durch unbenutzte Drittzeichen[19] die im Ausland benutzte Marke als nicht schlechthin unbenutztes Zeichen wertete. Den Problemkreis, inwieweit ausländischen Benutzungssachverhalten Einfluß auf die Aufrechterhaltung inländischen Zeichenschutzes zukommt, berühren unmittelbar die „Alcacyl“-Entscheidungen des BGH[20], der Vorinstanz, des OLG Frankfurt[21], wie schon die „Rembrandt“-Entscheidung des LG Düsseldorf[22], auf diese Entscheidungen, die das Problem des Einflusses ausländischer Sachverhalte auf die Schutzwürdigkeit von Vorratszeichen betreffen, wird noch im einzelnen einzugehen sein.

Insgesamt läßt sich feststellen, daß im Rahmen des Benutzungszwangs wohl vom Grundsatz der Maßgeblichkeit inländischen Zeichengebrauchs auszugehen ist, dieser Grundsatz aber insofern Einschränkungen erfährt, als auch ausländische Sachverhalte insoweit Berücksichtigung finden können, als es der einzelnen Rechtsentscheidung nach dem Zweck der materiellen Norm, die in Frage steht, sachlich angemessen ist. Statt von einer pauschalen Gleichwertigkeit inländischer und ausländischer Sachverhalte auszugehen, ist bei der einzelnen Entscheidung das Maß interessengerechter Berücksichtigung ausländischer Tatsachen auch im Rahmen des Benutzungszwangs zu bestimmen.

---

[14] Vgl. hierzu *Kockläuner*, GRUR 1971, 494.

[15] GRUR 1967, 304 mit Anm. Hefermehl.

[16] GRUR 1967, 298 mit Anm. Hefermehl.

[17] Vgl. hierzu *Körner*, GRUR Ausl. 1970, 215/220.

[18] GRUR 1961, 628/630.

[19] Die Entscheidung ist insoweit durch die „Vitapur“-Entscheidung des BGH GRUR 1967, 246 überholt.

[20] GRUR 1969, 48 mit Anm. Bußmann.

[21] GRUR Ausl. 1966, 331.

[22] GRUR 1966, 379.

B. Die Berücksichtigung ausländischen Zeichengebrauchs im einzelnen

I. Staatsverträge

Besteht zwischen einem ausländischen Staat und der Bundesrepublik Deutschland ein Staatsvertrag, in dem eine ausländische Benutzung in bezug auf den Benutzungszwang der inländischen gleichgestellt wird, dann genügt zur Aufrechterhaltung des inländischen Zeichenschutzes eines in der Bundesrepublik eingetragenen Zeichens oder einer IR-Marke die Zeichenbenutzung in dem ausländischen Staat. Nach Art. 5 Abs. 1 des zwischen der Schweiz und Deutschland abgeschlossenen Übereinkommens betreffend den gegenseitigen Patent-, Muster- und Markenschutz vom 13. April 1892[23], dessen Weitergeltung anläßlich der Unterzeichnung des Abkommens über Verlängerung von Prioritätsfristen vom 2. 11. 1950[24] bestätigt worden ist[25], werden Rechtsnachteile wegen Nichtbenutzung in einem Staat durch Benutzung in dem anderen Vertragsstaat ausgeschlossen.

Die bei Nichtbenutzung in der Bundesrepublik an einen ausreichenden Benutzungssachverhalt in der Schweiz zu stellenden Anforderungen richten sich nach dem Recht der Bundesrepublik. Der ausländische Zeichengebrauch wird nicht in jeder rechtlichen Hinsicht dem inländischen gleichgestellt; Art. 5 bezieht sich nur auf die Abwendung von Rechtsnachteilen wegen Nichtbenutzung innerhalb der Benutzungsfrist[26]. Jedoch kann die Bedeutung des Abkommens nicht lediglich darin gesehen werden, Rechtsnachteile wegen Nichtbenutzung im Inland durch Zeichengebrauch im Vertragsstaat abzuwenden; vielmehr kann sich der Zeicheninhaber auch auf die Unzumutbarkeit der Benutzung in dem Vertragsstaat mit den entsprechenden Rechtsfolgen berufen.

II. Internationale Sachverhalte, insbesondere Exportzeichen

Internationalität des Warenverkehrs und Verflechtung der Absatzmärkte stellen im Rahmen des Benutzungszwangs das Problem, inwieweit ausländischen Benutzungshandlungen für die Aufrechterhaltung inländischen Zeichenschutzes Relevanz zukommen kann. In diesem Zusammenhang ist grundsätzlich nicht zu differenzieren zwischen nationalen Marken, die auf Grund einer Anmeldung im inländischen Register für einen Inländer oder Ausländer eingetragen sind, und IR-

---

[23] RGBl. 1894, 511; 1903, 181.
[24] BGBl. 1951 II 64.
[25] Bl. 1955, 292.
[26] BGH GRUR 1969, 48 f. (Alcacyl).

Marken, die auf Grund des Art. 4 MMA Inlandsschutz genießen[27]. Eine Besonderheit bilden lediglich die eigentlichen Exportzeichen; diese Marken dienen von vornherein ausschließlich zur Kennzeichnung für den Export bestimmter Waren, wobei in das Warenverzeichnis unter Umständen der Zusatz „sämtliche Waren nur für den Export bestimmt" aufgenommen werden kann[28].

Die „Umberto-Rosso"-Entscheidung des BGH[29], in der eine nur im Ausland benutzte IR-Marke als ein nicht schlechthin unbenutztes Warenzeichen angesehen wurde, könnte den Eindruck vermitteln, IR-Marken — und gleiches hätte für nationale Marken zu gelten — könnten bei Vorliegen ausländischer Benutzungshandlungen auch im Rahmen des Benutzungszwangs nicht mehr als unbenutzte Warenzeichen gewertet werden. Diese Schlußfolgerung, die eine Gleichstellung des ausländischen mit dem inländischen Benutzungssachverhalt bedeuten würde, ergibt sich jedoch schon deshalb nicht aus dieser Entscheidung, weil der BGH nicht über die Aufrechterhaltung des Zeichenschutzes zu entscheiden hatte, sondern seine Ausführungen sich auf das Problem der Schwächung unbenutzter Widerspruchszeichen durch unbenutzte Drittzeichen bezogen[30]. In der „Alcacyl"-Entscheidung hat der BGH daher zu Recht festgestellt, „daß die im Ausland stattfindende Benutzung nicht so anzusehen wäre, als ob sie im Inland stattgefunden hätte"[31]. Der BGH unterstellte die im Inland nicht benutzte, aber für eine Benutzung vorgesehene IR-Marke der Rechtsprechung über den Schutz unbenutzter Vorratszeichen. Die Auslandsbenutzung ließ der BGH jedoch nicht unberücksichtigt, sondern maß ihr für die Frage des schutzwürdigen Interesses an der Aufrechterhaltung des Zeichenschutzes entscheidende Bedeutung bei[32]. Das schutzwürdige Interesse bejahte der BGH im Hinblick auf die umfangreiche Benutzung des Zeichens im Ausland, die sachlichen Hintergründe für die Nichtbenutzung in der Bundesrepublik, sowie die Warenart, für die das Zeichen Verwendung finden sollte.

Auch im Rahmen des Benutzungszwangs wird man davon ausgehen müssen, daß eine Benutzung im Ausland nicht allein die grundsätzlich erforderliche Inlandsbenutzung ersetzen kann. Das nur im Ausland benutzte, nationale Warenzeichen unterliegt nach Ablauf der Benutzungsfrist der Löschungsklage nach § 11 Abs. 1 Nr. 4 WZG, bzw. die IR-Marke der Schutzentziehungsklage nach § 11 Abs. 1 Nr. 4 WZG in Ver-

---

27 BGH, a.a.O., S. 48.

28 BGH 34, 1 ff. (Maja); *Baumbach - Hefermehl,* WZG, § 4, Anm. 94.

29 GRUR 1961, 628/630.

30 gl. A. *Körner,* GRUR Ausl. 1970, 215/221.

31 GRUR 1969, 48/49.

32 Nach diesem Grundsatz hatte schon die Vorinstanz, das OLG Frankfurt, GRUR Ausl. 1966, 331 ff. (Alcacyl), wie auch in einem anderen Rechtsstreit das LG Düsseldorf, GRUR 1966, 379 ff. (Rembrandt) entschieden.

bindung mit § 10 der Verordnung über die internationale Registrierung von Fabrik- und Handelsmarken[33, 34]; im Widerspruchsverfahren bleibt das Zeichen wegen Nichtbenutzung unberücksichtigt.

Die ausländische Benutzung erhält jedoch auch im Rahmen des Benutzungszwangs Gewicht. Zum einen wird man in entsprechender Anwendung der in der „Alcacyl"-Entscheidung entwickelten Grundsätze die Auslandsbenutzung bei der Prüfung der Unzumutbarkeit inländischer Benutzung Bedeutung beimessen müssen[35]. Die Auslandsbenutzung kann jedoch lediglich die Bedeutung der zur Begründung der Unzumutbarkeit dargelegten Umstände verstärken, macht diese jedoch nicht entbehrlich[36]. Andererseits kann die Auslandsbenutzung bei der umfassenden Würdigung des Benutzungssachverhalts ein Beurteilungskriterium für die Ernsthaftigkeit der Benutzung sein[37]; dies setzt allerdings das Vorliegen auch inländischer Benutzungshandlungen voraus, da die Auslandsbenutzung den inländischen Zeichengebrauch nicht voll ersetzen kann.

Die Berücksichtigung der Auslandsbenutzung als eines Kriteriums für die Beurteilung der Ernsthaftigkeit des Benutzungssachverhaltes erlangt insbesondere bei Exportmarken Bedeutung. Hierdurch erfolgt keine generelle Sonderbehandlung der Exportmarken; vielmehr wird allein der Auslandssachverhalt in seinem wirtschaftlichen Zusammenhang zu inländischen Benutzungshandlungen[38] gesehen und entsprechend berücksichtigt. Die inländische Kennzeichnung der Exportwaren, das Ausliefern an Exporteure ergeben als Benutzungshandlungen unter Berücksichtigung des Vertriebs im Ausland einen ausreichenden Benutzungssachverhalt[39]. Diese Betrachtungsweise ist insbesondere im

---

[33] V.O. vom 9. Nov. 1922 (RGBl. 1922 II 778) in der Fassung der V.O. vom 17. Juli 1953 (BGBl. 1953 I 656).

[34] *Körner*, a.a.O., S. 222; *Bußmann*, GRUR 1969, 50; vgl. auch die in § 11, Fußn. 8 und 9 Genannten.

[35] *Baumbach - Hefermehl*, WZG, § 5, Anm. 21. Nach *v. Gamm*, WZÄndG, Erg. zu § 1, Rdz. 47 soll für Zeichen mit Auslandsbenutzung, aber fehlender Inlandsbenutzung eine tatsächliche Vermutung bestehen, daß die besonderen Geschäftsverhältnisse eine Inlandsbenutzung unzumutbar machen. Wie hier *Körner*, a.a.O,; wohl auch *Schulze zur Wiesche*, NJW 1968, 1809/1811.

[36] Hierbei ist nicht zwischen nationalem Zeichen und IR-Marke zu unterscheiden. Die Problematik von Basiszeichen (vgl. dazu unten III) ist eine andere; denn die Eintragung im internationalen Register begründet kein einheitliches internationales Markenrecht, sondern lediglich ein „Bündel nationaler Marken"; vgl. aber *Miosga*, MA 1970, 56/59; *Bökel*, GRUR 1970, 391/399; mehr einschränkend *Schricker*, a.a.O., S. 27.

[37] *Baumbach - Hefermehl*, WZG, § 5, Anm. 21; zust. *Uekermann*, Diss., S. 159.

[38] Auf einen tatsächlichen inländischen Benutzungsvorgang kann nicht schlechthin verzichtet werden; vgl. auch *Heiseke*, DB 1968, 1655/1659.

[39] *Nastelski*, a.a.O., S. 328; *Schricker*, a.a.O., S. 25; *Kraft*, GRUR 1968, 123/124; *Heiseke*, a.a.O., S. 1659; ders., WRP 1973, 185/187; *Tergau*, MA 1972, 44; *Baumbach - Hefermehl*, WZG, § 5, Anm. 21; *Hartgen*, WZG, § 11, Anm. 35;

Hinblick auf solche fremdsprachigen Exportzeichen geboten, an deren Eintragung wohl ein berechtigtes Interesse besteht, für die aber im Hinblick auf § 4 Abs. 2 Nr. 4 WZG, um den Einwand der Gefahr einer Irreführung über die Warenherkunft vorzubeugen, im Warenverzeichnis der Vermerk „nur für den Export bestimmt" eingetragen wird.

III. Basismarken

Auch bei Basismarken, d. h. solchen Warenzeicheneintragungen, die lediglich dazu bestimmt sind, den in einigen Ländern zur Registrierung des Zeichens und Aufrechterhaltung des Zeichenschutzes erforderlichen Nachweis der Heimateintragung zu erbringen, kann die Benutzung im Ausland nicht die fehlende Inlandsbenutzung ersetzen[40]. Ein Widerspruch kann nach Ablauf der Benutzungsfrist auf Basismarken nicht mit Erfolg gestützt werden.

Eine Löschung der Basismarke wegen Nichtbenutzung ist jedoch nicht gerechtfertigt, sofern die Löschung zum Verlust des ausländischen Markenrechts führen würde[41]. Die Darlegung einzelner, die Unzumutbarkeit der Benutzung begründender Rechtfertigungsgründe ist nicht erforderlich. Doch dürfte es angemessen sein, den Nachweis der Benutzung zumindest in dem Land zu verlangen, in dem es dem Zeicheninhaber auf den Zeichenschutz ankommt, da nur dann ein echtes wirtschaftliches Interesse an dem ausländischen Zeichen und somit an der Basismarke besteht[42].

Da der Inhaber der Basismarke vollen Rechtsschutz genießt, kann er sein Zeichen im Inland, wenn auch nicht im Widerspruchsverfahren, so doch im Wege der Löschungsklage gegenüber jüngeren, verwechselbaren, eingetragenen Zeichen verteidigen. Bökel und Kraft erwägen, dem Zeicheninhaber jede Verteidigungsmöglichkeit im Inland zu versagen[43]. Gegen einen generellen Ausschluß der Verteidigungsmöglich-

---

Uekermann, Diss., S. 161; a. A. *Bökel*, Diss., S. 87 ff.; ders., BB 1971, 1033/1036, der ein beachtliches Interesse an der Aufrechterhaltung des Zeichenschutzes verneint. In der Schweiz ist diese Frage höchstrichterlich noch nicht entschieden, vgl. *Breitenmoser*, GRUR Ausl. 1965, 595/597.

40 *Kraft*, a.a.O., S. 124; *Schricker*, a.a.O., S. 25; *Heiseke*, WRP 1973, 185/187; ders., DB 1968, 1655/1659, der zu Recht darauf hinweist, daß etwa die Bereitstellung von Kennzeichnungsmaterial nicht ausreichen kann. Hiervon geht auch die Amtl. Begr. aus, a.a.O., S. 46.

41 *Heiseke*, DB 1968, 1655/1660; ders., WRP 1973, 185/188; *Kraft*, a.a.O., S. 127; *Schricker*, a.a.O.; Amtl. Begr., a.a.O.; vgl. zum Problem der als Basis einer international registrierten Marke dienenden Heimateintragung dagegen § 11, Fußn. 36.

42 Vgl. hierzu auch *Kraft*, a.a.O.; *Schricker*, a.a.O.; *Uekermann*, Diss., S. 258; a. A. *Bökel*, GRUR 1970, 391/398, der aber die Verteidigungsmöglichkeit des Basiszeichens im Inland generell verneint.

43 *Bökel*, a.a.O.; *Kraft*, a.a.O., der dann aber anscheinend auf den Nachweis der Benutzung im Ausland verzichten will.

keiten sprechen aber nicht nur systematische Bedenken[44]; es muß dem Zeicheninhaber auch möglich sein, die Unzumutbarkeit inländischer Benutzung auch nach allgemeinen Grundsätzen nachzuweisen und somit dem Erscheinen verwechselbarer Zeichen im Inland gerechtfertigt zu begegnen. Diese Überlegung könnte auch Ansatzpunkt für eine angemessene Lösung im Einzelfall sein: Will der Zeicheninhaber seine Basismarke gegen Zeichen Dritter einsetzen, wird man von ihm den Nachweis verlangen können, daß ihm die Nichtbenutzung im Inland nach allgemeinen Grundsätzen unzumutbar war[45]. Beruht die Rechtfertigung der Nichtbenutzung lediglich auf der Eigenschaft des Zeichens als Basismarke, dann handelt der Zeicheninhaber rechtsmißbräuchlich, wenn er das Auftreten eines verwechselbaren Zeichens im Inland mit seinem Basiszeichen zu verhindern sucht.

---

[44] Vgl. *Heiseke*, DB 1968, 1655/1660; ders., WRP 1973, 185/188.
[45] In diese Richtung gehen auch die Überlegungen von *Heiseke*, a.a.O.

§ 12 Defensivzeichen und Defensivwaren, Vorratszeichen und Vorratswaren

Die Auswirkungen des Benutzungszwangs auf die Rechtsprechung zu Defensiv- und Vorratszeichen, wie auch zu Defensiv- und Vorratswaren wurde bereits in mehreren Darstellungen ausführlich behandelt, die nur in wenigen Fragen zu differierenden Ergebnissen gelangen[1]. Die folgenden Ausführungen können sich deshalb auf eine gestraffte Darstellung der einzelnen Grundsätze beschränken, soweit sich diese nicht ohnehin aus dem allgemeinen, systematischen Teil ergeben.

A. Defensivzeichen und Benutzungswille

Defensivzeichen sind solche Warenzeichen, die nicht zur Benutzung bestimmt sind, sondern allein dazu dienen, ein tatsächlich benutztes Hauptzeichen gegen das Aufkommen ähnlicher Gegenzeichen zu schützen. Die Literatur hält Defensivzeichen zu Recht für gesetzwidrig, da der nach § 1 WZG erforderliche Benutzungswille fehlt[2]. Geht man von dieser rechtlichen Beurteilung aus, dann hat sich die Rechtslage der Defensivzeichen durch die Einführung des Benutzungszwangs nicht geändert[3].

Die Rechtsprechung, die ursprünglich dem Defensivzeichen vollen Zeichenschutzes gewährte[4], billigt seit der „Drei-Tannen"-Entscheidung des BGH[5] dem Defensivzeichen nur noch Entwicklungsschutz in bezug auf das Hauptzeichen zu: Der Schutzbereich des Defensivzeichens reicht nicht über den Schutzumfang des Hauptzeichens hinaus, den dieses bei normaler Verkehrsgeltung erlangen kann. Der Anmelder eines übereinstimmenden Zeichens konnte im Widerspruchsverfahren nicht geltend machen, das Widerspruchszeichen sei ein unbenutztes Defensiv-

---

1 Vgl. etwa *Hefermehl*, GRUR 1968, 486 ff.; *Nastelski*, MA 1968, 319/320 ff.; *Schricker*, GRUR Ausl. 1969, 14/27 f.; *Kraft*, GRUR 1968, 123/128; *Heiseke*, DB 1968, 1655/1658; *Miosga*, MA 1967, 433/437; *Bökel*, Diss., S. 132 ff.; *Uekermann*, Diss., S. 224 ff.; *Baumbach - Hefermehl*, WZG, § 1, Anm. 40, 46; *v. Gamm*, WZÄndG, Erg. Rdz. 15 ff., 45 f.; im ganzen abweichend *Krieger*, GRUR 1972, 311 ff.

2 Vgl. etwa *Baumbach - Hefermehl*, WZG, § 1, Anm. 43; *Friedrich*, Mitt. 1959, 275; *Becher*, GRUR 1958, 324; a. A. *Krieger*, a.a.O.; hiergegen *Heydt*, GRUR 1972, 290/297, Fußn. 24.

3 a. A. *Krieger*, a.a.O.; vgl. im einzelnen weiter unten im Text.

4 RG 69, 375/380 (Roter Streifen); 104, 312/315 (Sinalco).

5 BGH 32, 133.

zeichen, sondern konnte lediglich im gerichtlichen Eintragungsbewilligungsverfahren den Einwand des Rechtsmißbrauchs erheben, wenn dem Defensivzeichen keine entsprechende Schutzwirkung zuzubilligen, und der Widerspruch daher rechtsmißbräuchlich war[6]. Auch einer auf das Defensivzeichen gestützten Löschungs- oder Verletzungsklage konnte der Einwand des Rechtsmißbrauchs entgegengehalten werden. Einen Löschungsanspruch gegen das Defensivzeichen hat der BGH im „Drei-Tannen"-Urteil ausdrücklich verneint, in späteren Entscheidungen gegen diese Auffassung jedoch selbst Bedenken erhoben; diese deuten darauf hin, daß der BGH eine Klage auf Löschung von Defensivzeichen, denen keine Schutzfunktion mehr zukommt, unabhängig von den Normen über den Benutzungszwang künftig zulassen wird[7].

Nach überwiegender Ansicht hat sich trotz Einführung des Benutzungszwangs an der Zulässigkeit der Eintragung von Defensivzeichen unter Zugrundelegung der von der Rechtsprechung entwickelten Grundsätze nichts geändert[8]. Dies könnte deshalb zweifelhaft sein, weil die Rechtsprechung die Gesetzwidrigkeit von Defensivzeichen nicht nur mit dem Argument verneint hat, der Staatsakt der Erteilung eines Warenzeichens könne nicht von der inneren Einstellung des Anmelders, seinem Benutzungswillen, abhängig gemacht werden, sondern auch aus der Tatsache ableitete, das deutsche Warenzeichenrecht kenne keinen Benutzungszwang für Warenzeichen[9]. Insofern könnte die Einführung des Benutzungszwangs der Fortsetzung der Rechtsprechung zur Zulässigkeit von Defensivzeichen entgegenstehen. Die besondere Ausgestaltung des befristeteten Benutzungszwangs rechtfertigt jedoch eine Änderung der Rechtsprechung nicht, so wünschenswert sie wäre. Der Benutzungszwang erfordert allein die fristgerechte Aufnahme der Benutzung und knüpft die Rechtsfolgen an das Fehlen der Benutzung nach Ablauf der Benutzungsfrist. Er ist weder ein absoluter Benutzungszwang, der allgemein Entstehen und Fortbestand des Warenzeichenrechts von der Zeichenbenutzung abhängig macht, noch berührt er das Problem des Benutzungswillens während der Benutzungsfrist und somit auch bei der Eintragung. Anerkennt man nicht das Erfordernis des Benutzungswillens als eine Folge aus § 1 WZG, dann rechtfertigt auch

---

[6] BGH GRUR 1966, 432/434 (Epigran).

[7] Vgl. zu dieser Entwicklung oben § 5, Fußn. 7.

[8] Hiervon gehen die in § 12, Fußn. 1 Genannten aus, vgl. insbesondere *Hefermehl*, a.a.O., S. 486; *v. Gamm*, a.a.O., Rdz. 16, 17. Lediglich *Bökel*, Diss., S. 145; ders., BB 1971, 1033/1037 ist der Auffassung, nach Einführung des Benutzungszwangs sei die Eintragung eines Defensivzeichens nicht mehr möglich, da ein Warenzeichen grundsätzlich zu benutzen sei. *Uekermann*, Diss., S. 236 ist der Ansicht, der Gesetzgeber habe mit Einführung des Benutzungszwangs endgültig klargestellt, daß eine Marke zu Abwehrzwecken nicht mehr eingetragen werden dürfe.

[9] BGH 32, 133/139.

die Ausgestaltung des Benutzungszwangs die Notwendigkeit des Benutzungswillens nicht. Konsequenterweise muß die Rechtsprechung auch nach der Einführung des Benutzungszwangs von der Zulässigkeit von Defensivzeichen ausgehen, es sei denn, sie nimmt die Einführung des Benutzungszwangs zum zeitlichen Anlaß, ihre Rechtsprechung zu ändern[10].

Letzteres wäre um so mehr gerechtfertigt, als auch die Amtliche Begründung[11] davon ausgeht, daß für Defensivzeichen ein berechtigtes Interesse an der Eintragung in die Warenzeichenrolle nicht mehr besteht. Es kann kein Zweifel daran bestehen, daß Leitbild des Warenzeichenrechts, insbesondere nach Einführung des Benutzungszwangs, das benutzte und insoweit mit Leben erfüllte Warenzeichen ist, bzw. unter Einbeziehung der Benutzungsfrist dasjenige Warenzeichen, das in Benutzung genommen werden soll. Die konkrete Ausgestaltung des Benutzungszwangs kann jedoch — im Hinblick auf die bisherige Rechtsprechung — nicht dahin verstanden werden, dem Benutzungswillen komme auf Grund dieser Rechtsänderung eine Funktion zu, die nicht schon unmittelbar aus § 1 WZG abzuleiten ist. Die Rechtswidrigkeit von Defensivzeichen wegen mangelnden Benutzungswillens ließ und läßt sich allein aus § 1 WZG begründen[12].

Aus der konkreten Gestaltung des Benutzungszwangs, nämlich der Normierung der Benutzungsfrist, kann jedoch auch nicht der Schluß gezogen werden, dem Benutzungswillen könne keine eigenständige Bedeutung mehr beigemessen werden. U. Krieger[13] vertritt die Auffassung, durch die Neufassung des Warenzeichengesetzes sei das subjektive Merkmal des Benutzungswillens durch das objektive Merkmal der Benutzung ersetzt worden. Das Vorabgesetz habe § 1 WZG dahin konkretisiert, daß der Benutzungswille bei der Anmeldung und Eintragung des Warenzeichens unterstellt werde und bis zum Ablauf der Fünfjahresfrist für die Ingebrauchnahme des Zeichens zu vermuten sei. Konsequenz dieser Auffassung sei es, daß eine Unterscheidung nach benutzten Zeichen, Vorratszeichen und Defensivzeichen bei nach dem 1. 1. 1968 neu angemeldeten Zeichen innerhalb der Benutzungsfrist nicht mehr vorgenommen werden könne. Da folglich nach dem Benutzungswillen innerhalb der Benutzungsfrist nicht mehr gefragt werden dürfe, sei es auch nicht gerechtfertigt, die in der Literatur vertretene, aus § 1 WZG abgeleitete Auffassung aufrechtzuerhalten, die Eintragung von Defensivzeichen sei wegen fehlenden Benutzungswillens rechtswidrig.

---

10 Eine mit der bisherigen Literaturmeinung begründete Rechtsprechungsänderung dürfte der überwiegenden Zustimmung sicher sein.

11 a.a.O., S. 19.

12 In der Argumentation anders *Bökel*, vgl. § 12 Fußn. 8.

13 GRUR 1972, 311/313.

Von einer unwiderleglichen Vermutung des Benutzungswillens während des Laufs der Benutzungsfrist auszugehen, bedeutet jedoch, der den Benutzungszwang relativierenden Benutzungsfrist eine Funktion beizumessen, die von ihrer systematischen Stellung nicht gedeckt wird. Die Benutzungsfrist ist lediglich das rechtstechnische Mittel, die Rechtsfolgen der Nichtbenutzung aufzuschieben und zu einem genau bestimmten Zeitpunkt eintreten zu lassen. Sie ist allein die zeitliche Grenze für das Eingreifen der Rechtsnachteile für die Nichtbenutzung. Hätte der Gesetzgeber für den Zeitraum der Benutzungsfrist den Benutzungswillen fingieren wollen, hätte er, gerade im Hinblick auf die Rechtsprechung zu den Defensivzeichen in bezug auf § 1 WZG, eine ausdrückliche Regelung getroffen. Entgegen Krieger hat die Tatsache der Benutzung nicht das Merkmal des Benutzungswillens ersetzt, vielmehr ist nach Ablauf der Benutzungsfrist für Defensivzeichen die Berufung auf den Entwicklungsschutz für das Hauptzeichen, für Vorratszeichen[14] sowohl die Berufung auf den Benutzungswillen als auch auf das schutzwürdige Intersse an der Aufrechterhaltung des Vorratszeichens abgeschnitten.

Neben den Entscheidungen „Ein-Tannen-Zeichen“[15] und „Stallmeister“[16] ist in diesem Zusammenhang auch der Beschluß des BGH vom 11. Oktober 1972[17] interessant, in dem der BGH die zeichenrechtliche Relevanz des Benutzungswillens ausdrücklich betont. Der BGH stellt fest, einem für Verpackungsmaterial eingetragenen und vom Zeicheninhaber auf solchem angebrachten Warenzeichen mit dem Wortbestandteil „Fleischer-Fachgeschäft“ fehle die Eignung als Hinweis auf die Herkunft des an Fleischer-Fachgeschäfte vertriebenen Verpackungsmaterials aus dem Geschäftsbetrieb des Zeicheninhabers zur Unterscheidung der Herkunft gleicher Waren von anderen Unternehmen zu dienen. Denn das mit einem für Fleischerwaren eingetragenen Verbandszeichen identische Zeichen werde im Sinne des Verbandszeichens aufgefaßt und weise lediglich auf die verpackten Waren hin. Der BGH bejahte einen die Zeichenlöschung nach § 10 Abs. 2 Nr. 2 WZG rechtfertigenden Versagungsgrund, da die Warenzeicheneintragung nicht von § 1 WZG gedeckt sei. Abgestellt wurde nicht nur auf die objektiv fehlende Unterscheidungsfunktion des Zeichens als Herkunftszeichen für die Waren des Zeicheninhabers, das Verpackungsmaterial; ausdrücklich hervorgehoben wurde, daß damit zudem zwangsläufig ein zeichenrechtlich relevanter Benutzungswille des Zeicheninhabers fehle.

---

[14] Vgl. hierzu unten C.

[15] BGH GRUR 1970, 27.

[16] BGH GRUR 1971, 409.

[17] WRP 1973, 86 ff. (Fleischer-Fachgeschäft).

Die Bedeutung des Benutzungswillens als Eintragungsvoraussetzung wurde somit ausdrücklich anerkannt. Diese Rechtsprechung berührt jedoch nach Ansicht des BGH nicht die in der „Drei-Tannen"-Entscheidung[18] entwickelten Grundsätze. Diese finden für den besonderen Fall der Defensivzeichen ihre Rechtfertigung in den dort als maßgeblich erachteten Beweisschwierigkeiten, die im zu entscheidenden Fall nicht in Erscheinung treten.

Nach all dem ist für Defensivzeichen zwischen dem Zeitraum vor und nach Ablauf der Benutzungsfrist zu unterscheiden. Die Normen über den Benutzungszwang verändern den Rechtszustand der Defensivzeichen nach Ablauf der Benutzungsfrist wesentlich. Das fünf Jahre nicht benutzte Defensivzeichen unterliegt den Rechtsfolgen wegen Nichtbenutzung. Der auf ein Defensivzeichen gestützte Widerspruch ist zurückzuweisen, wenn der Anmelder die Benutzung bestreitet, § 5 Abs. 7 WZG; der von der Rechtsprechung Defensivzeichen zugebilligte Entwicklungsschutz für das Hauptzeichen endet spätestens mit dem Ablauf der Benutzungsfrist. Nach § 11 Abs. 1 Nr. 4 WZG sind Defensivzeichen auf Antrag eines Dritten zu löschen; die Möglichkeit, sich auf die Unzumutbarkeit der Benutzung zu berufen, scheidet für den Inhaber eines Defensivzeichens ohne weiteres aus, da ein Gebrauchswille gerade nicht vorgelegen hat[19]. Die Löschungsreife kann auch einredeweise, etwa gegenüber einer auf das Defensivzeichen gestützten Verletzungsklage, geltend gemacht werden.

Vor Ablauf der Benutzungsfrist genießen Defensivzeichen weiterhin lediglich beschränkten Rechtsschutz nach den in der „Drei-Tannen"-Entscheidung entwickelten Grundsätzen[20]. Ihre Schutzwürdigkeit wird nicht während des Zeitraums der Benutzungsfrist fingiert. Mit der Einführung des Benutzungszwangs wurde nicht bezweckt, Defensivzeichen aufzuwerten und ihnen während der Benutzungsfrist vollen Rechtsschutz zuzubilligen[21].

B. Defensivwaren

Defensivwaren sind eintragungsunfähig, weil dem Anmelder die Absicht fehlt, diese Waren in seinem Geschäftsbetrieb zu führen[22]. Diese Rechtslage hat sich durch die Einführung des Benutzungszwangs nicht geändert. Defensivwaren können auch nicht für den Zeitraum der

---

[18] BGH 32, 133/139/144.

[19] *Nastelski*, a.a.O., S. 322; *Hefermehl*, a.a.O., S. 486.

[20] Dies gilt gleichermaßen für Defensivzeichen, die vor oder nach dem 1. Januar 1968, dem Tag des Inkrafttretens des Vorabgesetzes, eingetragen worden sind oder künftig eingetragen werden.

[21] *Hefermehl*, a.a.O., S. 487; *Schricker*, a.a.O., S. 28; *Nastelski*, a.a.O., S. 321; *Kraft*, a.a.O., S. 128; *Baumbach - Hefermehl*, WZG, § 1, Anm. 46.

[22] RG 118, 201/208 (Goldkrone).

Benutzungsfrist eingetragen werden[23]. Dennoch eingetragene Defensivwaren unterliegen auch innerhalb der Benutzungsfrist der Teillöschungsklage auf Antrag eines Dritten nach § 11 Abs. 1 Nr. 2 WZG, möglicherweise von Amts wegen nach § 10 Abs. 2 Nr. 2 WZG[24] und nach Ablauf der Benutzungsfrist auch auf Antrag eines Dritten nach § 11 Abs. 1 Nr. 4 WZG[25].

C. Vorratszeichen

Ein Vorratszeichen ist ein gegenwärtig nicht benutztes Warenzeichen, das der Zeicheninhaber jedoch künftig für tatsächlich in seinem Geschäftsbetrieb geführte Waren benutzen will, für die das Vorratszeichen eingetragen wird. Das berechtigte wirtschaftliche Interesse, Warenzeichen zum künftigen Gebrauch vorrätig zu haben, ist allgemein anerkannt[26]. Im Gegensatz zu Defensivzeichen bestehen an der Zulässigkeit der Eintragung von Vorratszeichen auch nach Einführung des Benutzungszwangs[27] keine Bedenken, da der Benutzungswille vorhanden ist.

Nach bisherigem Recht wurde dem Vorratszeichen grundsätzlich der umfassende Zeichenschutz eines benutzten Warenzeichens zugebilligt. Dem Zeichenschutz waren jedoch wettbewerbsrechtliche Grenzen gesteckt: Für den Schutz langjährig nicht benutzter Vorratszeichen war Voraussetzung, daß dessen Inhaber nicht nur seinen fortbestehenden Benutzungswillen, sondern darüber hinaus ein schutzwürdiges Interesse an der Aufrechterhaltung seines Zeichens darlegen konnte[28].

Die mit dem Benutzungszwang eingeführte zeitliche Schutzbegrenzung nicht benutzter Warenzeichen führt zu einer erheblichen Einschränkung des Zeichenschutzes aus Vorratszeichen, da deren Schutzunwürdigkeit nach bisherigen Grundsätzen erst nach einer wesentlich längeren Zeitdauer als der Fünfjahresfrist des Benutzungszwangs angenommen wurde. Nach Ablauf der Benutzungsfrist gelten für Vorratszeichen die durch den Benutzungszwang eingeführten Rechtsfolgen wegen Nicht-

---

[23] *Baumbach - Hefermehl*, WZG, § 1, Anm. 28; *v. Gamm*, WZÄndG, Erg. Rdz 46.

[24] Vgl. hierzu *Baumbach - Hefermehl*, WZG, § 10, Anm. 9.

[25] *Hefermehl*, a.a.O., S. 487; *Bökel*, Diss., S. 146; *Uekermann*, Diss., S. 239; *Baumbach - Hefermehl*, WZG, § 1, Anm. 28.

[26] Dies gilt auch nach Einführung des Benutzungszwangs, vgl. Amtl. Begr., a.a.O., S. 19.

[27] Allg. Meinung; BGH GRUR 1971, 251/252 (Oldtimer); vgl. ferner die in § 12, Fußn. 1 Genannten. Nach *Krieger*, GRUR 1972, 311 ff. soll der Benutzungswille nicht mehr erheblich sein, vgl. hierzu oben § 12 A.

[28] BGH GRUR 1957, 224/225 (Odorex); 1957, 228/230 (Astrawolle); 1957, 499/500 (Wipp); 1963, 533 f. (Windboy); 1965, 665/667 (Liquiderma); 1971, 251/252 (Oldtimer); 1971, 409/410 (Stallmeister); *Baumbach - Hefermehl*, WZG, § 1, Anm. 36 ff.

benutzung, auch wenn nach bisheriger Rechtsprechung die Schutzwürdigkeit des Vorratszeichens noch hätte bejaht werden müssen[29]. Der Zeicheninhaber kann die Löschungsreife allein durch den Nachweis der Unzumutbarkeit der Benutzung abwenden, ohne sich jedoch auf das Weiterbestehen eines allgemeinen „Vorratsinteresses" berufen zu können[30].

Vor Ablauf der Benutzungsfrist gelangen künftig die Grundsätze über die Schutzwürdigkeit von Vorratszeichen regelmäßig nicht mehr zur Anwendung, da der angemessene Zeitraum zur tatsächlichen Benutzungsaufnahme nunmehr grundsätzlich der Benutzungsfrist entspricht[31]. Dies hindert jedoch nicht, auch vor Ablauf der Benutzungsfrist die Rechtsausübung auf ihre Übereinstimmung mit dem allgemeinen Wettbewerbsrecht zu überprüfen und im Einzelfall den Einwand des Rechtsmißbrauchs zuzulassen. Die Neuregelung schließt lediglich aus, vor Ablauf der Benutzungsfrist die Schutzunwürdigkeit des Vorratszeichens mit der Dauer der Nichtbenutzung zu begründen und deshalb das Vorratsinteresse als ungerechtfertigt zu werten. Aus anderen Gründen, etwa der unmäßigen Hortung von Vorratszeichen läßt sich künftig die Schutzunwürdigkeit eines Vorratszeichens vor Ablauf der Benutzungsfrist im Einzelfall ableiten[32].

Vom Zeitpunkt der Benutzungsaufgabe eines bisher in Gebrauch befindlichen Zeichens an gelten für dieses nunmehr zum Vorratszeichen gewordenen Warenzeichen die gleichen Grundsätze.

Nach Art. 7 § 2 VorabG begann die Benutzungsfrist für vor dem Inkrafttreten des Vorabgesetzes eingetragene Vorratszeichen erst am 1. 1. 1968. Dies hat lediglich zur Folge, daß die Benutzungsaufnahme vor dem 1. 1. 1973 die Löschungsreife des Warenzeichens nach § 11 Abs. 1 Nr. 4 WZG beseitigt, nicht jedoch, daß diese alten Vorratszeichen nicht auch weiterhin nach den Grundsätzen der bisherigen Recht-

---

29 *Hefermehl*, a.a.O., S. 488.

30 *Bökel*, Diss., S. 140; *Hefermehl*, a.a.O.; *Uekermann*, Diss., S. 228. Im Einzelfall kann jedoch ein besonderes schutzwürdiges Interesse gerade an der Aufrechterhaltung des Zeichenschutzes an dem konkreten Zeichen ein bei der Abwägung mitzuberücksichtigender Umstand sein, vgl. *Heydt*, GRUR 1972, 290/292, der jedoch allgemein für eine weitherzige Auslegung des Begriffs der Unzumutbarkeit eintritt, vgl. hierzu oben § 8 und § 8, Fußn. 4.

31 BGH 1971, 251/252 (Oldtimer).

32 *Hefermehl*, a.a.O., S. 488; *Heiseke*, DB 1968, 1655/1658; *Schricker*, a.a.O., S. 28; *Uekermann*, Diss., S. 229; a. A. *Bökel*, Diss., S. 142; ders., BB 1971, 1033/1037, wonach nicht benutzte Zeichen innerhalb der Benutzungsfrist von Gesetzes wegen als schutzwürdig gelten sollen. Zum gleichen Ergebnis gelangt *Krieger*, GRUR 1972, 311 ff., da der Benutzungswille während der Benutzungsfrist vermutet werde. Auch nach *Miosga*, Benutzungszwang für Warenzeichen, S. 81 ff. soll während des Laufs der Benutzungsfrist Defensiv- und Vorratszeichen keine eigene Bedeutung mehr zukommen.

sprechung auf ihre Schutzwürdigkeit hin zu überprüfen sind. Alte Vorratszeichen sollen gegenüber dem früheren Rechtszustand durch die Einführung des Benutzungszwangs nicht aufgewertet und besser gestellt werden[33].

D. Vorratswaren

Vorratswaren sind solche für das Warenzeichen eingetragene Waren, die der Zeicheninhaber in seinem Geschäftsbetrieb noch nicht führt, deren Einführung aber künftig vorgesehen ist. Die Aufnahme solcher Vorratswaren in das Warenverzeichnis wurde schon bisher als zulässig angesehen, wenn der ernstliche Wille bestand, auch diese Waren innerhalb einer angemessenen Frist zu führen[34]. Hat der Zeicheninhaber innerhalb dieses angemessenen Zeitraums seinen Willen nicht objektiv verwirklicht, dann erstreckt sich das Zeichenrecht als nur förmliches Recht auf diese Waren, die folglich vom sachlichen Zeichenschutz nicht erfaßt werden[35] und auf Grund einer Teillöschungsklage nach § 11 Abs. 1 Nr. 2 WZG aus dem Warenverzeichnis gestrichen werden können. Der Löschungsgrund kann auch einredeweise geltend gemacht werden.

Der Benutzungszwang hat nunmehr auch eine zeitliche Grenze für die Aufnahme der Vorratswaren in den Geschäftsbetrieb des Zeicheninhabers gesetzt[36]. Führt der Zeicheninhaber nach Ablauf der Benutzungsfrist die Waren nicht unter dem eingetragenen Zeichen, dann kann die Streichung der Vorratswaren im Wege der Teillöschungsklage nach §§ 11 Abs. 1 Nr. 4 S. 2; 5 Abs. 7 S. 3 WZG erfolgen, es sei denn, die Benutzung des Zeichens für diese Waren war dem Zeicheninhaber unzumutbar; im Widerspruchsverfahren werden die Vorratswaren bei der Entscheidung, ob die Zeichen übereinstimmen, nicht berücksichtigt. Auch dieser Löschungsgrund kann einredeweise geltend gemacht werden. Für die aus dem Benutzungszwang sich ergebenden Rechtsfolgen ist es ohne Belang, daß die Waren zwischenzeitlich möglicherweise unter einem anderen Zeichen geführt werden und deshalb nicht mehr als Vorratswaren aufzufassen sind. Denn in bezug auf diese Waren stellt sich das Zeichen, für das die Waren eingetragen sind, als Vorratszeichen dar, das für diese Waren nicht benutzt worden ist.

---

[33] BGH GRUR 1969, 604/605 (slip); *Hefermehl*, a.a.O.; *Nastelski*, a.a.O., S. 322; a. A. *Kraft*, a.a.O., S. 128.

[34] BGH GRUR 1965, 86/89 (Schwarzer Kater); 1959, 25/26 (Triumph); 1958, 544/546 (Colonia); RG 169, 240/244 (Schwarz-Weiß); 111, 192/195 (Goldina); *Baumbach - Hefermehl*, WZG, § 1 Anm. 29; *v. Gamm*, WZG, § 1, Anm. 45; *Reimer*, 4. Kap., Anm. 23.

[35] BGH GRUR 1965, 86/90 (Schwarzer Kater); *Baumbach - Hefermehl*, WZG, § 1, Anm. 29.

[36] Vgl. zum Folgenden *Hefermehl*, a.a.O., S. 488 f.; *Nastelski*, a.a.O., S. 326; *Bökel*, Diss., S. 142; *Uekermann*, Diss., S. 229 ff.

Für die Zeit vor Ablauf der Benutzungsfrist erstreckt sich der Zeichenschutz auch auf die Vorratswaren, jedoch nur in den Grenzen der bisherigen Rechtsprechung. Da sich die angemessene Frist zur Aufnahme der Waren in den Geschäftsbetrieb des Zeicheninhabers im wesentlichen mit dem Zeitraum der Benutzungsfrist deckt[37], dürfte aber eine vorherige Schutzversagung für die Vorratswaren kaum praktisch werden[38]. Die Problematik der Vorratswaren, die sich aus der notwendigen Beziehung zwischen Warenverzeichnis und Geschäftsbetrieb ergibt, wird jedoch von dem Benutzungszwang nicht berührt. Die Eintragung von Vorratswaren wird nicht deshalb uneingeschränkt zulässig, weil der Benutzungszwang dem Zeicheninhaber eine Benutzungsfrist einräumt. Innerhalb der Benutzungsfrist ist nur die Beschränkung des Zeichenschutzes wegen mangelnder Nichtbenutzung ausgeschlossen. Vorratswaren können auch künftig nur unter den bisherigen Voraussetzungen in das Warenverzeichnis aufgenommen werden[39]. Daher ist auch innerhalb der Benutzungsfrist eine Teillöschung nach § 11 Abs. 1 Nr. 2 WZG denkbar, mag diese auch nur in seltenen Ausnahmefällen praktisch werden[40].

---

37 Vgl. BGH GRUR 1965, 86/91 (Schwarzer Kater); 1959, 25/26 (Triumph); RG GRUR 1931, 161/162 (Granitol); MuW 1927/1928, 168/170 (Burkbraun).

38 *Nastelski*, a.a.O., S. 326; *Heiseke*, a.a.O., S. 1658.

39 a. A. *Bökel*, Diss., S. 142.

40 Vgl. auch *Uekermann*, Diss., S. 232. Schon deshalb bleiben auf bei Inkrafttreten des Vorabgesetzes nicht mehr schutzwürdige Vorratswaren die bisher geltenden Grundsätze anwendbar; das Problem der „Aufwertung" schutzunwürdiger Vorratswaren entsteht hier nicht.

§ 13 Die Handelsmarke als möglicher Umgehungstatbestand

Hersteller- oder Fabrikmarken unterscheiden sich von Handelsmarken in ihrer wirtschaftlichen Funktion. Die Herstellermarke dient der Individualisierung des einzelnen Produktionserzeugnisses und damit der unmittelbaren Kontaktaufnahme zwischen Produzent und Verbraucher. Demgegenüber ist es Zweck der Handelsmarke im Wege der Produktenindividualisierung spezifische Leistungen der Handelswirtschaft zum Ausdruck zu bringen. Die wirtschaftlichen Funktionen der Handelsmarke als eines Mittels der Absatzgestaltung können nach Angehrn[1] in den Möglichkeiten für den Handel gesehen werden, die Angebotsgleichartigkeit aufzuheben, Autonomie in der Absatz-, Kosten- und Preisgestaltung zu erreichen, sowie den eigenen Handelsbetrieb stärker zu profilieren. Inhaber von Handelsmarken können Einzelhandelsunternehmen, Großhandelsunternehmen und Handelsorganisationen sein[2].

Diese Unterschiedlichkeit in der wirtschaftlichen Bedeutung und Funktion der Handelsmarke ist grundsätzlich nicht zeichenrechtlich relevant. Das Warenzeichenrecht unterscheidet nicht zwischen Hersteller- und Handelsmarke[3]. Die Herkunftsfunktion erfüllt die Herstellermarke durch den Hinweis auf einen bestimmten Herstellungsbetrieb, die Handelsmarke durch den Hinweis auf einen bestimmten Handelsbetrieb, bzw. eine Handelsorganisation. Im Rahmen des Benutzungszwangs steht daher auch der Gebrauch der Marke als Handelsmarke der Benutzung als Herstellermarke gleich.

Diese rechtliche Gleichstellung von Hersteller- und Handelsmarken könnten Zeicheninhaber, die üblicherweise ihre Warenzeichen nur als Herstellermarken verwenden, veranlassen, auf den Gebrauch als Handelsmarke auszuweichen, um auf diese Weise dem Benutzungszwang zu genügen[4]. Den Gebrauch als Handelsmarke zu organisieren, könnte

---

1 Handelsmarken und Herstellermarken im Wettbewerb, S. 21 ff. Vgl. ferner zur wirtschaftlichen Bedeutung und dem Vorkommen der Handelsmarke *Hartl*, WRP 1961, 183 ff.; ders., MA 1960, 719 ff.; *Lutz*, MA 1965, 253 ff.

2 *Lutz*, a.a.O., S. 253; *Angehrn*, a.a.O., S. 11.

3 RG GRUR 1926, 222 (Schuhhof).

4 Dieser Sachverhalt darf nicht mit dem von *Schulze zur Wiesche*, NJW 1968, 1809/1810 f.; ders., Mitt. 1970, 61 f. angeschnittenen Problem des firmenmäßigen Gebrauchs von Handelsmarken verwechselt werden. Die hierbei berührte Problematik ergibt sich nicht aus dem Nebeneinander von Hersteller- und Handelsmarken, sondern es stellt sich lediglich die Frage nach der Behandlung des firmenmäßigen Gebrauchs im Rahmen des Benutzungszwangs; vgl. hierzu schon oben § 6 C III.

sich für den Zeicheninhaber deshalb anbieten, weil der als Beurteilungskriterium für einen ernsthaften und ausreichenden Benutzungssachverhalt mitentscheidende Umfang des Zeichengebrauchs bei dem Gebrauch des Zeichens als Handelsmarke ein anderer sein kann als bei der Benutzung des Zeichens als Herstellermarke.

Man denke etwa an einen Inhaber zahlreicher Vorratszeichen, dem es als Hersteller von Massenkonsumartikeln (Tabakwaren, Schokoladenartikel etc.) nicht möglich ist, sämtliche Vorratszeichen vor Ablauf der Benutzungsfrist als Herstellermarken für eigene Erzeugnisse einzusetzen, da er einen ernsthaften Benutzungssachverhalt nur durch eine umfangreiche Produktion mit entsprechender Werbung erzielen könnte. Da dieser erhebliche wirtschaftliche Aufwand außer Verhältnis zu dem erstrebten Zweck steht, den Eintritt der Löschungsreife der Vorratszeichen wegen Nichtbenutzung zu verhindern, könnte der Zeicheninhaber versuchen, im Wege des Zeichengebrauchs als Handelsmarke diesen Zweck zu erreichen. Der Zeicheninhaber könnte einem kleinen Einzelhandelsunternehmen Warenzeichenlizenzen erteilen, die das Einzelhandelsunternehmen berechtigen, als Lizenznehmer die betreffenden Warenzeichen als Handelsmarken zu verwenden. Die von dem Einzelhandelsunternehmen gekennzeichneten Waren, die der Lizenzgeber liefern könnte, würden lediglich in diesem Einzelhandelsunternehmen als Besonderheit gerade dieses Geschäfts angeboten.

Da eine ernsthafte Zeichenbenutzung des Einzelhändlers als Lizenznehmer dem Zeicheninhaber als Lizenzgeber nach § 5 Abs. 7 S. 2 WZG zugerechnet wird, ist zu untersuchen, ob diese Möglichkeit, das Warenzeichen für ein kleines Einzelhandelsunternehmen als Handelsmarke von lediglich lokaler wirtschaftlicher Bedeutung einzusetzen, zur Aufrechterhaltung des Zeichenschutzes genügt, oder unter welchen Voraussetzungen dieses Verhalten als Umgehung des Benutzungszwangs angesehen werden muß.

Da das Warenzeichenrecht von der Gleichbehandlung der Hersteller- und Handelsmarken ausgeht, steht der Zurechnung der Benutzung an den Lizenzgeber grundsätzlich nicht entgegen, daß der Lizenznehmer das Warenzeichen als Handelsmarke gebraucht, auch wenn der Lizenzgeber selbst seine Warenzeichen nur als Herstellermarken verwendet. Auch schadet der geringe Handelsumsatz des Lizenznehmers und somit der geringe Umfang des Zeichengebrauchs der Ernsthaftigkeit der Benutzung nicht ohne weiteres. Wohl kann ein in Ansehung der Warenart (Massenkonsumartikel) geringer, nur symbolischer Umsatz einen ernsthaften Zeichengebrauch nicht begründen. Diese Prüfung kann aber nur in bezug auf die Größe und Art des Unternehmens dessen beurteilt werden, der das Warenzeichen gebraucht. Der, bezogen auf die Warenart und auf den Warenhersteller, geringe Umsatz kann ein genügender für ein Handelsgeschäft und die entsprechende Handelsmarke sein. Es ist auch einem kleinen Einzelhandelsgeschäft nicht verwehrt, Handelsmarken für Waren zu führen, die unter dieser Marke nur in dem für das Handelsgeschäft üblichen Umsatz umgesetzt werden[5]. Diese Beurteilung ändert sich auch nicht schon deshalb, weil die unter der Handelsmarke vertriebene Ware nur in dem für dieses Handelsgeschäft notwendigen Umfang hergestellt wird, und somit, bezogen auf den Hersteller, eine der Ernsthaftigkeit der Benutzung einer Herstellermarke genügende Produktion nicht vorliegt.

Eine endgültige Entscheidung der Frage, wann eine Umgehung des Benutzungszwangs in dieser „Konstruktion eines Handelsmarkengebrauchs" liegt, setzt eine wertende Betrachtung der wirtschaftlichen Bedeutung dieses Sachverhalts voraus, da, wie ausführlich dargelegt[6], sich die Frage nach der Ernsthaftigkeit der Benutzung nur auf Grund einer Gesamtwürdigung des Benutzungssachverhalts beantworten läßt. Ausschlaggebend wird hierfür sein, ob die wirtschaftliche Bedeutung der Handelsmarke für den Lizenznehmer und somit für das konkrete Einzelhandelsgeschäft gegenüber der wirtschaftlichen Bedeutung des Zeichengebrauchs für den Lizenzgeber und Zeicheninhaber überhaupt ins Gewicht fällt. Beschränkt sich der Gebrauch von Handelsmarken durch den Einzelhändler im wesentlichen auf lizenzierte Warenzeichen eines Zeicheninhabers, dann liegt der Verdacht nahe, daß kein eigenes wirtschaftliches Interesse des Lizenznehmers an dem Gebrauch der Warenzeichen als Handelsmarken besteht. Auch die Zahl der auf diese Weise lizenzierten Warenzeichen, sowie der Zeitpunkt des Abschlusses der Lizenzverträge ist zu berücksichtigen. Kommt hinzu, daß es sich bei den lizenzierten und als Handelsmarken gebrauchten Warenzeichen durchweg um Vorratszeichen des Zeicheninhabers handelt, deren Benutzungsfrist in Kürze abgelaufen wäre, dann liegt die eigentliche wirtschaftliche Bedeutung dieses Sachverhalts darin, dem Vorratsinteresse des Zeicheninhabers zu dienen, der zu gegebener Zeit wieder auf diese Warenzeichen zurückgreifen will. Derartige, zur Umgehung des Benutzungszwangs konstruierte Benutzungssachverhalte können die Aufrechterhaltung des Zeichenschutzes nicht bewirken und müssen im Einzelfall im Wege der Gesamtwürdigung des Benutzungssachverhalts und der beteiligten wirtschaftlichen Interessen als Umgehungstatbestände ausgeschaltet werden.

---

[5] Dem steht nicht entgegen, daß heute wirtschaftlich bedeutende Handelsmarken überwiegend solche großer Handelsorganisationen und Handelsketten sind, Eigenmarken kleiner Einzelhandelsgeschäfte an wirtschaftlicher Bedeutung zurückstehen; vgl. *Hartl*, WRP 1961, 183; *Lutz*, a.a.O., S. 254 ff.

[6] Vgl. oben § 7.

§ 14 Die Problematik der begleitenden Marke innerhalb des Benutzungszwangs

Es kann nicht im Rahmen dieser Abhandlung liegen, die mit der begleitenden Marke verbundenen, warenzeichenrechtlichen Probleme grundlegend zu untersuchen und Lösungsmöglichkeiten zu erarbeiten. Der grundsätzliche Ansatzpunkt einer den warenzeichenrechtlichen Grundprinzipien entsprechenden und den wirtschaftlichen Gegebenheiten interessengerechten, rechtlichen Behandlung der begleitenden Marke ist den mit dem Benutzungszwang verbundenen Problemen vorgelagert und kann nicht aus dem Zweck dieses Rechtsinstituts heraus gelöst werden. Da der BGH jedoch in der „Dolan"-Entscheidung[1] den weitgehend in der Literatur vorbereiteten[2], in früheren Entscheidungen[3] nur in Ansätzen beschrittenen Weg zur Lösung der zeichenrechtlichen Probleme der begleitenden Marke gegangen ist, andererseits diese grundlegende Entscheidung in der Rechtswissenschaft Anlaß zur Erarbeitung einer im Ansatzpunkt verschiedenen Lösungsmöglichkeit geworden ist[4], scheint es gerechtfertigt, die Konsequenzen der unterschiedlichen rechtlichen Behandlung der begleitenden Marke im Rahmen des Benutzungszwangs aufzuzeigen.

Als begleitende Marke wird das Warenzeichen eines Herstellers eines Werkstoffes, eines Vor- und Zwischenproduktes oder eines Behandlungsmittels bezeichnet, das wohl ursprünglich und zunächst der Kennzeichnung dieser Erzeugnisse dient, diese jedoch auf dem Weg zum Fertigprodukt „begleitet" und auf diesem neben der Marke des Herstellers des Fertigprodukts erscheint. Kollisionsprobleme entstehen dadurch, daß dem Inhaber der begleitenden Marke daran gelegen ist, Dritten die Eintragung und den Gebrauch übereinstimmender oder verwechslungsfähiger Zeichen auch für Fertigwaren zu untersagen, ob-

---

[1] GRUR 1970, 80 mit zust. Anm. Röttger; auch BPatG GRUR 1973, 30 (Elcudor).

[2] *Heydt*, GRUR 1958, 442; *Wolff*, MA 1959, 848/850 ff.; Miosga, Mitt. 1964, 1 ff./41 ff.; *Endemann - Storkebaum*, Mitt. 1964, 6; *Baumbach - Hefermehl*, WZG, § 5, Anm. 68 ff.; *Reimer - Trüstedt*, 14. Kap., Anm. 19 ff.; ablehnend *v. Gamm*, WZG, § 1, Anm. 9; § 5, Anm. 37; *Tetzner*, WZG, § 5, Anm. 33; *Bußmann*, GRUR 1968, 498/502.

[3] BGH GRUR 1958, 437/442 (Tricoline); RG GRUR 1935, 814/817 (Trocklin).

[4] *Kraft*, GRUR 1970, 218 ff.; *Völp*, WRP 1970, 85 ff.; hiergegen *Müller*, Mitt. 1970, 224 ff.; vgl. aber schon *Röttger*, GRUR Ausl. 1963, 421; *Storkebaum - Kraft - Endemann*, WZG, Anh. 2 § 1, Anm. 56; *Krieger*, in: Die Warenzeichenlizenz, S. 34 ff.

gleich die begleitende Marke normalerweise nicht auch für Fertigwaren für den Zeicheninhaber eingetragen ist, da dieser jene Waren weder führt, noch künftig zu führen beabsichtigt, die begleitende Marke vielmehr allein mit Zustimmung des Zeicheninhabers vom Hersteller der Fertigware auf dieser angebracht wird.

Zu Recht hat nun der BGH klargestellt, daß dem berechtigten Schutzbedürfnis des Inhabers der begleitenden Marke das Wettbewerbsrecht nicht ausreichend gerecht wird[5], und hat deshalb einer zeichenrechtlichen Lösung den Vorzug gegeben. Ausgehend von dem Grundsatz, daß Vor- und Fertigprodukte nicht warengleichartig sind, hat der BGH jedoch die Warengleichartigkeit zwischen synthetischen Fasern und Fertigkleidung unter Berücksichtigung der bestehenden Branchenübung deshalb bejaht, weil „es in der Textilbranche üblich (sei), Zeichen für eine synthetische Faser als begleitende Marke auch an der Fertigkleidung anzubringen, und die Fasermarke auch in der Werbung für Fertigkleidung dem Letztverbraucher bekannt zu machen“[6]. Mit der Anerkennung einer mittelbaren Warengleichartigkeit zwischen Vor- und Fertigprodukt wird dem zeichenrechtlichen Irrtum über die betriebliche Herkunft des verarbeiteten Materials in den Fällen Rechnung getragen, in denen der Verkehr bei der Benutzung eines mit der begleitenden Marke übereinstimmenden Zeichens eines Dritten für ein Fertigprodukt irrtümlich annehmen kann, daß das zur Herstellung der Fertigware verwendete Vorprodukt aus demselben Geschäftsbetrieb stammt wie das Vorprodukt, für das die begleitende Marke eingetragen ist.

Auf diese Weise erhält der Inhaber der begleitenden Marke ausreichenden zeichenrechtlichen Rechtsschutz schon im Widerspruchsverfahren allein auf Grund der Eintragung der begleitenden Marke für das Vorprodukt. Der Benutzungszwang führt unter Berücksichtigung dieser Rechtsschutzmöglichkeit zu keinen für die begleitende Marke nachteiligen Rechtsfolgen. Die für das Vorprodukt eingetragene und benutzte Marke ist auch als begleitende Marke für das Fertigprodukt ausreichend geschützt. Ist für den Zeicheninhaber die begleitende Marke auch für das Fertigprodukt eingetragen, dann kann ihm die Benutzung des Zeichens für das Fertigprodukt durch den Hersteller des Fertigprodukts nach § 5 Abs. 7 S. 2 WZG nur dann zugerechnet werden, wenn diese Waren auch im Geschäftsbetrieb des Zeicheninhabers der begleitenden Marke geführt werden, was jedoch regelmäßig nicht der Fall ist. § 5 Abs. 7 S. 2 WZG ermöglicht nicht die Zurechnung des fehlenden

---

[5] GRUR 1970, 80/82 (Dolan); a. A. *v. Gamm,* a.a.O.; *Tetzner,* a.a.O.; *Bußmann,* a.a.O., S. 503.
[6] a.a.O., S. 83.

Geschäftsbetriebes[7]. Scheidet daher bei fehlendem Geschäftsbetrieb die Zurechnung der Benutzung für die Fertigwaren aus, so unterliegt die begleitende Marke insoweit nach Ablauf der Benutzungsfrist der Teillöschung wegen Nichtbenutzung, ungeachtet der aus der Eigenschaft dieser Waren als Defensiv-, bzw. Vorratswaren sich ergebenden Löschungsgründe[8].

Versuchte der BGH in der „Dolan"-Entscheidung die Problematik der begleitenden Marke über eine Ausdehnung des Begriffs der Warengleichartigkeit zu lösen, so steht dieser Auffassung ein Lösungsvorschlag gegenüber, der im Rahmen einer Kritik der „Dolan"-Entscheidung entwickelt wurde und auf eine Lösung unter dem Gesichtspunkt der Ausweitung des Geschäftsbetriebs zielt[9]. Auch diese Ansicht geht davon aus, daß die Zurechnung des Geschäftsbetriebs nicht über § 5 Abs. 7 S. 2 WZG möglich ist. Eine Zurechnung des Geschäftsbetriebs soll jedoch auf Grund der besonderen wirtschaftlichen Gegebenheiten im Zusammenhang mit der begleitenden Marke erfolgen. Bei wirtschaftlicher Betrachtungsweise des Vertragssystems zwischen Zeicheninhaber und Hersteller des Fertigprodukts, das letzteren regelmäßig umfassenden Produktionsrichtlinien und Qualitätskontrollen unterwirft, erscheine der Geschäftsbetrieb des Fertigwarenherstellers nicht mehr als dessen Geschäftsbetrieb im Sinne des § 1 WZG, sondern könne ähnlich einer Betriebsabteilung des Geschäftsbetriebs des Inhabers der begleitenden Marke betrachtet werden[10], die Fertigwaren seien auch als solche des Zeicheninhabers aufzufassen[11]. Eine Zurechnung des Geschäftsbetriebs wird nach dieser Auffassung dann für möglich gehalten, wenn „enge vertragliche Beziehungen zwischen dem Inhaber der begleitenden Marke und dem Fertigwarenproduzenten, dessen Geschäftsbetrieb zugerechnet werden soll", bestehen, und wenn ferner „der Fertigwarenhersteller den Rohstoff des Inhabers der begleitenden Marke verarbeitet"[12]. Dem Inhaber der begleitenden Marke wird auf diese Weise die Aufnahme der Fertigwaren in das Warenverzeichnis der begleitenden Marke ermöglicht.

Ohne im einzelnen die im Rahmen des hier zu behandelnden Problemkreises nicht unmittelbar interessierenden Konsequenzen der verschiedenen Lösungsvorschläge, nämlich einerseits eine Ausdehnung des Begriffs der Warengleichartigkeit, andererseits eine Ausweitung des Begriffs des Geschäftsbetriebs, näher darzulegen, sei zumindest auf

---

7 Vgl. oben § 3 E I 2.

8 Vgl. hierzu oben § 12 B und D.

9 Insbesondere *Kraft,* GRUR 1970, 218/225 ff.; vgl. § 14, Fußn. 4; ferner *Uekermann,* Diss., S. 129, vgl. hierzu oben § 3, Fußn. 51; a.A. *Frank,* BB 1969, 459.

10 *Kraft,* a.a.O., S. 231.

11 *Völp,* a.a.O., S. 92.

12 *Kraft,* a.a.O., S. 233.

das hauptsächliche Bedenken gegen die letztere Auffassung hingewiesen[13]. Der Begriff der Warengleichartigkeit beurteilt sich als die sachliche Begrenzung der Verwechslungsgefahr nach der maßgeblichen Verkehrsauffassung, die wiederum abhängig ist von den zugrunde liegenden wirtschaftlichen Gegebenheiten. Er ist daher naturgemäß flexibler als der Begriff des eigenen Geschäftsbetriebs, bzw. die Auslegung „seiner Waren" im Sinne von § 1 WZG[14]. Wohl ist auch bei der Erfassung dieser Begriffe den wirtschaftlichen Zusammenhängen Rechnung zu tragen; allein jedoch auf Grund eines Vertragssystems, das lediglich der Überwachung der sachgerechten Verarbeitung des Vorprodukts dient, darüber hinaus aber keinen weiteren Einfluß auf den Produktionsprozeß ermöglicht, sich daher auf nur einen spezifischen Teilbereich der Produktion von Fertigwaren beschränkt, kann der Geschäftsbetrieb des Fertigwarenherstellers noch nicht als ein solcher des Inhabers der begleitenden Marke, können die Fertigwaren nicht als dessen Waren angesehen werden. Gerade die wirtschaftliche Bedeutung des Vertragssystems im Rahmen des Produktionsprozesses wird bei der gegenteiligen Auffassung überschätzt.

Im Rahmen des Benutzungszwangs ermöglicht diese Auffassung, wonach die Zurechnung des Geschäftsbetriebs auf Grund des Vertragssystems und der tatsächlichen Überwachung erfolgen kann, dem Inhaber der begleitenden Marke umfassenden Rechtsschutz, sofern auch Fertigwaren im Warenverzeichnis der begleitenden Marke aufgenommen worden sind. Die Eintragung von Fertigwaren ist hiernach schon dann zulässig, wenn der Zeicheninhaber die Absicht hat, ein entsprechendes Vertragssystem aufzubauen und das Zeichen als begleitende Marke zu verwenden. Wird das Warenzeichen nicht innerhalb der Benutzungsfrist entsprechend für Fertigwaren durch den Fertigwarenhersteller als begleitende Marke benutzt, dann unterliegt es jedenfalls wegen Nichtbenutzung der Teillöschung. Erfolgt dagegen die Benutzung als begleitende Marke, dann kann nach § 5 Abs. 7 S. 2 WZG die Benutzung für Fertigwaren durch den Fertigwarenhersteller dem Zeicheninhaber zugerechnet werden, da der Lizenznehmer die begleitende Marke auch zur Kennzeichnung des Fertigprodukts benutzt[15]. Da der Geschäftsbetrieb des Fertigwarenherstellers dem Zeicheninhaber auf Grund wirtschaftlicher Erwägungen zugerechnet wird, kann § 5 Abs. 7 S. 2 WZG die bei dem Zeicheninhaber fehlende Benutzung ersetzen.

---

[13] Für den BGH bestand in der „Dolan"-Entscheidung schon deshalb kein Anlaß, sich mit dem Problem der Ausdehnung des Begriffs des Geschäftsbetriebs auseinanderzusetzen, da die begleitende Marke nicht für das Fertigprodukt (Bekleidungsstücke) eingetragen war.

[14] Vgl. auch *Müller*, a.a.O., S. 224.

[15] *Kraft*, a.a.O., S. 233.

Der von der Rechtsprechung beschrittene Weg, der begleitenden Marke Rechtsschutz über die Anerkennung der mittelbaren Warengleichartigkeit zu gewähren, scheint jedoch ausreichend und ist unter Berücksichtigung der gegen eine Ausweitung des Begriffs des Geschäftsbetriebs erhobenen Bedenken vorzuziehen[16, 17].

---

[16] Praktische Unterschiede im Ausmaß des Rechtsschutzes im Rahmen des Benutzungszwangs könnten sich bei einem Vergleich der beiden Lösungsvorschläge nur insoweit ergeben, als bei einer Zurechnung des Geschäftsbetriebs die Eintragung von Fertigwaren zulässig ist, und daher innerhalb der Benutzungsfrist weitgehend (entsprechend dem Schutz von Vorratswaren) Rechtsschutz besteht. Dies wäre bei dem von der Rechtsprechung gewählten Weg nur dann möglich, wenn man Fertigwaren als Vorratswaren werten würde und deren Eintragung durch den Zeicheninhaber daher zuließe, was jedoch regelmäßig zweifelhaft sein dürfte, und somit der Rechtsschutz erst mit dem Gebrauch des Zeichens als begleitende Marke einsetzen kann.

[17] Wegen des ausreichenden Rechtsschutzes erscheint es auch nicht angebracht, für begleitende Marken weitgehend eine Rechtfertigung der Nichtbenutzung anzunehmen, wie *Heiseke*, WRP 1973, 185/189 vorschlägt. Das würde zu einer nicht erforderlichen Rechtsschutzausdehnung für den Inhaber der begleitenden Marke führen und zudem den Unzumutbarkeitsbegriff aufweichen.

§ 15 Zum Rechtsschutz der berühmten Marke innerhalb des Benutzungszwangs

Der Schutzbereich eines Warenzeichens beschränkt sich nach Ablauf der Benutzungsfrist auf den Gleichartigkeitsbereich der eingetragenen Waren, für die das Zeichen ernsthaft benutzt worden ist[1]. Dieses Problem der warenmäßigen Erstreckung der Wirkungen der Zeichenbenutzung führt bei der berühmten Marke verstärkt zu Interessenkollisionen: Berühmte Marken genießen einen über den zeichenrechtlichen Rechtsschutz eines Warenzeichens hinausgehenden, wettbewerbsrechtlichen, bzw. deliktsrechtlichen Sonderschutz gegen Verwässerungsgefahr (§§ 823 Abs. 1, 1004 BGB; 1 UWG), der dem Schutz der berühmten Marke vor der Beeinträchtigung ihrer auf einer überragenden Verkehrsgeltung beruhenden einmaligen Kennzeichnungs- und Werbekraft dient[2]. Dieser außerzeichenrechtliche Rechtsschutz ist unabhängig von der Warengleichartigkeit als einer Voraussetzung zeichenrechtlicher Ansprüche. Da der Benutzungszwang nach Ablauf der Benutzungsfrist einerseits den zeichenrechtlichen Rechtsschutz auf den Gleichartigkeitsbereich der berühmten Marke beschränkt, andererseits der außerzeichenrechtliche Rechtsschutz der berühmten Marke über die Gleichartigkeitsgrenze hinausreicht, stellt sich das Problem, ob die Tatsache des Bestehens dieses wettbewerbsrechtlichen bzw. deliktsrechtlichen Schutzes der berühmten Marke es erlaubt, dieser innerhalb der zeichenrechtlichen Verfahren eine Sonderstellung gegenüber normalen Warenzeichen einzuräumen.

A. Die berühmte Marke im Widerspruchsverfahren

Im Widerspruchsverfahren berücksichtigt das Patentamt bei der Prüfung der Zeichenübereinstimmung nur die Waren, für die der Widersprechende die Benutzung des Zeichens glaubhaft gemacht hat, § 5 Abs. 7 S. 3 WZG; das Verbietungsrecht beschränkt sich auf den

[1] Vgl. oben § 3 D.

[2] Vgl. etwa BGH GRUR 1966, 623 (Kupferberg); BGH 19, 23 (Magirus); 28, 320/328 (Quick). Ferner kommt der wettbewerbsrechtliche und namensrechtliche Schutz als Unternehmenskennzeichen nach § 16 UWG und § 12 BGB in Betracht, sofern sich die berühmte Marke im Verkehr als Kennzeichen des Unternehmens durchgesetzt hat, sowie bei Vorliegen eines Wettbewerbsverhältnisses der Schutz gegen die sittenwidrige Ausbeutung oder Gefährdung des guten Rufs der berühmten Marke.

Gleichartigkeitsbereich dieser Waren. Auf die berühmte Marke angewandt, bedeutet diese Regelung, daß auch ein auf eine berühmte Marke gestützter Widerspruch erfolglos bleiben muß, wenn das neu angemeldete Zeichen für Waren eingetragen werden soll, die außerhalb des Gleichartigkeitsbereichs der Waren liegen, für die der Inhaber der berühmten Marke eine Benutzung glaubhaft machen konnte.

Wegen der hieraus resultierenden Diskrepanz zwischen zeichenrechtlichem Schutz im Widerspruchsverfahren und weitergehendem wettbewerbsrechtlichem, namensrechtlichem und deliktsrechtlichem Rechtsschutz der berühmten Marke wurde bei den Beratungen des Gesetzentwurfs zur Einführung des Benutzungszwangs verschiedentlich die Forderung erhoben, für die berühmte Marke eine Sonderregelung vorzusehen[3]: Es wurde vorgeschlagen, der berühmten Marke einen erweiterten zeichenrechtlichen Schutz in der Form einzuräumen, daß die Benutzung der berühmten Marke sich auf alle Waren erstreckt, die im Warenverzeichnis der berühmten Marke enthalten sind, zumindest dann, wenn diese im Geschäftsbetrieb des Zeicheninhabers geführt werden. Zu Recht hat der Gesetzgeber davon abgesehen, den zeichenrechtlichen Schutz der berühmten Marke auf diese Weise auszudehnen; denn der über den Gleichartigkeitsbereich hinausgreifende Schutz der berühmten Marke stellt ein wettbewerbsrechtliches oder allgemein bürgerlichrechtliches deliktsrechtliches Problem dar, das sich an den speziellen Voraussetzungen der entsprechenden allgemeinen Normen orientiert und somit außerhalb der gesetzlichen Sonderregelungen des Kennzeichenschutzes liegt. Im patentamtlichen Widerspruchsverfahren als einem auf rasche Erledigung gerichteten Verwaltungsverfahren ist für die Prüfung eines derartig komplexen Sachverhalts kein Raum[4].

Auch die berühmte Marke bleibt daher der allgemeinen Regelung unterstellt und erfährt im Widerspruchsverfahren keine Sonderbehandlung[5]. Aus den gleichen Gründen verbietet es sich, die Tatsache, daß es

[3] Vgl. schon *Röttger*, Mitt. 1965, 41 ff. in Anlehnung an Section 27 des englischen Trade Marks Act, wonach für die berühmte Marke die Eintragung von Defensivwaren möglich ist; zustimmend *Lemmer - Kockläuner*, Mitt. 1965, 86 f.; vgl. hierzu auch Amt. Begr., a.a.O., S. 42/43.

[4] Amtl. Begr., a.a.O., S. 43; zustimmend *Kraft*, GRUR 1968, 123/125; *Schricker*, GRUR Ausl. 1969, 14/22; *Hefermehl*, Festschrift für Ulmer, GRUR Ausl. 1973, 425/426. *Nastelski*, MA 1968, 319/327, der in diesem Zusammenhang auch auf die in Verbindung mit der berühmten Marke relevante Rechtsprechung zur möglichen Warengleichartigkeit zwischen Vorprodukt und Fertigware verweist, ein Problem, das im Zusammenhang mit der begleitenden Marke behandelt wurde, vgl. oben § 14; hierzu auch *Heiseke*, DB 1968, 1655/1659; ders., MA 1973, 66; *Uekermann*, Diss., S. 211.

[5] *Baumbach - Hefermehl*, WZG, § 5, Anm. 19; *Hefermehl*, Festschrift für Ulmer, GRUR Ausl. 1973, 425/426; *Busse*, WZG, § 5, Anm. 24 und die in § 15, Fußn. 4 Genannten; *Miosga*, MA 1972, 303; ders., Benutzungszwang für Warenzeichen, S. 27.

sich bei dem Widerspruchszeichen um eine berühmte Marke handelt, trotz Fehlens einer Sonderregelung in der Form in das Widerspruchsverfahren einzuführen, daß dem Widersprechenden der Einwand ermöglicht wird, der Anmelder handle rechtsmißbräuchlich, wenn er ein die berühmte Marke verletzendes Warenzeichen zur Eintragung anmeldet. Dieser Einwand setzt eine Entscheidung über den wettbewerblichen Gesamttatbestand voraus, die nicht in den Bereich des patentamtlichen Widerspruchsverfahrens fällt[6].

B. Die berühmte Marke im Löschungsverfahren

Nach § 11 Abs. 1 Nr. 4 WZG kann auf Teillöschung, d. h. auf Streichung der Waren aus dem Warenverzeichnis geklagt werden, für die der Zeicheninhaber ein Warenzeichen nicht benutzt hat, sofern nicht die Nichtbenutzung rechtfertigende Unzumutbarkeitsgründe vorliegen. Auch die für einen Teil der eingetragenen Waren nicht benutzte, berühmte Marke unterliegt nach dieser Regelung der Teillöschung[7].

Der Inhaber der berühmten Marke wird die Teillöschung regelmäßig nicht mit dem Argument abwenden können, ihm sei die Benutzung der berühmten Marke für die weiteren eingetragenen Waren nicht zumutbar. Die Unzumutbarkeit der Benutzung beurteilt sich auch für die berühmte Marke nach den allgemeinen Grundsätzen. Die Berühmtheit der Marke als solche ist kein Rechtfertigungsgrund für die Nichtbenutzung, mag es auch Einzelfälle geben, in denen die besondere Situation des Inhabers der berühmten Marke bei der Beurteilung der Unzumutbarkeit mitentscheidend sein kann.

Die Möglichkeit der Teillöschung der berühmten Marke könnte jedoch deshalb zweifelhaft sein, weil die Löschungsklage wegen Nichtbenutzung in gleicher Weise wie die Löschungsklage wegen fehlenden Geschäftsbetriebs (§ 11 Abs. 1 Nr. 2 WZG) und wegen Täuschungsgefahr (§ 11 Abs. 1 Nr. 3 WZG) eine Popularklage darstellt, die wohl kein spezielles Rechtsschutzinteresse des Klägers, wohl aber ein öffentliches Interesse an der (Teil-)Löschung des Zeichens voraussetzt. Dieses öffentliche Interesse könnte fehlen, da auch nach der Teillöschung der berühmten Marke eine freie Verwendungsmöglichkeit dieses Zeichens durch Dritte nicht besteht. Denn da der Schutz der berühmten Marke gegen Verwässerungsgefahr nicht auf den Warengleichartigkeitsbereich beschränkt ist, sondern sich auf die Verwendung dieses Zeichens für Waren völliger Branchenverschiedenheit bezieht, kann einem Dritten

---

[6] *Hefermehl*, Festschrift für Ulmer, GRUR Ausl. 1973, 425/426.

[7] Hiervon gehen *Miosga*, MA 1972, 303 und *Heiseke*, DB 1968, 1655/1658 aus, der dieses Ergebnis jedoch für unbillig hält und sich in MA 1973, 66 der Ansicht Hefermehls, vgl. hierzu unten im Text, anschließt.

auch nach der Teillöschung der berühmten Marke die Verwendung dieses Zeichens selbst für betriebsfremde Waren nach Deliktsrecht untersagt werden. Aus diesen Gründen verneint Hefermehl[8] das öffentliche Interesse an der Teillöschung der berühmten Marke, womit die Befugnis zur Erhebung einer Teillöschungsklage nach § 11 Abs. 1 Nr. 4 WZG entfällt. Die berühmte Marke bleibt für eine mögliche Vielzahl unbenutzter Waren auch nach Ablauf der Benutzungsfrist eingetragen.

Diese Rechtsansicht stützt sich auf die Rechtsprechung zur Einschränkung der (Teil-)Löschungsklage wegen fehlenden Geschäftsbetriebs (§ 11 Abs. 1 Nr. 2 WZG) oder wegen Täuschungsgefahr (§ 11 Abs. 1 Nr. 3 WZG). Aus der Ausgestaltung dieser Klagen als Popularklagen, sowie aus dem Zweck der Löschungsgründe, die Zeichenrolle von den Verkehr behindernden Eintragungen freizuhalten, wird auf das Erfordernis eines öffentlichen Interesses an der Löschung des Zeichens geschlossen. Dieses öffentliche Interesse wird dann verneint, wenn auch nach der Löschung des Zeichens, bzw. der Teillöschung der entsprechenden Waren das Zeichen nicht frei verwendet werden kann. Diese Rechtsprechung bezieht sich auf solche Warenzeichen, die sich kraft Verkehrsdurchsetzung zum Kennwort des Unternehmens entwickelt haben, mit der Folge, daß bei Verwendung dieses Zeichens durch einen Dritten auch für nicht gleichartige Waren der Verkehr auf eine Ausdehnung des Betriebs des Zeicheninhabers, zumindest auf den Einfluß des Zeicheninhabers auf die Herstellung oder den Vertrieb der fremden Ware schließt. Da der Inhaber des zum Unternehmenschlagwort gewordenen Zeichens auch nach der Löschung die Unterlassung des Zeichengebrauchs verlangen kann, kann der mit der Löschungsklage verfolgte Zweck nicht erreicht werden. Der Löschungsklage steht das mangelnde öffentliche Interesse an der Löschung entgegen[9].

Diese Grundsätze auf die Teillöschungsklage wegen Nichtbenutzung zu übertragen, könnte jedoch zweifelhaft sein. Wohl handelt es sich auch bei dieser Löschungsklage um eine Popularklage; das öffentliche Interesse an der Löschung nach fünfjähriger, nicht gerechtfertigter Nichtbenutzung könnte aber nach Einführung des Benutzungszwangs formal darin gesehen werden, die Zeichenrolle weitmöglichst von unbenutzten Zeichen zu befreien und die Warenverzeichnisse auf solche

---

[8] GRUR 1968, 486/489; zust. *Uekermann*, Diss., S. 215, 240; einschränkend *Hefermehl*, Festschrift für Ulmer, GRUR Ausl. 1973, 425/426, Fußn. 9.

[9] RG 118, 204 (Stollwerck Goldkrone); 169, 240/246 (Schwarz-Weiß); 172, 49/56 (Siemens); BGH GRUR 1957, 350/351 (Raiffeisensymbol), eine Entscheidung, die ein Zeichen als Symbol eines Verbands betrifft. In der Literatur wird diese Auffassung nahezu einhellig gebilligt, *Baumbach - Hefermehl*, WZG, § 11, Anm. 32, 39; *Busse*, WZG, § 11, Anm. 8; *Storkebaum - Kraft*, WZG, § 11, Anm. 63; *Tetzner*, WZG, § 11, Anm. 21; *Wassermann*, JW 1928, 336/337. Bedenken bei *Mayer*, GRUR 1953, 277/281.

Waren zu beschränken, für die das Zeichen tatsächlich benutzt wird. Unter Berücksichtigung der Bedeutung, die der Zeichenbenutzung nach Einführung des Benutzungszwangs zukommt, könnte das öffentliche Interesse als auf jede mögliche Löschung wegen Nichtbenutzung festgelegt verstanden werden.

Dieser Betrachtungsweise steht jedoch entgegen, daß der Benutzungszwang nicht Selbstzweck ist, sondern dazu dienen soll, die Überfüllung der Zeichenrolle mit dem Ziel zu beseitigen, die Eintragungsmöglichkeiten für neue Zeichen zu verbessern. Ein öffentliches Interesse an der Teillöschung wegen Nichtbenutzung kann daher nicht bestehen, wenn auch nach der Löschung keine freie Verwendungsmöglichkeit des Zeichens besteht. Eine Teillöschung eines Warenzeichens, das sich kraft Verkehrsdurchsetzung zum Kennzeichen des Unternehmens entwickelt hat, muß deshalb unter den angeführten Voraussetzungen wegen mangelnden öffentlichen Interesses an der Löschung scheitern[10].

Diese Überlegungen können jedoch nicht ohne Einschränkung auf die berühmte Marke übertragen werden. Der deliktsrechtliche Schutz gegen Verwässerungsgefahr, den die berühmte Marke kraft ihrer Einmaligkeit und überragenden Verkehrsgeltung genießt, geht über den Schutz des sich zum Unternehmenskennzeichen entwickelten Warenzeichens hinaus, da als Schutzvoraussetzung nicht allein die Warengleichartigkeit entfällt, sondern auch die für den Schutz des Unternehmenskennzeichens erforderliche Verwechslungsgefahr nicht vorzuliegen braucht. Wohl ist bei dem Unternehmenskennzeichen das für den Ausschluß der Löschungsklage entscheidende Kriterium nicht der Schutz gegen Verwechslungsgefahr im engeren oder weiteren Sinne, sondern die auch nach der Löschung nicht vorhandene freie Verwendbarkeit des Zeichens, die bei der berühmten Marke gerade in erhöhtem Maße gegeben ist. Die Grundsätze über die Einschränkung der Löschungsklage sind daher auch nicht deshalb auf die berühmte Marke unanwendbar, weil der deliktsrechtliche Schutz auf der wettbewerblichen Eigenart der berühmten Marke beruht und nicht an die Gefahr geknüpft ist, der Verkehr könne die Unternehmen verwechseln oder von einer wirtschaftlichen oder organisatorischen Verbindung ausgehen.

Eine Besonderheit ergibt sich für die berühmte Marke jedoch aus dem Umstand, daß die erforderliche Zeichennähe beim Schutz gegen

---

[10] *Baumbach - Hefermehl,* WZG, § 11, Anm. 52. Aus § 11 Abs. 1 Nr. 4 Satz 2 WZG, der auf § 5 Abs. 7 Satz 3 verweist, ergibt sich nichts Gegenteiliges. Hierdurch wird lediglich der Grundsatz normiert, daß nur die Waren nicht der Löschung unterliegen, für die das Zeichen tatsächlich benutzt worden ist, nicht auch die mit diesen Waren gleichartigen Waren. Um eine den Zweck der Löschungsklage berücksichtigende Ausnahme von diesem Grundsatz geht es aber gerade.

Verwässerungsgefahr anders zu beurteilen ist als im Hinblick auf die Verwechslungsgefahr. Der Bundesgerichtshof geht zu Recht davon aus, daß der Schutz der berühmten Marke sich nur auf solche Kennzeichnungen erstreckt, „die mit ihr entweder identisch sind oder doch mit ihren charakteristischen Merkmalen weitgehend übereinstimmen"[11]. Der für den Schutz gegen Verwässerungsgefahr maßgebliche Ähnlichkeitsbereich der Zeichen ist demnach enger zu fassen, als er bei Beurteilung der Verwechslungsgefahr zugrunde zu legen ist.

Dies hat zur Folge: Verneint man bei der berühmten Marke wegen der auch nach der Löschung nicht bestehenden, freien Verwendbarkeit des Zeichens die klageweise Teillöschungsmöglichkeit für jegliche eingetragenen Waren, dann kann der Zeicheninhaber die berühmte Marke nach § 11 Abs. 1 Nr. 1 WZG auch gegen solche Zeichen verteidigen, die nicht unter den Schutzbereich gegen Verwässerungsgefahr fallen, da bei Anwendung des § 11 Abs. 1 Nr. 1 WZG nicht von einem engen Ähnlichkeitsbereich ausgegangen werden kann. Der umfassende Ausschluß der Teillöschungsklage wegen Nichtbenutzung würde daher bei der berühmten Marke zu einer Ausdehnung des Rechtsschutzes führen. Nach einer Teillöschung der berühmten Marke für solche Waren, die außerhalb der Branchennähe liegen, die für die Annahme einer Verwechslungsgefahr beim Schutz von Unternehmenskennzeichen entscheidend ist, bestünde nämlich für außerhalb des engen Ähnlichkeitsbereichs liegende Zeichen eine freie Verwendungsmöglichkeit in bezug auf solche Waren. Daher besteht auch insoweit ein öffentliches Interesse an der Teillöschung der berühmten Marke wegen Nichtbenutzung.

Das öffentliche Interesse an der Teillöschung der berühmten Marke entfällt nur insoweit, als die berühmte Marke auch als Unternehmenskennzeichen Schutz genießt. Die berühmte Marke kann daher in bezug auf solche Waren teilweise gelöscht werden, die mit den Waren, für die die berühmte Marke benutzt wird, nicht als branchennah betrachtet werden können[12]. Dieser Bereich geht entsprechend dem Schutz von Unternehmenskennzeichen über den Warengleichartigkeitsbereich hinaus.

---

[11] BGH GRUR 1968, 256/258 (Zwillingskaffee); 1957, 438 (Eucerin); BGH 19, 23/31 (Magirus). Auf diesen Gesichtspunkt weist in dem Zusammenhang auch *Bauer*, GRUR 1970, 447/448 hin, der jedoch die Problematik der Unternehmenskennzeichen außer acht läßt und daher zu einem anderen Ergebnis gelangt.

[12] Vgl. auch *Hefermehl*, GRUR 1968, 486/489, der jedoch diese Einschränkung nicht ausdrücklich erwähnt; diese dürfte sich jedoch aus der Beurteilung der Unternehmenskennzeichen ergeben, *Baumbach - Hefermehl*, WZG, § 11, Anm. 52; vgl. nun auch *Hefermehl*, Festschrift für Ulmer, GRUR Ausl. 1973, 425/426, Fußn. 9. Zu eng *Bauer*, a.a.O., der die Teillöschungsklage schon für Waren, die mit den benutzten Waren nicht gleichartig sind, für zulässig hält.

Es bleibt jedoch zu beachten: Nach Einführung des Benutzungszwangs genießt ein Warenzeichen nach Ablauf der Benutzungsfrist zeichenrechtlichen Rechtsschutz allein im Warengleichartigkeitsbereich der eingetragenen Waren, für die das Warenzeichen benutzt worden ist. Das öffentliche Interesse an der Teillöschung besteht daher auch bei berühmten Marken, die sich zu Unternehmenskennzeichen entwickelt haben, nur insoweit nicht, als der Warengleichartigkeitsbereich der dann noch eingetragenen Waren den Bereich der Branchennähe nicht überschreitet. Nicht dagegen kann das Unternehmenszeichen auch für solche im Grenzbereich der Branchennähe liegende Waren eingetragen bleiben, deren Warengleichartigkeitsbereich den Bereich der Branchennähe überschreitet. Eine Teillöschung ist daher auch bei Unternehmenskennzeichen insoweit nicht ausgeschlossen, als hierdurch eine Deckung des zeichenrechtlichen Schutzbereichs mit dem Rechtsschutz des Unternehmenskennzeichens unter dem Gesichtspunkt der Verwechslungsgefahr nach § 12 BGB, bzw. § 16 UWG herbeigeführt wird. Doch wird ein solcher Fall nicht häufig sein. Meist dürften die Waren im Gleichartigkeitsbereich der branchennahen Waren selbst zum Bereich der Branchennähe gehören.

Da das öffentliche Interesse an der Teillöschung nur insoweit nicht besteht, als mit dem Unterbleiben der Teillöschung keine Ausdehnung des Rechtsschutzes auf Grund des förmlichen Zeichenrechts gegenüber dem außerzeichenrechtlichen Rechtsschutz verbunden ist, ist ferner eine Teillöschung des Unternehmenskennzeichens dann erforderlich, wenn sich der Schutzbereich des sachlichen Zeichenrechts nicht räumlich mit dem Schutzbereich des förmlichen Zeichenrechts deckt. Der Schutzbereich des sachlichen Zeichenrechts ist in bezug auf Entstehung und räumliche Ausdehnung an die Verkehrsgeltung gekoppelt[13]. Genießt das Warenzeichen auf Grund der Eintragung Rechtsschutz im gesamten Bundesgebiet, so ist der namens- und wettbewerbsrechtliche Schutz des Unternehmenskennzeichens räumlich auf das Gebiet beschränkt, in dem das Unternehmenskennzeichen Verkehrsgeltung erlangt hat.

Schutzvoraussetzung der berühmten Marke ist aber gerade die überragende Verkehrsgeltung im gesamten Bundesgebiet[14]. Unterbleibt daher — in den bezüglich des Warenbereichs beschriebenen Grenzen — die Teillöschung einer berühmten Marke, die sich zum Unternehmens-

---

[13] *Baumbach - Hefermehl*, UWG, Übersicht zu § 16, Anm. 3; § 16, Anm. 33, 34.

[14] *Baumbach - Hefermehl*, WZG, § 31, Anm. 152; BGH 15, 107 (Koma). Nur in seltenen Ausnahmefällen, etwa der Verwendung des Zeichens für Spezialwaren, könnte sich eine andere Beurteilung ergeben, vgl. *Baumbach - Hefermehl*, a.a.O.

kennzeichen entwickelt hat, dann folgt hieraus keine Ausdehnung des Rechtsschutzes. Der zeichenrechtliche Schutzbereich deckt sich mit dem namens-, bzw. wettbewerbsrechtlichen Rechtsschutz auf Grund des sachlichen Rechts.

In den dargestellten Grenzen entfällt daher das öffentliche Interesse an der Teillöschung der berühmten Marke, die sich zum Unternehmenskennzeichen entwickelt hat.

C. Die berühmte Marke im Eintragungsverfahren

Da die berühmte Marke im Widerspruchsverfahren keine Sonderbehandlung erfährt, dürfte der Rechtsschutz der berühmten Marke schon im Eintragungsverfahren nach Einführung des Benutzungszwangs in der Praxis erheblich an Bedeutung gewinnen. Umfang und Grenzen dieses Schutzes sind im folgenden aufzuzeigen: In der Begründung zum Entwurf des Vorabgesetzes wurde die Ablehnung einer Sonderregelung für die berühmte Marke im Widerspruchsverfahren gerade auch auf den Schutz der berühmten Marke im Eintragungsverfahren gestützt[15].

I. Das Verhältnis von § 4 Abs. 2 Nr. 4 2. Alt. und Nr. 5 WZG

Im Interesse der Allgemeinheit hat das Patentamt bestimmte Umstände von Amts wegen im Eintragungsverfahren zu berücksichtigen, die die Eintragung angemeldeter Warenzeichen auch dann verhindern, wenn diese die Voraussetzungen des § 1 WZG erfüllen. Von den in § 4 Abs. 2 Nr. 1 bis 6 WZG aufgezählten absoluten Versagungsgründen erhalten die der Nr. 4 und 5 für die im Zusammenhang mit der berühmten Marke auftretenden Probleme Relevanz. Irreführenden (Nr. 4 2. Alt.) sowie allbekannten, notorischen (Nr. 5) Zeichen ist die Eintragung zu versagen.

Die Verwendung der die Gefahr einer Verkehrstäuschung begründenden Zeichen wird nach den §§ 3 bis 5 UWG, der Mißbrauch fremder allbekannter Zeichen in der Regel nach § 1 UWG verfolgt werden können[16].

---

[15] Hingewiesen werden soll auf den von *Heiseke*, MA 1973, 66/68 gebildeten Fall, in dem die Neuanmeldung deshalb als rechtsmißbräuchlich zurückzuweisen ist, weil gegen den Anmelder ein rechtskräftiges Urteil vorliegt, das ihm die Verwendung des angemeldeten Zeichens untersagt. Doch dürfte ein derartiger Fall kaum praktisch werden.

[16] Für das hier zu behandelnde Problem des Verhältnisses der absoluten Versagungsgründe der Verkehrstäuschung und der notorischen Marke spielt es keine Rolle, daß sich die Rechtsgrundlage des Schutzes der berühmten Marke von § 1 UWG auf §§ 823 Abs. 1; 12 BGB zum Teil verlagert hat; vgl. einerseits noch BGH GRUR 1959, 25/29 (Triumph), andererseits BGH 28, 320/328 (Quick); GRUR 1966, 623 (Kupferberg).

Insofern stehen diese beiden Versagungsgründe in engem Zusammenhang[17], denn beide dienen vorbeugend durch Versagen der Eintragung der Verhinderung unlauteren wettbewerblichen Verhaltens. Es liegt im allgemeinen Interesse, Zeichen, deren Verwendung einen Wettbewerbsverstoß darstellen, schon von der Zeichenrolle fernzuhalten.

In beiden Fällen geht es um die vorbeugende Verhinderung einer, wenn auch qualitativ verschiedenen Irreführung des Verkehrs[18]. Dient Nr. 5 der Ausschaltung der durch die Anlehnung an die notorische Marke drohenden Irreführung über die Herkunft der Ware aus einem bestimmten Betrieb, so bezweckt Nr. 4 den Schutz der Allgemeinheit vor einer Irreführung durch inhaltlich unrichtige Warenzeichen. Allein unter dem Gesichtspunkt dieser qualitativ unterschiedlichen Irreführung des Verkehrs ist es gerechtfertigt, Nr. 5 als einen insoweit die Anwendung der allgemeinen Bestimmung der Nr. 4 ausschließenden Sonderfall zu werten[19]. Denn dieses Exklusivitätsverhältnis bedeutet allein, wie noch ausführlich darzustellen sein wird, daß das Vorliegen der von Nr. 5 erfaßten Irreführung der Anwendung der Nr. 4 nicht genügt, besagt jedoch nicht, daß die Anwendung der Nr. 4 auf die berühmte Marke generell ausgeschlossen ist, selbst wenn die qualifizierten Voraussetzungen dieser Norm erfüllt sind[20].

Aus dem dargestellten Verhältnis der beiden Versagungsgründe ergibt sich auch, daß Nr. 5 in bezug auf die vorangehenden, im allgemeinen Interesse liegenden absoluten Versagungsgründe nicht, wie zum Teil angenommen wird, allein die privaten Interessen des Inhabers des allbekannten Zeichens schützt und daher systemwidrig ist[21]. Wohl dient, wie Hefermehl[22] zu Recht feststellt, Nr. 5 der Verhinderung konfundierenden Wettbewerbs zum Schutz des Inhabers der notorischen Marke und der Allgemeinheit und stellt insoweit eine Ausnahme von dem Grundsatz dar, daß zur Verhinderung konfundierenden Wettbewerbs der Inhaber eines Warenzeichens seine Interessen gegenüber neu angemeldeten, übereinstimmenden Zeichen im Widerspruchsverfahren selbst wahrzunehmen hat. Trotz dieser individualrechtlichen

---

[17] *Baumbach - Hefermehl,* WZG, § 4, Anm. 81, 102; *Busse,* WZG, § 4, Anm. 33.

[18] gl. A. *Hefermehl,* Festschrift für Ulmer, GRUR Ausl. 1973, 425/427.

[19] Allein in dieser Hinsicht dürften die Anmerkungen *v. Gamms,* WZG, § 4, Anm. 106, 108 zu verstehen sein; gl. A. *Hefermehl,* Festschrift für Ulmer, GRUR Ausl. 1973, 425/427; anders *Schlüter,* MA 1969, 63/68.

[20] *Hefermehl,* a.a.O., S. 428. Andererseits kommt es für die Anwendung der Nr. 5 auch nicht auf die qualifizierten Voraussetzungen der Nr. 4 an, woraus sich die Beschränkung des Anwendungsbereichs der Nr. 5 auf den Warengleichartigkeitsbereich erklärt.

[21] So aber *Storkebaum - Kraft,* WZG, § 4, Anm. 7; vgl. auch *Miosga,* MA 1956, 852/860; hiergegen *Hefermehl,* a.a.O., S. 427, Fußn. 19.

[22] a.a.O., S. 427.

Komponente liegt die Rechtfertigung des Schutzes der berühmten Marke schon im Eintragungsverfahren durch Normierung eines absoluten Eintragungshindernisses in der Tatsache, daß der drohende unlautere Wettbewerb evident ist und daher ein gesteigertes Interesse der Allgemeinheit an seiner vorbeugenden Verhinderung und an der zeichenrechtlichen Ausgestaltung des Rechtsschutzes besteht. Auch aus der dem Inhaber der notorischen Marke eingeräumten Möglichkeit, einen Dritten zur Anmeldung zu ermächtigen (§ 4 Abs. 5 WZG), kann nichts Gegenteiliges entnommen werden[23]. Zum einen sollte die Einführung dieser Vorschrift allein dem Umstand Rechnung tragen, „daß ausländische Unternehmungen ihren Vertreter in Deutschland ermächtigen, die notorisch bekannte Marke auf seinen Namen eintragen zu lassen“[24]. Zum anderen entspricht diese Möglichkeit der Eintragungsermächtigung nur der individualrechtlichen Komponente dieses Eintragungshindernisses[25].

Im Ergebnis läßt sich bisher feststellen, daß die Möglichkeit des Rechtsschutzes der berühmten Marke nach § 4 Abs. 2 Nr. 5 WZG die Anwendung des § 4 Abs. 2 Nr. 4 WZG auf die berühmte Marke nicht ausschließt[26], vielmehr wird der Versagungsgrund der Irreführung nach Nr. 4 selbst dann zu berücksichtigen sein, wenn Nr. 5 wegen einer nach § 4 Abs. 5 WZG vorliegenden Ermächtigung nicht angewandt werden kann[27]. Bei der Anwendung des § 4 Abs. 2 Nr. 4 WZG handelt es sich jedoch um kein spezifisches Problem der berühmten Marke, sondern um die Frage, unter welchen Voraussetzungen die Anmeldung eines mit einer berühmten Marke kollidierenden Warenzeichens den Tatbestand dieses absoluten Versagungsgrundes erfüllt.

II. Der Anwendungsbereich dieser absoluten Versagungsgründe

1. Der Anwendungsbereich des § 4 Abs. 2 Nr. 5 WZG

Innerhalb des Warengleichartigkeitsbereichs der benutzten Waren ist die berühmte Marke schon im Eintragungsverfahren geschützt[28]. Aus Art. 6bis PVÜ (Liss), wie aus der gebotenen Anwendung des

[23] So aber *Miosga*, MA 1956, 852/860.

[24] Begr. Bl. 1936, 120.

[25] gl. A. *Hefermehl*, a.a.O., S. 427.

[26] *Hefermehl*, a.a.O., S. 428; *Miosga*, MA 1972, 303 ff.; *Heiseke*, MA 1973, 66/68 ff., vgl. aber auch ders., DB 1968, 1655/1658; *Schlüter*, MA 1969, 63/68; Bedenken bei *Kraft*, GRUR 1968, 124/125; *Uekermann*, Diss., S. 211 ff.

[27] *Elsaesser*, Der Rechtsschutz berühmter Marken, S. 50; *Miosga*, MA 1956, 852/861.

[28] Eine berühmte Marke unterfällt auch dem Begriff der notorischen Marke, so daß Nr. 5 anwendbar ist, wenn auch umgekehrt eine notorische Marke keine berühmte Marke zu sein braucht, da die notorische Marke nicht eine echte Alleinstellung auf dem Markt voraussetzt, so zu Recht *Hefermehl*, a.a.O., S. 426, Fußn. 13.

§ 31 WZG auch in bezug auf § 4 Abs. 2 Nr. 5 WZG ergibt sich der Umfang der mangelnden Eintragungsfähigkeit: Nicht allein identischen, sondern auch verwechslungsfähigen Zeichen ist die Eintragung verwehrt[29].

Nr. 5 hat jedoch schon vor Einführung des Benutzungszwangs wenig praktische Bedeutung erlangt[30]. Da es sich bei berühmten Marken in aller Regel um eingetragene Warenzeichen handelt und nicht nur um eine nicht eingetragene, sonstige Warenbezeichnung, auf die Nr. 5 ebenfalls anwendbar wäre, ist dem Inhaber der berühmten Marke die Möglichkeit gegeben, gegen die Anmeldung des neu angemeldeten Zeichens Widerspruch einzulegen. Das verständliche Interesse der Inhaber berühmter Marken, diese Angriffe auf ihre berühmten Marken umfassend zu erfahren und zu registrieren und durch die selbständige Verteidigung ihrer Rechte im Widerspruchsverfahren ihre Verteidigungsbereitschaft deutlich zu demonstrieren, ließ die Bedeutung des absoluten Eintragungshindernisses der notorischen Marke hinter durchgeführte Widerspruchsverfahren zurücktreten.

Hieran wird sich auch nach Einführung des Benutzungszwangs nichts ändern, da es sich insofern allein um die Verteidigung im Gleichartigkeitsbereich der benutzten Ware handelt[31]. Zudem berührt die Einführung des Benutzungszwangs den Rechtsschutz der notorischen Marke schon deshalb nicht, weil eine Benutzung im Inland nicht erforderlich ist[32], die notorische Marke somit nicht dem Benutzungszwang unterfällt[33]. Soll dagegen die Neuanmeldung für Waren eingetragen werden, die außerhalb des Gleichartigkeitsbereichs der vom Inhaber der berühmten Marke benutzten Waren liegen, dann steht einerseits der Eintragung des neu angemeldeten Zeichens mangels Warengleichartigkeit das absolute Eintragungshindernis der notorisch bekannten Marke nicht entgegen, wie andererseits der Inhaber der berühmten Marke mangels Zeichenbenutzung für diese Waren nicht erfolgreich Widerspruch einlegen kann[34]. Für diese Fälle ist für das Eintragungsverfahren die Relevanz des § 4 Abs. 2 Nr. 4 2. Alt. WZG zu untersuchen.

2. Der Anwendungsbereich des § 4 Abs. 2 Nr. 4 2. Alt. WZG

Nach § 4 Abs. 2 Nr. 4 2. Alt. WZG sind irreführende Zeichen nicht eintragungsfähig, d. h. solche Zeichen, die ersichtlich den tatsächlichen Verhältnissen nicht entsprechen und die Gefahr einer Täuschung be-

---

29 *Reimer - Trüstedt*, Kap. 5 VI A; *Baumbach - Hefermehl*, WZG, § 4, Anm. 102; *v. Gamm*, WZG, § 4, Anm. 110.
30 *Miosga*, Warenzeichenrecht in neuerer Sicht, S. 168.
31 *Hefermehl*, a.a.O., S. 427; *Miosga*, MA 1972, 303; *Heiseke*, MA 1973, 66.
32 *Baumbach - Hefermehl*, WZG, § 4, Anm. 103.
33 *Hefermehl*, a.a.O., S. 427, Fußn. 15.
34 Vgl. oben A.

gründen. Bei der Prüfung der Eintragungsfähigkeit neuer Zeichen im Rahmen dieses Versagungsgrundes kann der Berühmtheit des Kollisionszeichens entscheidende Bedeutung zukommen. Es handelt sich bei der Berücksichtigung der Berühmtheit eines Zeichens im Rahmen der Nr. 4 nicht um eine „Sonderberücksichtigung, beruhend auf langem Gebrauch oder großer Werbung“[35], sondern um eine normale, weil durch Nr. 5 nicht ausgeschlossene Anwendung der Nr. 4. Die Besonderheit liegt nur darin, daß das Merkmal der Berühmtheit des Kollisionszeichens das an sich nicht irreführende Zeichen derart „belasten“ muß, daß dieses dadurch inhaltlich unrichtig wird, und die Gefahr einer Täuschung begründet. Nur dann kann das absolute Eintragungshindernis der Verkehrstäuschung bejaht werden. Dagegen setzt die Anwendung der Nr. 5 allein die Notorität des Zeichens als solche voraus.

a) Die Bedeutung des Irrtums über die betriebliche Herkunft

Die sachlichen Voraussetzungen des § 4 Abs. 2 Nr. 4 2. Alt. WZG entsprechen denen der Löschungsklage aus § 11 Abs. 1 Nr. 3 WZG[36]. Die hierzu ergangenen, gerichtlichen Entscheidungen können somit auch zur Auslegung des § 4 Abs. 2 Nr. 4 WZG herangezogen werden. Der Tatbestand des irreführenden Zeichens setzt voraus, daß der Inhalt des Warenzeichens den tatsächlichen Verhältnissen nicht entspricht, somit das Warenzeichen inhaltlich unrichtig[37] ist, und daß ferner diese Unrichtigkeit die Gefahr der Täuschung begründet. Eine Angabe entspricht dann nicht den tatsächlichen Verhältnissen, wenn sie unrichtig ist in bezug auf die „Ware, ihre Beschaffenheit, Herkunft, Bestimmung, Wirkung, als auch auf die Person des Zeicheninhabers, insbesondere seine geschäftlichen Verhältnisse“[38]. Ein mit einem eingetragenen Zeichen gleiches oder verwechslungsfähiges Zeichen wird aber nach ständiger Rechtsprechung des Reichsgerichts und des Bundesgerichtshofs[39] nicht deshalb als inhaltlich unrichtig angesehen, weil durch

---

[35] *Busse*, WZG, § 4, Anm. 32 IV.

[36] Bei der gerichtlichen Löschungsklage ist im Gegensatz zu den patentamtlichen Verfahren (§§ 4, 10 WZG) allein der Anwendungsbereich nicht auf die Fälle der ersichtlichen Unrichtigkeit beschränkt. Ferner ist der für die gerichtliche Löschungsklage maßgebliche Zeitpunkt, zu dem die Unrichtigkeit vorliegen muß, die letzte mündliche Tatsachenverhandlung; im patentamtlichen Löschungsverfahren kommt es allein auf die Unrichtigkeit im Zeitpunkt der Eintragung an.

[37] Vgl. hierzu RG GRUR 1939, 866 (AEG); BGH GRUR 1957, 350 (Raiffeisensymbol); 1959, 25 (Triumph).

[38] *Baumbach - Hefermehl*, WZG, § 4, Anm. 90.

[39] RG 101, 25/29 (Bärenzeichen); 111, 192/196 (Goldina); 85, 197 (Berliner Rollmops); BGH GRUR 1957, 350 (Raiffeisensymbol); 1967, 89/91 (Rose); RG GRUR 1939, 488 (Original Bergmann).

dieses Zeichen auf die Herkunft der Waren aus einem anderen Betrieb hingewiesen wird. Die auf Grund der Zeichenverwechselbarkeit dem Zeichen innewohnende unrichtige Angabe über die betriebliche Herkunft der Waren wird nicht als inhaltliche Unrichtigkeit im Sinne des § 11 Abs. 1 Nr. 3 WZG angesehen.

Nicht in dieser Deutlichkeit haben es die zu § 4 Abs. 2 Nr. 4 WZG ergangenen, patentamtlichen Entscheidungen verneint, die normale (betriebliche) Herkunftstäuschung zum Zeicheninhalt zu rechnen. So führt das Reichspatentamt in der „4711"-Entscheidung[40] aus, daß bei Verwendung dieses bekannten Zeichens für Waren eines Dritten der Verkehr zu der Annahme verleitet werde, „daß auch diese Waren aus dem Geschäftsbetrieb der Zeicheninhaberin stammen". Mit der gleichen Argumentation, wenn auch zusätzlich mit weiteren Erwägungen, bejahte das Reichspatentamt in seiner Entscheidung „Persil/Persilion"[41] eine Verkehrstäuschung, da der Verkehr annehmen könne, „daß der Waschautomat Persilion von der bekannten Persil-Firma stamme, die hier als Nebenware einen Waschautomaten vertreibe, der für die Verwendung von Persil besonders geeignet sei. Da aber die Anmelderin in keiner sachlichen Beziehung zu der Persil-Firma steht, ist das Zeichen im Verkehr irreführend". Deutlicher wurde wieder in der „Adrehma"-Entscheidung[42] allein auf die Herkunftstäuschung abgestellt. Auch das Deutsche Patentamt sieht in der „Aral/Aralfon"-Entscheidung[43] das Zeichen dann als täuschend an, wenn „der Verkehr auf besondere Beziehungen zwischen den Betrieben schließen kann".

Im Anschluß an die Rechtsprechung des Reichsgerichts und des Bundesgerichtshofs ist jedoch davon auszugehen, daß allein der Irrtum über die betriebliche Herkunft nicht zu einem irreführenden Zeichen im Sinne des § 4 Abs. 2 Nr. 4 WZG führen kann. Zum einen hätte die dem Inhaber des prioritätsälteren Zeichens mögliche Löschungsklage aus § 11 Abs. 1 Nr. 1 WZG ansonsten neben § 11 Abs. 1 Nr. 3 WZG keine Bedeutung mehr[44]. Die Irreführung über die betriebliche Herkunft ist im zeichenrechtlichen Kollisionsfall ein Angriff auf die Herkunftsfunktion des Zeichens, zu deren Schutz allein der Zeicheninhaber die Initiative zu ergreifen hat (§§ 5, 11 Abs. 1 Nr. 1 WZG). Die Verteidigung von Individualrechten liegt nicht im öffentlichen Interesse, die Einräumung einer Popularklage wäre nicht gerechtfertigt.

Ungeachtet der gleichen sachlichen Voraussetzungen von § 11 Abs. 1 Nr. 3 WZG und § 4 Abs. 2 Nr. 4 WZG folgt dieses Ergebnis für das

---

40 Bl. 1931, 35.
41 MuW 1931, 344.
42 RPA Mitt. 1935, 203.
43 GRUR 1954, 468; vgl. ferner DPA Mitt. 1957, 27 (Wata).
44 *Baumbach - Hefermehl*, WZG, § 11, Anm. 37.

patentamtliche Eintragungsverfahren auch aus einem Vergleich der Nr. 4 und 5 des § 4 Abs. 2 WZG. Auch das Eintragungshindernis der notorischen Marke wäre überflüssig, und die Beschränkung auf den Warengleichartigkeitsbereich unverständlich, wenn für die Anwendung von § 4 Abs. 2 Nr. 4 WZG die Irreführung über die betriebliche Herkunft genügen würde. § 4 Abs. 2 Nr. 5 WZG ist wohl eine Ausnahme von dem warenzeichenrechtlichen Grundsatz, daß der Zeicheninhaber selbst zur Verteidigung seines Individualrechts aufgerufen ist, ist aber gerechtfertigt, da der Versagungsgrund der vorbeugenden Unterbindung evident drohenden, unlauteren wettbewerblichen Verhaltens dient.

Nach Trüstedt[45] soll nun auch bei einem bloßen Irrtum über die betriebliche Herkunft die inhaltliche Unrichtigkeit des Zeichens zu bejahen sein, dagegen eine Täuschung im Sinne von § 11 Abs. 1 Nr. 3 WZG[46] hiermit allein nicht begründet werden können. Zur Begründung führt Trüstedt die neuere Rechtsprechung des Deutschen Patentamtes an, nach der ein Zeichen schon dann als inhaltlich unrichtig angesehen wird, wenn es über die geographische Herkunft irreführt[47]. Der Irrtum über die betriebliche Herkunft einer Ware könne nun in bezug auf die inhaltliche Unrichtigkeit des Zeichens nicht anders beurteilt werden, als ein solcher über die geographische Herkunft. Bei dieser Argumentation wird aber übersehen, daß es sich bei den Fällen des Irrtums über die betriebliche Herkunft um normale warenzeichenrechtliche Kollisionsfälle handelt; die Aussage über die betriebliche Herkunft wird allein infolge der Zeichenkollision hervorgerufen und nicht, wie die Aussage über die geographische Herkunft, allein durch den Zeicheninhalt. Die §§ 4 Abs. 2 Nr. 4, 11 Abs. 1 Nr. 3 WZG normieren aber Beschränkungen des Zeicheninhalts im allgemeinen Interesse.

Als bisheriges Ergebnis kann daher festgehalten werden, daß der Irrtum über die betriebliche Herkunft auf Grund einer Zeichenkollision keine inhaltliche Unrichtigkeit des Zeichens bewirkt[48].

---

45 *Reimer - Trüstedt,* 31. Kap. C c.

46 Für § 4 Abs. 2 Nr. 4 WZG müßte dann das gleiche gelten.

47 DPA Bl. 1957, 126 (Schwarzwald); Mitt. 1961, 215 (Helvetia).

48 *Hefermehl,* Festschrift für Ulmer, GRUR Ausl. 1973, 425/427. *Baumbach - Hefermehl,* WZG, § 4, Anm. 91; § 11, Anm. 37; *Storkebaum - Kraft,* WZG, § 4, Anm. 101; § 11, Anm. 44; *Tetzner,* WZG, § 4, Anm. 70; § 11, Anm. 23; dagegen stellt *Busse,* WZG, § 4, Anm. 32 IV a für § 4 Abs. 2 Nr. 4 WZG wie die zitierten patentamtlichen Entscheidungen auf die betriebliche Herkunft ab; anders für § 11 Abs. 1 Nr. 3 *Busse,* WZG, Anh. 8 zu § 11; ebenso auch *Becher,* Der Schutz der berühmten Marke, GRUR 1951, 489/494. Auch nach *Heiseke,* MA 1973, 66/69 soll die Täuschungsgefahr dadurch hervorgerufen werden, „daß die beteiligten Verkehrskreise zu der Annahme verleitet werden, auch die unter dem neu angemeldeten Zeichen verkaufte Ware stamme aus demjenigen Betrieb, den das berühmte Zeichen kennzeichnet oder aber, es bestehe eine irgendwie geartete wirtschaftliche Beziehung zwischen beiden Unternehmen". Die betriebliche Herkunftstäuschung soll

b) Die berühmte Marke als Qualitätszeichen

Die inhaltliche Unrichtigkeit eines mit einer berühmten Marke kollidierenden Zeichens kann somit nur darauf beruhen, daß die berühmte Marke einen über den Herkunftshinweis hinausgehenden Aussagegehalt besitzt, der wegen der Verwechselbarkeit der Zeichen den Inhalt des kollidierenden Zeichens beeinflußt. Dieses ist dann als inhaltlich unrichtig anzusehen, wenn der Verkehr Aussagen über Eigenschaften der unter der berühmten Marke vertriebenen Waren auch solchen Waren, die mit dem zur Eintragung stehenden Zeichen gekennzeichnet werden sollen, zuordnen würde, und zwar deshalb, weil die berühmte Marke zu einem berühmten Qualitätszeichen mit Aussagegehalt über Wareneigenschaften geworden ist. „Inhalt ist somit die Wertschätzung, die der Verkehr der mit diesem Zeichen versehenen Ware wegen ihrer allgemein anerkannten, hervorragenden Beschaffenheit entgegenbringt[49]." Das Zeichen selbst repräsentiert bestimmte Qualitätsangaben. Die inhaltliche Unrichtigkeit ist darin zu sehen, daß bei den Verkehrsbeteiligten die dem Qualitätszeichen anhaftende Gütevorstellung auf die mit dem neuen Zeichen versehenen Waren übertragen wird[50].

c) Konkretisierung der Wertschätzung und das Problem der wirtschaftlichen Warennähe

Problematisch ist ferner, inwieweit sich die Güte- oder Vertrauensfunktion zu bestimmten Aussagegehalten über Wareneigenschaften konkretisiert haben muß. Das Reichsgericht ließ hierfür schon genügen, wenn für den Verkehr der Eindruck erweckt wird, es handle sich um unter der berühmten Marke vertriebene, bekannte Erzeugnisse, „die wegen ihrer Güte allgemein anerkannt und geschätzt würden"[51]. Wenn der Bundesgerichtshof auch nicht ausdrücklich von dieser Rechtsprechung Abstand nahm, so stellte er doch in der „Triumph"-Ent-

---

demnach genügen, obgleich Heiseke konzediert, daß bloße Warenzeichen-Kollisionsentscheidungen über § 4 Abs. 2 Nr. 4 WZG nicht möglich sind, doch der Herkunftshinweis enthalte bei der berühmten Marke „in einem Atemzug eine Qualitätsaussage", a.a.O., S. 70.

[49] RG JW 1929, 3499; RG 101, 29; GRUR 1939, 488; 1939, 806 (AEG); vgl. ferner BPA GRUR 1952, 99.

[50] BGH GRUR 1959, 25/29 (Triumph), eine zu § 11 Abs. 1 Nr. 3 WZG ergangene Entscheidung; *Miosga*, Warenzeichenrecht in neuerer Sicht, S. 168; ders., MA 1956, 852/861; *Elsaesser*, a.a.O., S. 50; *Baumbach - Hefermehl*, WZG, § 4, Anm. 88; gl. A. im Ansatzpunkt *Hefermehl*, Festschrift für Ulmer, GRUR Ausl. 1973, 425/429, der jedoch neben der Übertragung der Wertschätzung, die der berühmten Marke als Qualitätsmarke anhaftet, an dem Erfordernis der betrieblichen Herkunftstäuschung festhält, vgl. hierzu unten II 2 c.

[51] GRUR 1939, 806 (AEG).

scheidung[52] in der Sache selbst strengere Anforderungen. Es genüge insbesondere „keine Wertschätzung und Beliebtheit ganz allgemeiner Art. Von einer inhaltlichen Unrichtigkeit kann erst dann die Rede sein, wenn sich die Wertschätzung zu einer konkret umrissenen Vorstellung über bestimmte Qualitätsmerkmale verdichtet hat". Heydt[53] läßt in seiner Anmerkung zu dieser Entscheidung eine allgemeine Gütefunktion des Zeichens genügen. Die Täuschung des Verbrauchers über bestimmte Qualitätsmerkmale könne man schwerlich verlangen. Dem BGH sei nur insoweit zuzustimmen, als eine vage Gütevorstellung nicht ausreichen könne, da dann die Unterscheidung zwischen Güte- und Herkunftsfunktion verwischt werde. Nach Miosga[54] soll die „durch Anlehnung an das berühmte Zeichen verursachte Täuschung letztlich immer zu einer unrichtigen Gütevorstellung" führen. Konkrete Vorstellungen des Verkehrs über bestimmte Qualitätsmerkmale sollen nach Hefermehl[55] nicht zu verlangen sein, jedoch soll allein die Käufervorstellung, unter der gleichen Marke stets eine Ware von gleichbleibender oder verbesserter Güte zu erhalten, nicht genügen. Ausreichen soll, daß der Verkehr mit einer ihm bekannten Marke für bestimmte Waren eine Wertschätzung verbindet, z. B. davon ausgeht, daß es sich jedenfalls um ein Erzeugnis der Spitzenklasse handle.

Dieses Problem, inwieweit die vom Verkehr den unter der berühmten Marke vertriebenen Waren entgegengebrachte Wertschätzung sich auf konkrete Eigenschaften und Gütevorstellungen konkretisiert haben muß oder auch nur von allgemeiner Natur sein kann, soll vorerst noch nicht entschieden werden. Es hängt nämlich eng mit einem weiteren Erfordernis zusammen, das ebenfalls von Rechtsprechung und Literatur aufgestellt wurde, aber nicht unbedingt in diesem engen Zusammenhang gesehen wird. Der Anwendungsbereich des § 4 Abs. 2 Nr. 4 WZG ist in Anbetracht seines Schutzzwecks, den Verkehr täuschendes und somit unlauteres wettbewerbliches Verhalten zu verhindern, nicht auf den Bereich der Warengleichartigkeit beschränkt. Für die hier zur Untersuchung stehenden Kollisionsfälle eines mit einer berühmten Marke verwechslungsfähigen Zeichens und somit für einen Bereich, der außerhalb des Hauptanwendungsgebiets des § 4 Abs. 2 Nr. 4 WZG liegt, wird gefordert, daß sich die unter den kollidierenden Zeichen vertriebenen Waren wirtschaftlich nahe stehen[56].

---

52 GRUR 1959, 25.
53 GRUR 1959, 29.
54 MA 1956, 852/861; zust. *Elsaesser*, a.a.O., S. 52.
55 a.a.O., S. 429.
56 RPA Bl. 1930, 58 (Spaten); MuW 1931, 344 (Persil/Persilion); Bl. 1931, 35 (4711); Bl. 1932, 18 (Thiokol); DPA GRUR 1952, 99 (Berühmtes Qualitätszeichen); GRUR 1954, 468 (Aral/Aralfon); Bl. 1957, 121; ausführlich *Schlüter*, MA 1969, 63/69; *Heiseke*, MA 1973, 66/69; *Miosga*, MA 1972, 303/304.

Nur bei wirtschaftlich sich nahe stehenden Waren soll die Gefahr einer Täuschung des Verkehrs möglich sein. Diese sich aus der wirtschaftlichen Nähe der Waren ergebende Täuschungsgefahr wurde aber nicht immer streng unter dem Gesichtspunkt der Irreführung des Verkehrs über Eigenschaften der Ware gesehen, sondern zum Teil als eine Herkunftstäuschung aufgefaßt. So wurde die Eintragung „4711" für Messerschmiedewaren des kosmetischen Bedarfs abgelehnt[57], da diese den unter „4711" vertriebenen, kosmetischen Mitteln nahe stünden und dies den Verkehr zu der Annahme verleite, auch diese Waren stammten aus dem Geschäftsbetrieb der Inhaberin der berühmten Marke. Auch Miosga[58] stellt in diesem Zusammenhang fest, „daß der verhältnismäßig kritiklose Durchschnittsabnehmer beim Auftauchen einer berühmten Qualitätsmarke für ungewohnte Waren eher geneigt sein kann, eine Verbreiterung der geschäftlichen Betätigung der Markeninhaberin auch auf abseits liegende Warengebiete anzunehmen, als sich vorzustellen, daß keinerlei Zusammenhang besteht". Dieser Irrtum über die gleiche Herkunftsstätte, bzw. den Einfluß des Zeicheninhabers auf die Warenproduktion ist nun aber, wie oben schon dargelegt, für § 4 Abs. 2 Nr. 4 WZG unbeachtlich. Entscheidend ist allein, ob die Gefahr besteht, daß der Verkehr in bezug auf seine den Waren entgegengebrachte Wertschätzung irregeführt wird.

Das in der „4711"-Entscheidung gefundene Ergebnis ließe sich hiernach nur mit der Begründung aufrechterhalten, daß der Verkehr geneigt sei anzunehmen, die mit dem Zeichen „4711" verbundene Tradition und Erfahrung auf dem Kosmetik-Sektor biete auch die Gewähr, daß die unter diesem Zeichen vertriebenen Messerschmiedewaren des kosmetischen Bedarfs den praktischen Bedürfnissen am weitesten gerecht würden. Dies anzunehmen, scheint zumindest zweifelhaft. Es dürfte sich vielmehr um einen Fall handeln, der allein wettbewerbsrechtlich, bzw. deliktsrechtlich zu lösen ist. Dagegen ist der „Persil/Persilion"-Entscheidung[59] zuzustimmen, in der die Eintragung des Zeichens "Waschautomat Persilion" für Waschmaschinen abgelehnt wurde. Wohl stellte das Reichspatentamt in dieser Entscheidung in erster Linie auf eine Herkunftstäuschung ab, ergänzte seine Begründung aber dahin, daß ein unter „Persilion" vertriebener Waschautomat den Anschein erwecke, gerade für das Waschmittel „Persil" besonders geeignet zu sein. Die Gefahr der Täuschung über eine Wareneigenschaft ist somit im Falle „Persil/Persilion" im Gegensatz zur „4711"-Entscheidung gegeben, obgleich in beiden Fällen die wirtschaftliche Warennähe gleich zu beurteilen ist.

---

57 RPA Bl. 1931, 35 (4711).
58 MA 1956, 862.
59 RPA MuW 1931, 344.

Der Begriff der wirtschaftlichen Warennähe soll im Rahmen dieser Untersuchung nicht dahin einer Kritik unterzogen werden, ob diese recht unklare Formulierung die Bezugspunkte überhaupt deutlich werden läßt, an denen die zum Vergleich stehenden Waren gemessen werden sollen, etwa Wahrscheinlichkeit der Produktionserweiterung oder Betriebsausdehnung, Verwandtschaft im Herstellungsprozeß, gemeinsamer Anwendungsbereich der Waren etc. Die Formel von der wirtschaftlichen Warennähe ist als zusätzliche, ungeschriebene Voraussetzung zur Anwendung des § 4 Abs. 2 Nr. 4 WZG nicht nur irreführend, wie die obige Kritik der Entscheidungen „Persil/Persilion" und „4711" zeigt, sondern auch ungeeignet zur Feststellung der allein relevanten Irreführung des Verkehrs über Wareneigenschaften. Das Kriterium der Warennähe kann schlechterdings nicht für die hierfür allein entscheidende, oben noch offengelassene Frage erheblich sein, ob der Verkehr nur dann einer nach § 4 Abs. 2 Nr. 2 WZG beachtlichen Irreführung unterliegt, wenn sich beim Abnehmer die allgemeine Wertschätzung in konkreten Aussagegehalten verdichtet hat.

Auch nach Hefermehl[60] soll bei der Feststellung der Irreführung im Sinne des § 4 Abs. 2 Nr. 4 WZG auf das Kriterium der Branchennähe der Waren nicht verzichtet werden können. Zu diesem Ergebnis gelangt Hefermehl, da er die Übertragung der auf bestimmten Gütevorstellungen beruhenden Wertschätzung, die einer berühmten Marke als Qualitätsmarke anhaftet, auf die unter dem neu angemeldeten Zeichen angebotenen Waren nur dann für möglich hält, wenn zusätzlich eine betriebliche Herkunftstäuschung vorliegt, d. h. der Verkehr annehmen muß, daß die mit der berühmten Marke versehenen Waren aus dem Unternehmen des Inhabers der Marke stammen oder daß jedenfalls zwischen den verschiedenen Unternehmen organisatorische oder sonstige wirtschaftliche Zusammenhänge bestehen. Die betriebliche Herkunftstäuschung soll wohl allein nicht genügen, aber gleichermaßen notwendig sein. Ohne eine Fehlzurechnung der Herkunftsstätte der Waren soll es nicht möglich sein, daß das Publikum Gütevorstellungen, die der Marke für bestimmte Waren anhaften, auf andersartige Waren überträgt. Im Rahmen dieser Fehlzurechnung im Sinne einer betrieblichen Herkunftstäuschung spielt dann auch konsequenterweise die Warennähe eine bestimmte Rolle, die, wie Hefermehl zu Recht feststellt, um so geringer wird, je kennzeichnungskräftiger die Marke ist.

Hefermehl gewinnt diese Auffassung durch eine Übertragung der Grundsätze, nach denen die Irreführung über die betriebliche Herkunft nach § 3 UWG zu beurteilen ist[61]. Nach § 3 UWG ist die Verwendung

---

60 a.a.O., S. 428.
61 Vgl. hierzu *Baumbach - Hefermehl*, UWG, § 3, Anm. 225 ff.

einer qualifizierten betrieblichen Herkunftsangabe dann irreführend, wenn als Folge der Irreführung über die Herkunftsstätte der Ware der Verkehr über die Beschaffenheit und Güte der Ware irregeführt wird[62].

Eine Irreführung im Sinne des § 4 Abs. 2 Nr. 4 WZG — und Entsprechendes gilt insoweit auch für § 3 UWG — kann aber eine solche in bezug auf die Herkunft der Ware sein, wobei jedoch eine Irreführung über die betriebliche Herkunft der Ware als solche und allein nicht ausreicht, wie aber auch eine solche über die Beschaffenheit und Eigenschaften der Ware. Beide Fälle der möglichen Irreführung sind auseinanderzuhalten. Die Verwendung einer qualifizierten betrieblichen Herkunftsangabe kann zu einer Irreführung über die aus dem betrieblichen Herkunftshinweis abzuleitenden Beschaffenheit der Ware führen; diese Irreführung setzt eine bestimmte Warennähe voraus, ohne die eine Fehlzurechnung in bezug auf die Warenherkunft nicht möglich ist. Die Übertragung dieser zu § 3 UWG unter dem Gesichtspunkt der betrieblichen Herkunftshinweis abzuleitenden Beschaffenheit der Ware führen; WZG ist wohl möglich und könnte theoretisch auch zur Ablehnung der Eintragung eines mit einer qualifizierten Herkunftsangabe identischen oder verwechslungsfähigen Warenzeichens führen. Da es jedoch für diese qualifizierte Herkunftstäuschung nicht erforderlich ist, daß die betreffende Bezeichnung als berühmte Marke zu werten ist[63], dürfte eine Ablehnung der Eintragung praktisch an dem Erfordernis der Ersichtlichkeit scheitern[64].

Für die berühmte Marke stellt sich dagegen das Problem neu und gerade unabhängig von der Irreführung über die betriebliche Herkunft die Frage, ob nicht eine Irreführung allein über die Eigenschaften der Ware dann angenommen werden kann, wenn es sich um eine Qualitätsmarke handelt. Dabei ist für die berühmte Marke unabhängig von der Warennähe das Problem zu lösen, inwieweit sich die mit der Qualitätsmarke verbundene Wertschätzung in bestimmte Aussagen konkretisiert haben muß.

Dieses Problem läßt sich nur unter Berücksichtigung des psychologischen Vorgangs, dem der Abnehmer unterliegt, lösen. Der Abnehmer muß die Wertschätzung, die er den unter der berühmten Marke vertriebenen Waren entgegenbringt, auf die neue Ware übertragen. Ein Irrtum über die neue Ware ist aber nur dann denkbar, wenn dieser psychologische Vorgang sich durch die Übertragung von Faktoren vollzieht, auf denen die Wertschätzung beruht. Lassen sich die die Gütevorstellung bildenden Faktoren nicht auch auf die neue Ware über-

[62] *Baumbach - Hefermehl*, UWG, § 3, Anm. 228; BGH GRUR 1966, 267/270 (White Horse).
[63] BGH GRUR 1966, 267/270 (White Horse).
[64] Vgl. zur Ersichtlichkeit unten II 2 d.

tragen, dann unterliegt der Abnehmer auch hinsichtlich dieser Waren keinem Irrtum über deren Eigenschaften; die mit der berühmten Marke verbundene Wertschätzung geht bei diesen Waren ins Leere, es bleibt dann allein ein für § 4 Abs. 2 Nr. 4 WZG unbeachtlicher Irrtum über die Herkunftsstätte. Wohl kann die Berühmtheit einer Marke allein auf einer allgemeinen Wertschätzung beruhen, die sich nicht auf konkrete Vorstellungen über die Güte der Ware gründet[65]; doch wird eine solche Marke allein die Grundlage für eine Irreführung auf der Ebene der Herkunftsfunktion des Zeichens bilden können, nicht aber auf der der Gütefunktion[66]. Insofern ist der schon zitierten „Triumph"-Entscheidung des BGH[67] zuzustimmen, wonach „sich die Wertschätzung zu einer konkret umrissenen Vorstellung über bestimmte Qualitätsmerkmale verdichtet" haben muß, wenn hierunter die die Wertschätzung bildenden Faktoren gemeint sind[68].

Die Möglichkeit, diese Faktoren auf die neue Ware zu übertragen, hängt nun aber nicht von der wirtschaftlichen Nähe der Waren ab, wenn auch bei wirtschaftlich sich nahe stehenden Waren dieser Vorgang in der Vielzahl der Fälle nachzuweisen sein dürfte. Die Übertragung der die Wertschätzung bildenden Faktoren ist jedoch auch bei Vorliegen wirtschaftlich sich nahe stehender Waren nicht in jedem Fall gegeben, wie die Kritik der „4711"-Entscheidung zeigt. Auch wird die spezifische Wertschätzung einer berühmten Handelsmarke nicht ohne weiteres zu unrichtigen Vorstellungen über Wareneigenschaften führen, wenn ein verwechslungsfähiges Zeichen als Herstellermarke verwendet wird. Desgleichen ist dieser Vorgang auch bei wirtschaftlich sich fern stehenden Waren nicht ausgeschlossen: Beruht etwa die Wertschätzung beispielsweise auf gutem Kundendienst und preisgünstigen Reparaturen oder auf der Langlebigkeit und langjährigen Ergänzungsmöglichkeit der Waren, so wird der Verkehr diese Faktoren auch auf wirtschaftlich nicht verwandte Waren übertragen, wenn bei diesen gerade diese Faktoren von Bedeutung sind. Unabhängig von einer wirtschaftlichen

---

65 *Baumbach - Hefermehl,* WZG, § 31, Anm. 155; *Ulmer,* ZHR 114, 43/49; BGH GRUR 1966, 623/624 (Kupferberg).

66 Vgl. auch *Storkebaum - Kraft,* WZG, § 11, Anm. 46.

67 GRUR 1959, 25; a. A. *Heydt,* GRUR 1959, 29. Auch *Baumbach - Hefermehl,* WZG, § 11, Anm. 37 betrachtet es als zu weitgehend, eine Wertschätzung zu verlangen, die sich auf bestimmte Qualitätsmerkmale bezieht. Eine Täuschung, die über die betriebliche Herkunftsverwechslung hinausgeht, setzt aber notwendigerweise voraus, daß auch der Inhalt des Zeichens sich nicht in dem Hinweis auf eine bestimmte Herkunftsstätte erschöpft. Nach *Storkebaum - Kraft,* WZG, § 11, Anm. 46 sollen wohl konkrete Vorstellungen über bestimmte Qualitätsmerkmale nicht verlangt werden können, bestimmte Qualitätsvorstellungen von erheblichem Gewicht dagegen erforderlich sein.

68 Der psychologische Vorgang wird regelmäßig derart ablaufen, daß sich aus bestimmten Faktoren eine Wertschätzung verdichtet, und nicht in der vom BGH dargestellten, umgekehrten Weise.

Nähe sind die zu vergleichenden Waren konkret dahin zu untersuchen, ob die Übertragung der die Wertschätzung bildenden Faktoren möglich und vom Verkehr zu erwarten ist.

Da bei der Anwendung des § 4 Abs. 2 Nr. 4 WZG im Rahmen der Kollision eines Zeichens mit einer berühmten Marke dieser absolute Versagungsgrund nicht immer deutlich auf den Schutz der Gütefunktion der berühmten Marke beschränkt wurde[69], wird erklärlich, warum die wirtschaftliche Warennähe und somit ein Kriterium im Bereich der Verwechslungsgefahr als eines Irrtums über die Herkunftsstätte für erforderlich gehalten wurde. Zusammenfassend kann als Ergebnis festgehalten werden: Die Eintragung eines mit einer berühmten Marke identischen oder verwechslungsfähigen Zeichens ist dann nach § 4 Abs. 2 Nr. 4 WZG abzulehnen, wenn zum einen die berühmte Marke sich zu einem Qualitätszeichen entwickelt hat, mit der Folge, daß der Verkehr den ihm unter diesem Zeichen bekannten Waren eine auf bestimmten Gütevorstellungen beruhende Wertschätzung entgegenbringt; und wenn zum anderen die Gefahr besteht, daß der Verkehr zumindest einen Teil der Faktoren, auf denen die Wertschätzung beruht, auf die unter dem angemeldeten Zeichen zu vertreibenden Waren überträgt. Hierbei kommt es auf die wirtschaftliche Nähe der zu vergleichenden Waren nicht an. Auch eine Fehlzurechnung in bezug auf die betriebliche Herkunftsstätte der Waren ist nicht unbedingt erforderlich.

d) Die Ersichtlichkeit des Sachverhalts

Die inhaltliche Unrichtigkeit des Zeichens und die hieraus resultierende Täuschungsgefahr müssen für das Patentamt ersichtlich vorliegen. Das Erfordernis der Ersichtlichkeit ist keine materielle Voraussetzung des Eintragungsverbots[70]. Es wird dahin ausgelegt, das Patentamt solle vor zeitraubenden und umfassenden Nachforschungen bewahrt werden[71]. Die Tätigkeit des Patentamtes sollte ursprünglich im Eintragungsverfahren auf eine „Grobsichtung" beschränkt bleiben. In Anbetracht der Spezialisierung und fachlichen Ausgestaltung der entscheidenden Stellen des Patentamtes liegen jedoch auch umfangreiche Nachforschungen im Rahmen der Prüfungspflicht des Amtes, sofern unter Zuhilfenahme der Anmeldeakten, des Fachwissens des Patentamtes, des amtlichen Prüfungs- und Recherchenmaterials und etwaiger Auskünfte üblicher Informationsquellen sich der begründete Verdacht der Ver-

---

[69] So ist bemerkenswert, daß gerade die „4711"-Entscheidung keine Ausführungen über die mit dem berühmten Zeichen verbundene Wertschätzung und Gütevorstellung enthält.

[70] Allg. Meinung; vgl. *Baumbach - Hefermehl*, WZG, § 4, Anm. 89.

[71] RPA Bl. 1904, 18; 1908, 211; 1932, 16.

kehrstäuschung auf Grund der inhaltlichen Unrichtigkeit des angemeldeten Zeichens ergibt[72]. Besteht die Möglichkeit der Kollision des zur Eintragung stehenden Zeichens mit einer berühmten Marke, so wird man von der Erkennbarkeit dieses Sachverhalts für das Patentamt ausgehen können. Das Patentamt kann in diesen Fällen nur durch eine sorgfältige Prüfung der Voraussetzungen des § 4 Abs. 2 Nr. 4 WZG seiner Prüfungspflicht nachkommen.

Gleich § 4 Abs. 2 Nr. 5 WZG konnte die praktische Bedeutung des § 4 Abs. 2 Nr. 4 WZG im Bereich der Kollisionsfälle vor Einführung des Benutzungszwangs als gering angesehen werden, da die Verteidigung der berühmten Marke in aller Regel im Widerspruchsverfahren erfolgte. Die durch die Einführung des Benutzungszwangs bewirkte Beschränkung der Widerspruchsmöglichkeiten für den Inhaber einer berühmten Marke dürfte jedoch zu einer Aufwertung des § 4 Abs. 2 Nr. 4 WZG im Rahmen der hier behandelten Fälle führen. Konnte der Inhaber der berühmten Marke nach bisherigem Rechtszustand die Eintragung eines verwechslungsfähigen Zeichens im Widerspruchsverfahren verhindern, sofern sein Zeichen nur für gleichartige Waren eingetragen war, so gewinnt nunmehr für ihn das im öffentlichen Interesse liegende und von Amts wegen zu beachtende Eintragungshindernis des irreführenden Zeichens gesteigerte Bedeutung[73], auch wenn nur ein Teil der Kollisionsfälle entsprechend den Voraussetzungen des § 4 Abs. 2 Nr. 4 2. Alt. WZG erfaßt wird.

---

[72] DPA Bl. 1957, 126 (Schwarzwald); *Miosga*, MA 1957, 827/828; *Baumbach - Hefermehl*, WZG, § 4, Anm. 89; *Busse*, WZG, § 4, Anm. 30. *Heiseke*, MA 1973, 66/72 f. weist zu Recht darauf hin, daß das Tatbestandsmerkmal der Ersichtlichkeit nicht dazu führen dürfe, die Anwendung der Nr. 4 auf Ausnahmefälle zu beschränken, sondern im Gegenteil dieser absolute Versagungsgrund künftig verstärkt herangezogen werden sollte. Für eine zurückhaltende Anwendung dagegen *Schlüter*, MA 1969, 63/70; vgl. auch *Uekermann*, Diss., S. 213; *Reimer - Trüstedt*, Wettbewerbs- und Warenzeichenrecht, Bd. 1, 5. Kap. V B Rdz. 40.

[73] Der Zeicheninhaber kann das Patentamt formlos darauf hinweisen, es handle sich bei dem angemeldeten Zeichen unter Berücksichtigung seiner berühmten Marke um ein irreführendes Zeichen. Zur Möglichkeit der Klage auf Rücknahme der Zeichenanmeldung unter den für die vorbeugende Unterlassungsklage geltenden Gesichtspunkten, gestützt auf § 11 Abs. 1 Nr. 3 WZG, vgl. LG Mannheim, GRUR 1968, 380/382 (Sonnenstück).

Literaturverzeichnis

Angehrn: Handelsmarken und Herstellermarken im Wettbewerb, Stuttgart 1969.

Bärend: Das Problem der Einführung eines Benutzungszwanges in das deutsche Warenzeichenrecht de lege lata et ferenda unter besonderer Berücksichtigung der skandinavischen Zeichenrechte, Diss. Berlin 1964.

Bartenbach: siehe Gaul/Bartenbach.

Bauer: Nochmals zum Thema „Benutzungszwang", GRUR 1970, 447.

— Nichtbenutzungseinwand erst für nach dem 1. 1. 1973 bekanntgemachte Warenzeichenanmeldungen?, Mitt. 1973, 61.

Baumbach - Hefermehl: Wettbewerbs- und Warenzeichenrecht, 10. Aufl., München. Band I: Wettbewerbsrecht, 1971. Band II: Warenzeichenrecht und internationales Wettbewerbs- und Zeichenrecht, 1969.

Baumbach - Lauterbach: Zivilprozeßordnung, 30. Aufl., München 1970.

Becher: Der Schutz der berühmten Marke, GRUR 1951, 489.

Beier: Benutzung und Benutzungszwang im niederländischen Markenrecht, GRUR Ausl. 1956, 523.

— Die gemeinschaftliche Benutzung von Warenzeichen in konventionsrechtlicher Sicht, in: Beier - Deutsch - Fikentscher, Die Warenzeichenlizenz, München, Köln, Berlin, Bonn 1963, S. 555.

— Anmerkung zur „Maja"-Entscheidung des BGH, GRUR Ausl. 1964, 205.

— Territorialität des Markenrechts und internationaler Wirtschaftsverkehr, GRUR Ausl. 1968, 8.

— Die Bedeutung ausländischer Tatumstände für die Markenschutzfähigkeit, GRUR 1968, 492.

— Anmerkung zur „AGFA"-Entscheidung des OHG, GRUR Ausl. 1971, 92.

Bohlig: Die Benutzung von Warenzeichen durch verbundene Unternehmen in den USA, in: Beier - Deutsch - Fikentscher, Die Warenzeichenlizenz, München, Köln, Berlin, Bonn 1963, S. 350.

Bökel: Benutzung und Benutzungszwang nach der Neufassung des Warenzeichengesetzes, Diss. Mainz 1970.

— Art, Umfang und Dauer der Benutzung eines Warenzeichens nach dem Vorabgesetz, GRUR 1970, 391.

— Probleme des Benutzungszwangs für Warenzeichen, BB 1971, 1033.

— Abgrenzungsvereinbarungen und Benutzungszwang, GRUR 1972, 28.

Breitenmoser: Die Benutzung der Marke nach schweizerischem Recht, GRUR Ausl. 1965, 595.

Breme: Abwehr- und Vorratszeichen, Benutzungszwang, GRUR 1950, 17.

Bungeroth: Das Ankündigungsrecht des Zeicheninhabers, Diss. Heidelberg 1969.

Busse: Warenzeichengesetz, 4. Aufl., Berlin 1970.

Bußmann: Die Festlegung der Warengleichartigkeitsgrenzen, GRUR 1968, 498.

— Anmerkung zur „Alcacyl“-Entscheidung des BGH, GRUR 1969, 50.

— Die Bedeutung des warenzeichenmäßigen Gebrauchs, Festschrift für Günther Wilde — zum 70. Geburtstag —, München 1970, S. 27 = GRUR 1971, 392.

Callmann: Benutzungszwang für Warenzeichen, GRUR Ausl. 1958, 560; 1959, 161.

David: Kommentar zum Schweizerischen Markenschutzgesetz, 2. Aufl., Basel und Stuttgart 1960.

Deutsch: Die Warenzeichenlizenz im Kollisionsrecht, in: Beier - Deutsch - Fikentscher, Die Warenzeichenlizenz, München, Köln, Berlin, Bonn 1963, S. 463.

Elsaesser: Der Rechtsschutz berühmter Marken, Weinheim/Bergstraße 1959.

Endemann/Storkebaum: Die begleitende Marke, Mitt. 1964, 6.

Eyer, Warenzeichenrecht, Eine rechtssystematische Darstellung, 1. Aufl., München 1970.

v. Falck: Anmerkung zur „Prince Albert“-Entscheidung des BGH, GRUR 1966, 432.

— Anmerkung zur „Cheri“-Entscheidung des BGH, GRUR 1972, 184.

Frank: Vorabgesetz und Benutzungszwang, MA 1966, 756.

— Die sogenannte „begleitende Marke“ nach § 5 Abs. 7 S. 2 des Warenzeichengesetzes neuer Fassung, BB 1969, 459.

Freitag: Verpflichtung, Nichtbenutzung eingetragener Warenzeichen nicht geltend zu machen?, GRUR 1973, 175.

— Nochmals: Verpflichtung, Nichtbenutzung eingetragener Warenzeichen nicht geltend zu machen? Eine Replik, GRUR 1973, 348.

Friedrich: Schluß mit den Defensivzeichen!, Mitt. 1959, 275.

Füllkrug: Bedeutung des Verfahrens nach § 11 Abs. 4 WZG für die Löschungsklage wegen Nichtbenutzung gemäß § 11 Abs. 1 Nr. 4 WZG, GRUR 1972, 413.

v. Gamm: Warenzeichengesetz, München und Berlin 1965.

— Warenzeichenänderungsgesetz vom 4. September 1967, München 1968.

Gaul/Bartenbach: Bedeutsame Auswirkungen der Reform des Patent- und Warenzeichenrechts, NJW 1968, 1353.

Hartgen: Warenzeichengesetz, Köln, Berlin, Bonn, München 1968.

Hartl: Die Entstehungsgründe der Handelsmarken, MA 1960, 719.

— Versuch einer Analyse über das künftige Verhältnis zwischen Handels- und Herstellermarken in der Lebensmittelbranche, WRP 1961, 183.

Hefermehl: Unbenutzte Warenzeichen aus der Sicht des Benutzungszwangs, GRUR 1968, 486.

— Schutz der berühmten Marke gegen Neuanmeldung gleicher oder verwechslungsfähiger Zeichen im Eintragungsverfahren, in: Rechtsvergleichung Interessenausgleich und Rechtsfortbildung, Festschrift für Eugen Ulmer zum 70. Geburtstag, GRUR Ausl. 1973, 425.

— Anmerkung zur „Colonia“-Entscheidung des BGH, GRUR 1958, 548.

— Anmerkung zur „Bärenfang“-Entscheidung des BGH, GRUR 1963, 274.

— Anmerkung zur „Maja“-Entscheidung des BGH, GRUR 1964, 375.

Hefermehl: Anmerkung zur „Modess“-Entscheidung des BGH, GRUR 1967, 303.

— Anmerkung zur „Siroset“-Entscheidung des BGH, GRUR 1967, 307.

— siehe auch Baumbach - Hefermehl.

Hegel: Vorschläge zur Änderung des Patent- und Warenzeichengesetzes, Mitt. 1965, 201/203.

Heil: Benutzungszwang in der Praxis des Patentamts, MA 1973, 59 = GRUR 1973, 170.

— Die Warenzeichenabteilung bei Einführung des Benutzungszwangs, MA 1973, 97.

Heiseke: Zum sogenannten Benutzungszwang im neuen Warenzeichenrecht, DB 1968, 1655.

— Einige materielle Fragen zum Warenzeichen-Benutzungszwang, WRP 1973, 185.

— Verfahrensrechtliche Fragen zum Warenzeichen-Benutzungszwang, WRP 1973, 254.

— Berühmte Marke und Benutzungszwang, MA 1973, 66.

Held: Die Markenlizenz sowie Beziehungen zu der Übertragbarkeit der Marke, Diss. Bern 1958.

Heydt: Begriff der Weltmarke, GRUR 1952, 321.

— Anmerkung zur „Tricoline“-Entscheidung des BGH, GRUR 1958, 442.

— Anmerkung zur „Triumph“-Entscheidung des BGH, GRUR 1959, 29.

— Anmerkung zur „Pfiffikus“-Entscheidung des BGH, GRUR 1961, 91.

— Anmerkung zur „Shortening“-Entscheidung des BGH, GRUR 1966, 679.

— Zum Begriff des „warenzeichenmäßigen Gebrauchs“ im Sinne des § 16 WZG, Mitt. 1969, 319.

— Parallelimporte und Warenzeichenrecht, GRUR 1969, 450.

— Anmerkung zur „Oldtimer“-Entscheidung des BGH, GRUR 1971, 253.

— Anmerkung zur „Epigran II“-Entscheidung des BGH, GRUR 1971, 356.

— Anmerkung zur „Stallmeister“-Entscheidung des BGH, GRUR 1971, 411.

— Benutzung und Benutzungszwang nach dem Vorabgesetz, in: Neue Entwicklungen im Wettbewerbs- und Warenzeichenrecht, Festschrift für Wolfgang Hefermehl zum 65. Geburtstag, Heidelberg 1971, S. 59.

— Die „Heilung“ löschungsreif gewordener Warenzeichen, GRUR 1972, 290.

— Verpflichtung, Nichtbenutzung eingetragener Warenzeichen nicht geltend zu machen? Eine Entgegnung, GRUR 1973, 179.

Holzapfel: Die rechtliche Bedeutung des Gebrauchs von Fabrik- und Handelsmarken, Diss. Bern 1958.

Hubmann: Grundsätze der Interessenabwägung, AcP 155, 85.

Kockläuner: Schwächung der Kennzeichnungskraft durch Bekanntheit ähnlicher Warenzeichen im Ausland?, GRUR 1971, 494.

— siehe auch Lemmer/Kockläuner.

Koppensteiner: Konzernmarken und Konzernbegriff, GRUR 1972, 394.

Körner: Der Einfluß ausländischer Benutzungshandlungen auf das deutsche Warenzeichenrecht, GRUR Ausl. 1970, 215.

Kraft: Interessenabwägung und gute Sitten im Wettbewerbsrecht, München und Berlin 1963.

Kraft: Die warenzeichenrechtlichen Bestimmungen des Vorabgesetzes, GRUR 1968, 123.

— Abwehransprüche nach dem deutschen Warenzeichenrecht und der internationale Warenverkehr, GRUR 1969, 120.

— Wertungsfragen und Verkehrsanschauung im Markenrecht, JZ 1969, 408.

— Die begleitende Marke. Probleme des Geschäftsbetriebs und des Warenverzeichnisses, GRUR 1970, 218.

— siehe auch Storkebaum - Kraft.

v. Kreisler/Ruprecht: Benutzungszwang für Warenzeichen, GRUR 1954, 434.

Kreye: Benutzungszwang für Warenzeichen, Diss. Hamburg 1967.

Krieger: Die gemeinschaftliche Benutzung von Warenzeichen durch mehrere Unternehmen nach deutschem Recht, in: Beier - Deutsch - Fikentscher, Die Warenzeichenlizenz, München, Köln, Berlin, Bonn 1963, S. 3.

— Benutzungswille und Benutzungszwang im Warenzeichenrecht, GRUR 1972, 311.

Lemmer/Kockläuner: Benutzungszwang für Warenzeichen?, Mitt 1965, 86.

Loewenheim: Warenzeichen und Wettbewerbsbeschränkung, Bad Homburg v. d. H. 1970.

— Marktaufteilung durch Warenzeichen und Artikel 85, 86 EWG-Vertrag. Überlegungen zum „Sirena"-Urteil des Gerichtshofs der Europäischen Gemeinschaften, GRUR 1971, 260.

Lutz: Die Handelsmarke in der Bundesrepublik, MA 1965, 253.

Matter: Kommentar zum Bundesgesetz betreffend den Schutz der Fabrik- und Handelsmarken, der Herkunftsbezeichnungen von Waren und der gewerblichen Auszeichnungen, Zürich 1939.

Mayer: „Marken von Rang", GRUR 1953, 277.

Miosga: Das verkehrsbekannte Zeichen im patentamtlichen Eintragungs- und Löschungsverfahren, MA 1956, 852.

— Absolute Eintragungshindernisse in der Warenzeichenpraxis des Deutschen Patentamtes, MA 1957, 827.

— Warenzeichenrecht in neuerer Sicht. Ein Spiegel der Rechtsentwicklung, München 1962.

Die Werkstoffmarke an der Fertigware (Begleitende Marke), Mitt. 1964, 1, 41.

— Markenrecht in Bewegung, MA 1965, 533.

— Deutsches Zeichenrecht in der Entwicklung, GRUR 1967, 9.

— Der Benutzungszwang für Warenzeichen in seiner Bedeutung für Rechtsprechung und Rechtspraxis, MA 1967, 433.

— Zur Einführung der internationalen Klassifikation, MA 1967, 469.

— Internationaler Marken- und Herkunftsschutz, München 1967.

— Die Situation des Warenzeichenrechts nach dem Vorabgesetz, Mit. 1968, 26.

— Die Situation auf dem Warenzeichengebiet nach dem Inkrafttreten des Vorabgesetzes, GRUR 1968, 237.

— Benutzungszwang und Abgrenzungsvereinbarungen, MA 1969, 385.

— Die Durchsetzung des Benutzungszwangs in der Praxis, MA 1970, 9, 56.

— Die Zeichenbenutzungsschonfrist, Mitt. 1970, 6.

— Benutzungszwang in der Praxis, GRUR 1970, 439.

Miosga: Schutz der berühmten Marke nach Einführung des Benutzungszwangs, MA 1972, 303.

— Benutzungszwang für Warenzeichen, Band 1 der Schriftenreihe: Warenzeichen-, Marken- und Herkunftsschutz, München 1972.

— Warenzeichenlizenz als Mittel des Benutzungszwangs, MA 1973, 166.

Mitscherlich: Verfahrensrechtliche Auswirkungen des Benutzungszwangs für Warenzeichen, Festschrift für Senatspräsident Wilhelm Wendel, München 1969, S. 70.

— Zum Einwand mangelnder Benutzung im Widerspruchsverfahren, Mitt. 1973, 62.

Müller, C.: Benutzungszwang und Gebrauch des Zeichens in nur einer Farbe, GRUR 1972, 524.

Müller, H.-J.: Die begleitende Marke nach der DOLAN-Entscheidung, Mitt. 1970, 224.

Munzinger: Warenbegriffe in der Benutzungsprüfung, Mitt. 1972, 181.

Nastelski: Das Vorabgesetz und seine Auswirkungen auf die Rechtsprechung in Warenzeichensachen, MA 1968, 319.

Pointet: Der Schutz der Marke, GRUR Ausl. 1964, 1, 72, 132.

Reimer: Wettbewerbs- und Warenzeichenrecht, 1. Band, Warenzeichen und Ausstattung, 4. Aufl., München, Köln, Berlin, Bonn 1966.

Riehle: Markenrecht und Parallelimport, Stuttgart 1968.

Rosenberg: Die Beweislast auf der Grundlage des Bürgerlichen Gesetzbuches und der Zivilprozeßordnung, 5. Aufl., München, Berlin 1965.

Rosenberg - Schwab: Zivilprozeßrecht, 10. Aufl., München 1969.

Röttger: Die begleitende Marke. Eine Anregung für das geplante europäische Markenrecht, GRUR Ausl. 1963, 421.

— Benutzungszwang und Defensivwaren, Mitt. 1965, 41.

— Anmerkung zur „Dolan"-Entscheidung des BGH, GRUR 1970, 83.

Salomonson: Verlust des Markenrechts in Holland und Kolonien wegen Unterlassung des Gebrauchs während dreier Jahre, MuW 1917/1918, 80.

Schluep: Das Markenrecht als subjektives Recht, Basel 1964.

Schlüter: Prüfung der Warenzeichen-Benutzung im patentamtlichen und -gerichtlichen Widerspruchsverfahren, BB 1967, 314.

— Absoluter Schutz für verkehrsbekannte Warenzeichen nach § 4 Abs. 2 Nr. 4 und 5 WZG, MA 1969, 63.

Schricker: Der Benutzungszwang im Markenrecht, Rechtsvergleichende Betrachtungen zur Einführung des Benutzungszwangs in das deutsche Warenzeichengesetz, GRUR Ausl. 1969, 14.

— Anmerkung zur „Canne"-Entscheidung der Corte di Cassazione, GRUR Ausl. 1973, 46.

Schulze zur Wiesche: Welche Benutzungshandlungen genügen dem neu in das Warenzeichengesetz eingeführten Benutzungszwang?, NJW 1968, 1809.

— Inwieweit muß zur Erfüllung des Benutzungszwangs das tatsächlich benutzte mit dem eingetragenen Warenzeichen übereinstimmen?, GRUR 1970, 166.

— Probleme der warenzeichen- und firmenmäßigen Benutzung im Rahmen des Benutzungszwangs, Mitt. 1970, 61.

Schwanhäusser: Benutzungszwang nach dem Vorabgesetz, Mitt. 1969, 1.

— Umgehung des Benutzungszwangs, WRP 1969, 178.

— Nur beschränkte Zulassung des Einwandes der „einfachen“ Nichtbenutzung im Widerspruchsverfahren?, GRUR 1973, 185.

Sieche: Die gemeinschaftliche Benutzung von Warenzeichen, Diss. Heidelberg 1967.

Stein - Jonas: Kommentar zur Zivilprozeßordnung, 19. Aufl., Tübingen 1964.

Steindorff: Sachnormen im internationalen Privatrecht, Frankfurt 1958.

Storkebaum - Kraft: Warenzeichengesetz, Berlin, Heidelberg, New York 1967.

— siehe auch Endemann/Storkebaum.

Tergau: Benutzungszwang für Warenzeichen rückt näher, MA 1972, 44.

— Ermittlung des Beginns der Benutzungsfrist für Warenzeichen und IR-Marken, Mitt. 1972, 50.

Tetzner: Kommentar zum Warenzeichengesetz, Heidelberg 1958.

Thiele: Sind Abwehr- und Vorratszeichen erforderlich?, GRUR 1949, 268.

Tilmann: Zeichenbenutzung und Zeichenverletzung, GRUR 1968, 619.

Troller: Die Markenlizenz im Schweizerischen Recht, Schw.Mitt. 1956, 48.

— Internationale Zwangsverwertung und Expropiation von Immaterialgütern, Basel 1955.

— Die territoriale Unabhängigkeit der Markenrechte im Warenverkehr, GRUR Ausl. 1960, 244.

— Wesen und Unwesen der Marke, Festschrift für Philipp Möhring zum 65. Geburtstag, München und Berlin 1965, S. 291.

— Immaterialgüterrecht, Band I, 2. Aufl., 1968; Band II, 1962, Basel und Stuttgart.

Trüstedt: Das Widerspruchsverfahren nach der Vitapur-Entscheidung des Bundesgerichtshofs, MA 1967, 69.

— Die Änderungen des Warenzeichengesetzes durch das „Vorabgesetz“, BB 1967, 1148.

Uekermann: Der Benutzungszwang im Warenzeichenrecht, Vergleich der deutschen Neuregelung mit dem anglo-amerikanischen Recht, Diss. München 1971.

Ullrich, T.: Das schutzwürdige Interesse an der Aufrechterhaltung von Vorratszeichen, GRUR 1970, 130 = WRP 1970, 99.

— Zur Frage der Schutzwürdigkeit von Vorratszeichen, GRUR 1971, 204.

Ullrich, A. und *Ullrich,* T.: Der neu eingeführte Benutzungszwang nach § 5 des Warenzeichengesetzes, WRP 1969, 57.

Ulmer, E.: Verkehrsgeltung und Besitzstand im Wettbewerbs- und Warenzeichenrecht, ZHR 114, 43.

— Das Recht des unlauteren Wettbewerbs in den Mitgliedstaaten der Europäischen Wirtschaftsgemeinschaft, Band III, Deutschland, bearbeitet von Reimer, München, Köln 1968.

Vanzetti: Funktion und Rechtsnatur der Marke, GRUR Ausl. 1965, 128, 185.

Völp: Begleitende Marken, Konsequenzen aus der Dolan-Entscheidung des BGH, WRP 1970, 85.

v. Waldkirch: Der Gebrauch der Marke nach schweizerischem Recht, ZSR NF 50, 1931, 127.

Wassermann: Anmerkung zur „Goldkrone“-Entscheidung des RG, JW 1928, 336.

Wilde: Probleme der warenzeichenmäßigen Benutzung von Kennzeichnungen, GRUR 1968, 477.

Wipprecht: Das Warenverzeichnis nach dem Vorabgesetz. Mit Beispielen aus der Textilwirtschaft, WRP 1967, 291.

Wolff: Warengleichartigkeitsfragen bei „begleitenden“ Marken, MA 1959, 848.

Wunderlich: Die Warenzeichenlizenz in der Schweiz, in: Beier - Deutsch - Fikentscher, Die Warenzeichenlizenz, München, Köln, Berlin, Bonn 1963, S. 259.

Zeller: Das Vorabgesetz, Mitt. 1967, 141, 145.

FSC
www.fsc.org
MIX
Papier | Fördert gute Waldnutzung
FSC® C083411

Kolibri 360 GmbH
Ferdinand-Jühlke-Straße 7
99095 Erfurt, Deutschland
produktsicherheit@kolibri360.de

Druck:
CPI Druckdienstleistungen GmbH
im Auftrag der
Kolibri 360 GmbH
Ferdinand-Jühlke-Str. 7
99095 Erfurt